オネイログラフィア

オネイログラフィア

夢、精神分析家、芸術家

ヴィクトル・マージン

斉藤 毅 訳

書肆心水

オネイログラフィアとは字義通りには夢記述を意味する。この概念の背後にはフロイトによる次の二つの根本的な考えがある。

（1）心理とは記述機械である。

（2）夢は無意識の理解に到るための王道である。

これら二つの考えを結びつけると、夢記述機械というものに導かれる。これが本書の基本主題となるものである。こうした機械の研究は、今日の文化において原理的な重要性を持つ。マス・メディア文化が、今日ますますグローバルな譫妄状態《オニロイド》という様相を呈しているからである。こうしたメディア的譫妄状態の基本的性格の一つとして、内部／外部の境界の消去ということがある。このような消去がもたらす帰結はきわめて本質的である。内部／外部の境界の不在こそは、文化の精神病的《プシコーズ》性格を示すものだからである。

目次

4

精神分析は複数形で綴られる　182

あるいは、精神分析への関心
あるいは、精神分析的ディスクール

オネイログラフィア

夢、精神分析家、芸術家

凡例

・本文中の［　］は著者による補足、〔　〕は訳者による補足である。

・★は原註、☆は訳註を表わす。

インタビュー 「南京虫」の回帰

●ヴィクトル・マージン（VM）

あの素晴らしき時代、ホテルのベッドの傍らに快適なスタンドがあった時代を、私はまだ憶えています。自分がこうしたスタンドに最後に巡り会う機会を得たのは、マドリードのいわゆるデザイナーズホテルでのことです。本当によい部屋で、室内にはベッドと、たくさんのスタンドによって生みだされる、とてもよい照明の他には何もありませんでした。滅多にないことです、今じゃホテルに読書用の照明などまったくないですから。テレビ、冷蔵庫、ときにはコンピューターもありますが、ベッド脇の照明はないのです。これは容易に説明がつきます。人は本を読むのを実質的にやめてしまい、夜中はテレビを見ているのです。夜中だけではありません、夜のまだ早い時間はなおのこと、誰も本など読んでいません。人はレストランで食事をするか、ディスコに行くかしていて、本の文化、そして本と結びついた照明とスタンドの文化は、実質的に消え去ってしまったのです。おそらくはベッド脇の普通の照明が消え去ってしまったせいで、私は暗闇の中、ねぼけまなこで夢を書きとめる習慣がついてしまいました。夢を書きとめるのに、私はA５判の中国のノートを使っています。夢を書きとめてから、また眠ってしまうこともよくあります。いわば、義務を果したという感覚とともに、眠りの続きに入るわけです。最終的に目を覚ますと、私は夢の最初の記録、鶏が足で引っ掻いたようなこれらの語を見て、それを小さなメモ帳に書き移しにかかります。いわば、第二の、正確な記録を作るのです。ですが、これですべてではありません。その後、コンピューターの助けを借りて、第三の記録が生まれるからです。書き移す過程で、私はどんな修正も加えないように努めますが、大抵はやはり修正されてしまうところが出てきます。ほとんど目立たないとはいえ、やはり言い換えと／あるいは句切り換えが生じるのです。フロイトは二次加工について語っていますが、私の場合は、三次加工について、また四次加工についても語ることができるでしょう。ラカンの貴重な考えのことも忘れてはいけません。精神分析家は書記であるという考えです。それは自分自身にとっても書記なわけです。私は自身の筆耕なのです。

●ロディオン・トロフィムチェンコ（RT）

どうして第一の記録は、単にメモ帳ではなく、中国のメモ帳で行なわれるのでしょうか。

●VM 本当を言うとこれはロシア製のメモ帳で、表紙と各ページに漢字が描かれているだけなんです。周知の通りロシアでも、ヨーロッパやアメリカと同様、漢字は大変人気です。自分の体に永遠に残る刺青でさえ、ヨーロッパ人は、自分たちにはまったくの異国語である中国語を彫ることがままあります。いつだったか私は中国のメモ帳を買ったことがあったのですが、それは、体裁からしても、またそこにすでに何か書かれているということからしても、そのメモ帳がすでに本のように見えたからです。だから私は空虚の中で本を書く必要はなく、ただ本を書き足すだけ、すでにわずかに書き込まれている空間に自分を書き入れるだけでよかったのです。奇妙な暗合により、ちょうどこの中国のメモ帳を一冊使い切ろうとしているとき、私にお礼をしたいという学生のうちの一人が、次のメモ帳をプレゼントしてくれました。例えばはるかに人気のある「モレスキン」ではなく、まさにこのメモ帳が私の気に入っていることも、また、ちょうど今のメモ帳にもう書くところがなくなろうとしていることも、もちろん夢にも思わずにです。

●RT ヴィクトルさん、日本で、日本語の訳で本を出すことが、どうしてあなたには必要なのか、すでに以前訊ねたことがありました。つまり、あなたはこの本から何を期待しているのか、この本からもたらされるものは何なのかということです。それに対する答えの一つは、中国の漢字、ないしは今日本で用いられている書字に関わっていました。エジプトのものであれ、中国のものであれ、象形文字一般に対してあなたがどのような態度をとっているのか、また精神分析において象形文字的エクリチュールにどのような意義が与えられているのか、それを私は知っていますから、あなたが自分の夢を書きとめる、この「中国」のノートに特別なところは何もないというのを、鵜呑みにすることができないのですが。

●**VM** 今あなたは分析家の役を買って出ているわけですね、さらに先へ先へと進むことをうながす分析家の役を……分析主体として私はこう答えます。はい、私が子供時代に触れた最初の本の一つに、漢字が書かれた中国の小さな塗り絵の本がありました。私は中世の中国の人物たちを、物語の筋についてはとりたてて理解もせず、とりたてて深く考えもせずに、色鉛筆で塗っていました。どうして中国の本が私の祖父母の家にあったのかは知る由もありません。他方で、中国のメモ帳が無意識的に私を選んだのだということがあります。フロイトが事あるごとに夢の作業、**Traumarbeit** を象形文字的エクリチュール、中国の読み書きに比していたという理由からです。この中国のメモ帳がベッド脇の台にあるということが、すでに私を無意識に近づけているかのようです――ロシア語のアルファベットではなく、まさに中国の漢字が、夢を書きとめるのを手助けしてくれているのです。「中国の読み書き」についても言っておきましょう。こういう古い言い回しがロシア語にはあります――「中国の読み書き《キタイスカヤ・グラーモタ》」という言い回しです。理解の境界上にあるもの、把握するのが非常に困難なものと関わりあっているというのが、この言い回しの言わんとしていることです。「中国の読み書き」とは、秘密の符号、暗号、コードなのです。私にとって書字《エクリチュール》というものが始まったのも、まさにこうしたことからでした。エクリチュールにおける、そしてエクリチュールにとっての私の「我」が始まったとすら言ってもよいかもしれません。ものを書くことは私にとって、最初から秘密の暗号、そして日記をつけることと関わっていました。普通よくあるような両親に読ませるための日記ではありませんでしたが、しかしそれでもそれは〈大他者〉に、少なくとも〈言語〉そのものに宛てられていました。私はその自分の最初の長篇小説《ロマン》たる日記をよく覚えています。その内容ではなく、いわばその外面的特徴をです。私はそれを小学校一年の六歳のときに書いたのですが、『南京虫《クローブ》』という題でした。この日記小説は秘密のものでした、というのも、学校で私に降りかかったトラウマ的な出来事をめぐって展開するからです。どうやら私はその一件を内心でひどく恥じ、それを秘密の暗号によって象徴化することに決めたようです。降りかかってきた出来事は、**私を現実的なもの**〔現実界〕との境域へと追いやったのです。私はクラスの中で一番年下で、一番背が低かったのですが、あのピオネール☆のリーダーが現われるまでは、誰もそのことで私を叱るようなことはなかったと思います。それがある時、授業が終わってから教室に彼女がやって来たのです。私の記憶に刻まれている限りでは、彼女はずいぶんとなりの大きな娘でした。今にして思えば、彼女は十三歳ほどだったと思うのですが。こうして彼女は入ってくるや、まず手始めに私たち一年B《ヴェー》組の生徒全員を整列させることにしました。「全体並べ！」と彼女が吠え、私たち一年生は横一列に並びました。私は友人たちに挟まれて、列の中ほどにいました。すると彼女は喚きだしたのです、「ちょっとあんた、ちび《クローブ》、なんでそこに立ってるの？ ほら、列の端っこに行きなさい!!!」これ以上におぞましいことを私が聞くことはありえなかったのではないかと思います。私は自分の同級生たちの列、人間の列〔序列〕の最後にいなければならなかっただけでなく、そもそも人間ではなかった、グレゴール・ザムザ流の昆虫ですらなかったのです。私は血を吸う寄生虫、血吸い虫、押し潰してしまうべき南京虫だったのです。人間と南京虫との戦いについては、私も身をもって知っていました。私には何をすることができたでしょうか？ どうやって私は非人間的な恥辱を耐え忍ぶことができたのでしょうか？ ただこの恥辱を一人の人間の秘密の日記に書き出すことだけです。『南京虫』はラテン文字で書きとめられたのですが、これが私の最初のコード、最初の暗号でした。最初に私は一枚の紙にロシア語のアルファベットを垂直に書きとめ、兄にその横に対応するラテン文字を書いてくれと頼みました。こうして私は秘密のコードを手にしたのです。〈大他者〉は、私が書き、故《ゆえ》に存在することを知っているはずです。人間として存在し、人間的な承認／愛に値するのだということを。たとえあの巨大な娘には、それに値しないのに人々の中に場を占めている小さな寄生虫のように見えるとしてもです。ラテン文字は謎めいた象形文字の役割を果たしました——読まれえ、同時に読まれえない象形文字の役割です。それは文字通り、垂直的には〈大他者〉によって読まれ、水平的には他の人々〔他者たち〕には読まれえないものだったのです。ちなみに、それ自体としての**他者たちとの関係**☆☆の理解というものも、この子供時代のエピソードに根ざしています。この関係はつねに相互的《レシプロック》です。ピオネールのリーダーが私には巨大に見えるのは、私が彼女には南京虫ほどの寸法にしか見えないのと対応しているわけです。私が無限に小さくなってゆく一方で、彼女は無限に大きくなってゆき、このピオネールの娘が、私の記憶の中では、大人の教師を凌駕するような、そら恐ろしいほどの大きさにまで膨らんでゆくのです。

小説『南京虫』がトラウマの外在化、トラウマの象徴化であることは言うまでもないでしょう。私の本が世に出ることは、その都度の〈大他者〉への訴えなのであり、それは自己、および自己の承認の永遠の探求なのです。ロディオン、あなたは私の日本語の本が世に出ることが及ぼすべき効果について質問をしているわけですが、それは『南京虫』の効果なのかもしれません。この本が出たとしたら、それはきわめて私とは疎遠な最初の本になるでしょう。それは〈大他者〉、その役を〈大文字の日本人男性《ヤポーネツ》〉と／ないしは〈大文字の日本人女性《ヤポーンカ》〉が演ずることになる〈大他者〉にとってのほうが理解可能なのです。私の論文がスペイン語かスロヴェニア語、ましてフランス語か英語で出るなら、私は何かしら理解することができます。日本語の場合は、私の前にあるのは、わけのわからない暗号、秘密のコード、全面的な疎外〔疎遠〕、まったくの非我です。それゆえ、私にとって大変喜ばしいことに、ここでは私から何かが非常に大きく損なわれるはずであり、「我」は「非我」に変容するはずなのです。「我」は書き出されて、根源的な「非我」となるはずなのです。こうした存在の外面化《エクステリオライゼイション》〔具体化〕、こうした外在化は、まったく見分けがつかなくなるまでの、ナルシスティックな脱同一化に到るまでの外在化ということになります。言い換えるなら、おそらく最も大きな喜びは、鏡がこの場合は空虚のままだということにあるのでしょう。私に何かがもたらされるのではありません。私は損なわれるのです。私の「我」は拡散し、ただテクストだけが、というよりは、夢の中でのように、夢《オネイロ》テクストだけが残ります。そこでは私は人生で初めて自分の名を認めることがないのです。日本の書字は私にとっては「中国の読み書き」そのものです。私は宛名人として〈大他者〉から、読まれえず識別されえないメッセージ、自身の他性の他はなにも示さないメッセージを受け取ります。日本語の本はまぎれもない夢なのであり、そこにはどんなものでもあるが、ただ私だけがいないのです。

☆　ピオネールは旧ソ連の社会主義体制下での、共産主義教育を目的とした少年少女組織。学力優秀、健康優良な児童が選抜された。

☆☆　ラカンによれば、象徴的次元における〈大他者〉と異なり、いわゆる他者、「それ自体としての、他者としての他者 l'autre en tant que tel」は想像的次元で現れる。そこにあるのは、「一方が他方の中に自らを識別するしかない」、「純粋な相互性」の関係である。

RT　このように根源的に異なる言語に翻訳されたご自身の本によって、ある意味であなたは、かつて『南京虫』を書きとめた、失われたノートを再現することになるのだとは思われませんか？

VM　ロディオン、あなたの精神分析に再度感謝しましょう。実際、私の全生涯はこのノートの探求であると見なすことができます。最も驚くべきことは、私が表紙の色をよく憶えているということです。ノートはすみれ色でした。すべての本が『南京虫』を補完するのですが、しかし、どの本も一冊として、それを最後までしおおせることはできません、もう二度とできないのです。どの本も一冊として『南京虫』の墓であることはできないでしょう。ちなみに、あなたと私の会話のタイトルは、いろいろと考えられるでしょうが、そのうちの一つは「『南京虫』の回帰」というものです。現実的なもの〔現実界〕、不可能なもの、識別されえぬものからの回帰です。「日本の書字」に直面するとき、私はまさにある深淵の縁、その底のどこかで象徴的なもの〔象徴界〕と現実的なものの継ぎ目が口を開けている深淵の縁にいることになります。これは地質構造《テクトニクス》上の縫合帯であり、それこそは断絶なのです。こうしたテクスト構造《ニクス》が、私の父の名を南京虫のように押し潰す《ラズマザーチ》ことがなければよいのですが！　私の父の名、彼から相続された名のうちの一つである私の姓はマージン☆であり、人の遺骸ならぬ虫の死骸の、現実の〔現実的なものとしての〕南京虫の「象徴的押し潰し」という不気味な考えも、そこに由来するのです。ついでに言っておくと、私にとってロシア文学の中で最もおぞましい情景の一つは、フョードル・ソログープの小説『小悪魔』の中で、そこここの壁を這う南京虫が忌わしくも押し潰されるところです☆☆。おしなべて、ロディオン、日本の書字に直面する〔日本の書字の顔を前にする〕とき、構造的な **méconnaissance**〔誤認〕を引き起こすものとしてのナルシスティックな顔の可能性そのものが消え去るのです。他方で、ラカンが言うように「現実的なものは不可能なものである」とするなら、この日本語のコードは現実的なものに接近するようすがとなります。「私の」日本語のテクストが、遠ざかりゆく墓の方へと差し向けられた幻覚性南京虫を生ぜしめる、そのような結果を現実的なものからの回帰はもたらしうるのです。この点に、日本語に訳された「私の」本のサイケデリックな成分があります。極限的な遠さのために、かえって最も近いものとなる本の。遠ければ遠いほど近いわけです。

☆　「マージン（Mazin）」という姓は「塗る、汚す」といったことを意味する動詞"mazat"と語根を同じくする。"razmazat"はその派生語で「塗り広げる」ことを表すが、そこから壁などに這う虫を押し潰すという意味でも使われる。
☆☆　ロシア象徴主義の詩人・作家フョードル・ソログープの一九〇五年の長篇小説（邦訳は斎藤紘一訳、文芸社）。

RT　この本の各章、そしてそのタイトルを改めて見直して眼につくのは、「マス・コミュニケーション」、それから夢、続いて視覚芸術というように、ここで話題になっているのがきわめて儚い物事であるということです。夢のみならず、マスメディアにおける情報の流れや現代芸術のイメージというものもすべて、これは非物体的、非物質的なものであり、常に絶え間ない交替、流れ、すり抜けの中にあります。これは〈存在せぬものについての書〉なのでしょうか？

VM　まさにここで取り上げるにふさわしい日本文化の一例があります。それは若い頃、私にきわめて深い印象を与え、私の記憶の身体に刻み込まれているものです。私が言っているのは、小林正樹の映画『怪談』のことです。私は自分の耳を守らなければならない人間、聴こえてくることはもうアプリオリに知っているからといって耳を塞いではならない人間、それでいて、文字が書き尽くされていないその耳をまだ失わないでいなければならない人間なのです。私が思い出すのはおおよそ次のようなことです。映画のエピソードの中の一つで、盲目の楽師を悪霊から匿うために、彼の身体に漢字が書き尽くされるという話があります。しかし、急ぐあまり両耳だけテクストで蔽うのを忘れられてしまうのです。夜中に現れた亡霊には楽師の身体が見えないのですが、象徴化されていない耳だけは見えるため、彼はそれをもぎ取り、持ち去ってしまいます。こうして、視覚を失っている楽師は、さらに耳なしになってしまいます。もしかすると、私が〈日本の大他者〉を通じて実現しようと試みている夢は、まさに自分の耳を書き尽くされていないままで守ること、存在せぬものを見極めること、私の耳をもぎ取ろうとしている亡霊たちを咄嗟に見とめること、そしてエクリチュールの行為によって彼らから身を守ることに存するのかもしれません。何のために亡霊は私の耳をもぎ取りたがるのか？――こうあなたは訊ねるでしょう。あなたに思い出してもらいたいのは次のことです。言うことを聞かないときの学校での典型的な罰は、言うことを聞かない子の耳をつかみ、その子を隅へ連れて行くことでした。耳をねじること、引っぱることは、言うことを聞かないことに対する典型的な罰なのです。私が鋭敏な耳を持っているからといって、それで私が言うことを聞くことにはけっしてなりません。ロディオン、日本語では**聞く**〔slushat'〕と**言うことを聞く**〔slushat'sja〕という動詞に語源的類縁関係があるのか、興味がありますね。この類縁関係は一連のヨーロッパ語では容易に見いだすことができます。ロシア語ではこの関係は明らかであり、しかも驚くべきことに、**言うことを聞く**〔slushat'sja〕という語は、その形式上、おのれを聞くということを意味します。言うことを聞くは再帰動詞なのであり、聞かれる／言うことを聞かれる〔slushat'sja〕〈存在せぬ大他者〉をまるで前提としていないかのようなのです。〔聞く〕耳があるならば、〔大文字の〕〈声〉がそれを覚醒させるはずです！ 私を何よりも動揺させるのは耳、その開放性、そこに飛び込んでくる音《ズヴーキ》であり、日本のノイズミュージックの音響《ズヴーキ》もその例に漏れません。耳、まず第一に精神分析の耳は、きわめて多岐に渡る雑音を、見知らぬ、かつ遠い音の、きわめて多岐に渡るニュアンスを区別しなければなりません。エディプス的恐怖とは、私の思うに、男根《ファロス》を切断される恐怖ではなく、耳という器官、幻覚の組織化を引き受けている、まず第一に現実《リアリティ》という幻覚の組織化を引き受けている、この器官をもぎ取られる恐怖なのです。ロディオン、あなたは、私の書法《エクリチュール》には鉄筋コンクリート的なところがどこにもなく、すべてが幻影的だと言いますが、そこで思い出すべきは、まさに幻影的な鉄骨が、現実の鉄筋コンクリート的構成を支えているのだということです。まさに幻影〔亡霊〕的なものが存在を組織するのであり、それは今日、眼に－見え〔明白で〕、耳に－聞こえるものとなっています。ワイファイ環境、携帯電話の電波、ラジオや衛星テレビの信号が、現実の輪郭を描きだしているのです。また他方で、幻影的な名は存在を支え、また保ちさえします。宮崎駿の『千と千尋の神かくし』〔ロシアでのタイトルは『亡霊たちに連れ去られた二人』〕の中で男の子が女の子に言うようにです。彼が言うには、彼女が亡霊たちの世界で生き延びることができるのは、ただ一つの条件のもとでだけです――すなわち自分の本当の名を忘れないということです。ただ象徴的同一化《アイデンティフィケイション》だけが、必要なときには服従せず〔おのれを聞かず〕に、おのれを保つことを可能にするのです。

RT　あなたの書法にはある種のサーフィン、すなわち滑走があります。まず言えるのは、まさに夢の中には互いに結びつかないように見える物事があり、夢の顕在内容は飛躍、コラージュの要素で満ちているということです。あなたは夢を自由連想の流儀で解釈し、きわめて多岐に渡る理論家たちを引き寄せ、あるときは皆に知られている、あるときはあなたしか知らない出来事について語ります。そして、それだけでなく、あなたが記述する夢の非常に多くは、旅行の時に、現実における移動のときに、ある都市から別の都市への途中で見られたものです。あなたは飛行機で移動し、あるいは例えばクラビで見た夢をバンコクで思い出し、後でそれについてロシアで書き、それを私たちが日本で翻訳しているわけです。夢の中でも、夢の外、すなわちその解釈においても、人々、場所、出来事が凝縮しています。それは一種の集塊《コングロマリット》、あるテクストの中に飛来してくる群れであり、あなたはこれら名と場所の上を滑走してゆくのです。私にとってこの本はある意味で『オデュッセイア』、夢の『オデュッセイア』です。私はあなたと共にたえず旅をし、別の場所に移り、誰かと出会い、別の流儀に移行するわけです。そして、どこで夢がすでに終わり、解釈が始まるのか、つねに判然としているわけではありません。こうした点で、私にとってマージンと旅というテーマは興味あるものです。後者をより広い意味にとったとしての話ですが。

●**VM**　夢とはすでに旅であり、それはまさしくトリップです。本当の旅人とは家でじっとしているものだという老子の考えは、今日、完全に自明なものとなっています。とはいえ、この中国の賢者が念頭に置いていたのとはまったく別の意味においてですが。例えば、人々はテレビの『旅人クラブ』の中で旅をするか、あるいは、あたかも旅に出るかに見えますが、その実、結局のところはどこにも出かけていないのです――あるホテルから、別の国にあるとはいっても、まったく同じようなホテルへ移動し、母語の環境を捨てることなく、ただ同国人同士でだけ交わり、自宅と同じ衛星テレビを見ながら、もっぱら食べ慣れたものだけを食べる等々です。概してこうした一切は「アンチ・オデュッセイア」と名づけることができます。ロディオン、あなたがオデュッセウスのことを想起したのを、私は大変嬉しく思います。というのも、これは私が最も好きな本のうちの一つであるからであり、また、我々はオデュッセウスの旅の実際の地誌《トポグラフィー》について語るのと同じように、自己認識の旅の地誌についても語ることができるからでもあります。この旅では記憶の波に乗って航海が行なわれるのです。オデュッセウスは最後には自分のところへ、家へ帰ってきます。彼は始終、家へ向かって航海しているわけなのです！　さらに、私の夢を見てみると、その大部分は家ではなく、どこか別の国で見られたものだという点でも、あなたは正しいですね。なぜでしょうか？　なぜなら他の国とはすでに別の《ドルゴイ》舞台であり、すでに〈他者《ドルゴイ》〉のディスクールであり、すでに夢であるからです。なぜなら私は家では自分の夢を覚えていることがはるかに少ないからです。こうなるのは、少なくとも二つの理由によります。第一に、家では私は夢について考えながらではなく、自分がしなければならない用事について考えながら目を覚まします。第二に、私は実質的に毎晩、映画を見ますが、それがあたかも私の眠りを準備するかのようであり、また私の夢を補うかのようでもあります。昨日、私はチャールズ・ブロンソン主演の、牧場《ランチョ》や無数の牛が出てくるウェスタンを見ました。今日、私は映画については多かれ少なかれ覚えていますが、夢については違います、覚えていないのです。ブロンソンと牛たちが、いわば私の夢を奪っていったわけです。夢と旅に関連して私の頭に浮かぶのは、あるインドの諺で、それによれば、移動、とりわけ飛行機での移動は、魂が身体についてゆけないという事態を招くというのです。インド人たちが言うには、人間の身体が飛行機で移動すると、魂が追いついて身体と一つになるまで時間がかかるというのです。私の夢は、魂はたえず身体に追いつけないでいるということを物語っているように私には思えます。一般に私は家がすごく好きです。こうした一切の旅が私に吐き気を催させることもまれではありません。大抵は、自分が家から遠く離れていったい何をしているのか、そもそも理解できません。私はいずれにせよ、自分自身を離れては、どこへも出かけていないのですから！　私はどこでよりもはっきりとそのことをインド、ないしはブラジルで感じます。そこでは私は家にいるように気分がよいのですが、私が寝入るや否や、すぐにスモレンスクのガレージの裏かどこかで、なにやら冬の犯罪的陰謀に巻き込まれることになるのです。どうしてこんなことになるのでしょうか?!　身体は至福のブラジルにありながら、魂は故国の汚物にまみれているのです！　しかし、私にとってはすべてはもっと複雑です。「家」〔dom〕、「故国」〔rodina〕という概念は、私にとっては幻覚《ファンタスム》的であったり、幻影《ファンタスマゴリー》的であったりするというところに逆説があります。故郷の家〔rodnoj dom 本来は「生家」の意〕は、あたかも〔二倍に〕肥大した後で、〔二つに〕分裂するかのごとくであり、私はそれら二つの間の、すなわち私から無限に遠ざかりゆくそれら産院〔roddomy〕の間の、奈落の中に取り残されるのです。概して私が過敏に感じていることは、ただドイツ語の **unheimliche Heimat**〔不気味な祖国〕〔ドイツの作家W・G・ゼーバルトに同名のエッセイ集がある〕という語結合によってしか表現することができません。

●RT この百年の間、精神分析は科学的、ないし実証主義的なディスクールの狭い枠を克服し、それでいながら「学問《ディシプリン》」にとどまり、「主体についての思想」を根拠のない空想の飛翔の領域へ移動させてしまわないために、多くのことをなしてきました。あなたの本はそうしたことの特徴的な一例であるように私には思えます。あなたにとって「文学性」、精神分析的テクストの文体は、いかなる役割を演じているのでしょうか？ まさにいかにしてあなたは、一般的には主体についての、限定的には夢についての、アカデミックな書法を克服したいと望んでいるのでしょうか？ また、現代ロシアにおける精神分析の科学化に関するあなたの立場はどのようなものでしょうか？ さらに、精神分析家としてのご自身と作家たち、例えばパーヴェル・ペッペルシュテイン☆との関係をどのように見ていらっしゃるのでしょうか？ あなたが書くことは、「どの程度」ではなく、「まさにいかなる形で」正しいのでしょうか？

☆ パーヴェル・ペッペルシュテイン（一九六六―）は、ロシアのポストモダン的芸術潮流であるモスクワ・コンセプチュアリズムの流れを汲む画家、作家（その創作については、例えば岩本和久『トラウマの果ての声――新世紀のロシア文学』（群像社）に紹介されている）。マージンとの共著として『深い経験のキャビネット』（二〇〇〇）、『マス・コニュニケーション時代の夢解釈』（二〇〇五）がある。

●VM 私にとって原則的に重要なのは形式の美学です。私はあなたと無意識について、夢の作業について話していますが、この作業とは形式でなくして何なのでしょうか?! 夢の作業の精神分析的理解の逆説は、この作業、つまり歪曲の作業が創造の作業でもあるというところにあります。歪曲こそが文学的活動性で「ある」のです。夢《オネイロ》エクリチュールとは隠喩化と換喩化のことです。ここに、私の書くものが「まさにいかなる形で正しいのか」という、あなたの風変わりな問いに対する答えが潜んでいます。正しさは、これら二つの〈夢《オネイロ》ディスクールの眠らぬ巨人〉――隠喩と換喩が創造する形式の中にあるのです。私が何を暗示しているのか、あなたにはもうお分かりでしょう。

まさにこれら形式を作り出す巨人たちは、おのれのうちに欲望を含んでもいるのであり、彼らは私の欲望の創造者なのです。このフロイトの命題は、科学的思考、科学化された「精神分析」からは絶えず滑り抜けてゆきます。「科学的精神分析」は、欲望を夢のなんらかの潜在内容の中に探す必要があると言います。これこそ科学化が何を招くかということの一例です――フロイトの最も原則的な思想の一つが放擲されて［verwirft］しまっているのです。自分の精神分析的体験から私には、ある言語から別の言語への翻訳はけっして正確なコピー、完全なる同一性を作りだすことはできないという確信があります。形式が別ならば内容も別なのです。「翻訳とは形式である」とヴァルター・ベンヤミンは言っていますが、フロイトはこう付け加えます。意識へと翻訳された無意識の表象を無意識そのものと混同してはならないと。精神分析を科学的言語に翻訳すると、精神分析は消滅してしまいます。精神分析の形式は瓦解し、大したものは何も残らないことになります。ロシアにおける「科学的精神分析」の状況は、そのきわめて顕著な例でしょう。年輩の心理学の学者先生たちが、精神分析を彼らにも分かる言語に翻訳するよう一度ならず私に要請してきたのも、驚くべきことではありません。精神分析の診察室で私が分析主体にこんなことを言うのを想像してみましょう。「では今度は、あなたが話したことを私にも分かる言葉に翻訳してみてください。同じことを、ただ別な言葉で話してください」。馬鹿げたことです！　しなければならないのは、頭に浮かんだことを話すことであって、再定式化にいそしむことではないのですから。科学技術的ネオ実証主義者たちとは違い、作家には「同じことを別な言葉で」という狂った考えが頭に浮かぶことがないのは明らかなことです。ペッペルシュテインなら、同じことを別な言葉で書いてくれないかなどと私に言うことはけっしてないでしょう。作家と美術家は形式の問題を見事に理解しています。作家は、自分は言葉と関わっているのだとアプリオリに理解していますが、学者はそれを忘れてしまうのです。あたかも遺伝学者は遺伝的事象を言葉を用いずに記述するかのように！　あたかも宇宙物理学者はビッグバンを象徴体系の外で記述するかのように！　そんなふうにしてダニエル・パウル・シュレーバーは神と直接交流したのでした。彼の神には言葉は不要で、その神は神経を直接操り、情報を植えつけることができたのです。つまり、いろんな象徴を神経組織の生地《マター》〔質料〕の中に植えつけたのです。作家と美術家は象徴的座標の中で仕事をし、ラカンならば言うでしょうが、空虚の昇華による形式《フォーム》〔ラカンのセミネール第七巻『精神分析の倫理』参照〕そのものを相手に仕事をするのであり、学者シュレーバー流の象徴体系の崩壊が彼らを脅かすことはないだろうと思います。

●RT ヴィクトルさん、日本ではソ連時代後期、およびペレストロイカ期の非公式・ノンコンフォーミズム文化に関心が持たれています。そこで、この時代の芸術家たちとの関係について、あなたにお訊ねしたいと思います。ネクロリアリストたち〔第6、7章参照〕のみならず、ノヴィコフやクリョーヒン☆といった人物たちとの関係についてもです。あなたは彼らとどんなつきあいがあったのでしょうか？ そうした関係は精神分析家としてのあなたに、いかなる形で影響を及ぼしているのでしょうか？

☆ チムール・ノヴィコフ（一九五八―二〇〇二）は現代美術家、セルゲイ・クリョーヒン（一九五四―九六）はミュージシャン（キーボーディスト）。ともに一九七〇年代から活動を開始、前者は八二年に芸術集団「新しい芸術家」を、後者は八四年に音楽集団「ポップ・メカニクス」を組織し、ソ連時代後期レニングラードの非公式文化シーンを主導した（後者は、B・グレベンシコフの「アクアリウム」、V・ツォイの「キノー」等、ソヴィエト・アンダーグラウンド・ロックの活動とも大きく交わっている）。ペレストロイカ期に世界的に名を知られることになったが、両者ともに早世し、その存在はすでに伝説となっている。なお、ノヴィコフは、マージンが主宰する雑誌『キャビネット』の刊行に、その一九九〇年の創刊から参加していた。

●VM ロディオン、これは大変嬉しい質問です。なぜそんなに嬉しいのかと言えば、あなたが私に友人たちについて、私にとってきわめて親愛なる人たちについて、大文字の〈芸術家〉について訊ねているからです。友人たちは、その死後も友人たちのままです。ノヴィコフとクリョーヒンは**私の亡霊**であり、彼らは私の自我の墓場の、かけがえのない住人なのです。様々なことがきっかけで彼らのことが思い出され、彼らはほぼ毎日、私の記憶の中に甦るというだけでなく、彼らとは夢の中で出会うこともまれではありません。それも出会うというよりは、聞こえるのです！ 私はいわば**自身の耳**で彼らを聞くのです！ チムール・ノヴィコフとセルゲイ・クリョーヒンの声は、私の夢《オネイロ》世界のつねなる登場人物なのです。たしかどちらとも私は一九七九年、ペレストロイカが始まる数年前に知り合ったのだと思います。ペレストロイカは私にとって最も素晴らしき時代であり、それ自体が紛うかたなき幻覚、フェリックス・ガタリなら言ったであろうように、驚くべきカオスモスを見せていました。なぜそれは幻覚であり、カオスモスなのでしょうか？　ペレストロイカは二つの秩序の間の時代、すなわち、二つのコスモス、ソヴィエト連邦の後期社会主義のコスモスと、ロシアの初期資本主義のコスモスの間の時代であるからです。そして、二つの強固な官僚的秩序の間のこの隙間に、夢の中のように、幻想の中のように、きわめて様々なる時代、きわめて様々なる文化的伝統、きわめて様々なるイデオロギーが現れていたのです。ペレストロイカは、ディスクール上の可能性の幅広いスペクトルを顕わにしました。共産主義的イデオロギーは崩壊し、人々は新たな同一化の点を探しださねばならなくなったのです。ある人はキリスト教にしがみつき、またある人はファシズムに、ある人は異教の神々に、ある人は神秘主義に、ある人は資本主義にしがみつきました。クリョーヒンとノヴィコフはまさにペレストロイカの〈幻覚〉の宣揚者と見なすことができます。セルゲイ・クリョーヒンは「ポップ・メカニクス」を世に生みだしましたが、それは様々なる時代、そして様々なる文化が一つの舞台に居合わせることになる、そのような出し物でした。フリージャズのミュージシャンたち、民俗音楽の合奏団、ロッカーたち、ロバたち、ネクロリアリズムの芸術家たち、軍楽隊、鶏たち、オペラ歌手たちが一堂に会していたのです。チムール・ノヴィコフは「新しい芸術家たち」という運動を組織し、彼らは絵画と落書き、ハプニングとパフォーマンス、音楽と演劇、ロシア・アヴァンギャルドとアメリカのポップ・アートを一つに結びつけました。これら二つの流れ、「新しい芸術家たち」と「ポップ・メカニクス」が舞台上で一つに融合することもよくありました。チムール・ノヴィコフがさらに構図変換《ペレコンポジツィヤ》の理論☆を生みだしたというのも、興味深いことです。これは造形芸術における構造転換《ペレストロイカ》の理論と呼んでもまったく差し支えないものです。クリョーヒンとノヴィコフはオーガナイザーとして稀有な二人でした。自分の周りにこれほど強力な引力圏を作りだし、他の人々に創造しようという欲望を生みだす芸術家に、私は他に出会ったことがありません。二人は様々な多くの人々を自らの方へ惹きつけ、かつ彼らを創造的に鼓舞することができました。クリョーヒンとノヴィコフは人々を芸術家、音楽家、俳優にしたのです。二人は、身をもって例を示すことで、フロイトの夢美術館☆☆を集団創造的活動の場として創設したいという私の欲望を支えてくれました。チムール・ノヴィコフとセルゲイ・クリョーヒンの創造的衝動は、彼らと出会うずっと以前に起こっていた精神分析への私の関心をも温め直してくれたように思います。芸術家の友人たちとの精神分析についての会話のほうが、学者や医者たちとの会話よりも、私にとってはるかに信憑性があり、かつ魅力的なものであったということも言っておきましょう。これはまったく単純な話で、かつてフロイトやラカンを誰が支持したのかということを思い起こしてみればよいのです。支持したのは学者たちではなく、画家、作家、作曲家たちでした。彼らの方が、フロイトとラカンの亡霊が私に言うように、無意識の世界にはるかに近いのです。

☆ ノヴィコフが、遠近法についての意味論的考究や、初期ソヴィエト映画のモンタージュ理論等に基づき編み出した構図構成の原理。この構成原理は絵画以外の芸術作品にも応用され、また既存の作品の引用的構成にまで拡大された。
☆☆ 第5章参照。

RT ヴィクトルさん、ぜひとも聞かせていただきたいことなのですが、精神分析家の位置とキュレーターの位置との間の結びつき(あるいは根本的な区別)をあなたはどのように見ていらっしゃるのでしょうか? というのも、あなたはこれら二つの実践をうまく結びつけておられるからです。キュレーターの欲望と精神分析家の欲望の類似は、どのような点にあるのでしょうか? ちなみに、あなたはこの「キュレーター的欲望」という語結合を用いていらっしゃいます。この欲望はいったいどのようなものなのでしょうか? そして、どのようにしてこの欲望は、なにか嫌悪すべきものに変わりうるのでしょうか? つまり、キュレーターの仕事の中で、あなたが何よりも受け入れられないのは何でしょうか? (また、それは精神分析家としての仕事の中であなたを何よりも「逆上」させるものと結びついていたりするでしょうか?)

VM 大雑把に言って、私の考えでは、精神分析においても、キュレーターの仕事においても、互いに密接に結びついている二つのことが何よりも重要です。一つめは、自らの野心を、それが嫌悪すべきものとならないうちに、少しだけ奥へ引っ込めておくこと、分析家、ないしキュレーターとしての自らの欲望をしまっておくこと、悪霊たちを逆上させないよう目立たなくしていることです。二つめは、このようにあたかも何もしないでいるかのようなふりをしながら、分析主体や芸術家たちに語らせるということです。精神分析家とキュレーターは、分析主体であれ、芸術家であれ、そうした他の人たちのための空間の組織者であると言うことができます。分析家とキュレーターが分析主体と芸術家たちとの関係において物事を組み立ててゆくというのは、原理的に重要なことです。これで分析家とキュレーターの仕事のアナロジーは終わりです。キュレーターの位置のほうが比べものにならないほど活動的だというのは、もっともなことでしょう。キュレーターの仕事においては、分析におけるのとはまったく異なる問題があります。展覧会の構想、作品、芸術家たち……展覧会において最も面白いのは、それを準備すること、すなわち、芸術家たちと展覧会について話し合うこと、展覧会がどんなふうになりうるのかという問題を解決することです。

●**RT** 答えるとなると何ページをも占めることになりかねない質問ですが、それがどれだけ日本の読者の興味を呼びうるか分かっているので、質問しないわけにはいきません。何かといいますと、サンクト・ペテルブルグのことです。この質問の「切り口を絞る」にはどうしたらよいでしょうか……例えば、ヴィクトルさん、(亡霊的都市としてのペテルブルグが、やはり一種の亡霊であるフロイトの夢美術館と結びついていることを念頭に置いているのですが)ペテルブルグとは、あなたにとって誰の、ないしは何の亡霊なのでしょうか?(あなたにとって)何が(そこにおいて)回帰しているのでしょうか?

●**VM** 私にとってと言うのなら、サンクト・ペテルブルグはレニングラードの亡霊です。レニングラードがサンクト・ペテルブルグの亡霊であったのと同じように。運河の水面に建物が影を落としているように、二つの歴史が互いのうちに反映しています。とはいえ、歴史は二つだけとは限りません。こうした歴史のうちの一つはこうです。サンクト・ペテルブルグは亡霊として生まれました。まずそれはピョートル大帝の頭の中に現れたのでした。皇帝の譫妄がこの都市の出生地であると言ってもよいでしょう。サンクト・ペテルブルグとは思弁的都市なのです。まずその計画《プラン》〔見取図〕が頭の中に生じ、それから、非人間的な努力という犠牲を払い、沼の上、そして建設者たちの死体の上に、それは立ち上げられたのです。☆ 一方、まったく別の歴史もあります。サンクト・ペテルブルグは文学的都市であり、いわば捏造された都市、亡霊的記述にぐるぐる巻きにされ、それが分厚い層をなしている、そのような都市なのです。「都市‐テクスト」という慣用的表現があるのも偶然ではありません。旅行者がサンクト・ペテルブルグに到着すると、その人は現実の、建築物の立ち並ぶ石の都市というよりはむしろ、プーシュキン、ゴーゴリ、ドストエフスキイ、ハルムス、アフマートワ、ブロッキイ……といった人々の都市‐テクストの中にいることになります。☆☆私が熱烈に愛しているアンドレイ・ベールイの小説『ペテルブルグ』☆☆☆は途轍もないものです！ 総じてサンクト・ペテルブルグは、現実と夢が互いのうちに反映し、互いに補いあっている都市なのです。

☆ サンクト・ペテルブルグは十八世紀初頭、ピョートル大帝の命により、バルト海沿岸の沼地にロシア全土から集められた石を敷き詰めることで、完全な人工都市として築かれた。その石の下には、建設の際に犠牲となった人々の多くの遺体が眠っていると言われる。

☆☆ 文学的都市、テクストとしてのペテルブルグについては、例えば大石雅彦『聖ペテルブルグ』（水声社）を参照。

☆☆☆ ロシア象徴主義の詩人・作家アンドレイ・ベールイの一九一四年の長篇小説（邦訳は川端香男里訳、講談社文芸文庫）。

●**RT** フロイト主義者のうち「ただフロイトのみが自分の夢を解釈することを許されていた」、フロイト主義者たちは公刊される著作の中では自分の夢の解釈を用いない、といったことが言われています。あなたはこのような立場について何かご存じでしょうか？ もしそうであるなら、そうした立場に対するあなたの態度はいかなるものでしょうか？

●**VM** 私にとっては、それは精神分析の堕落の兆しです！ 精神分析とは、私の思うに、なによりもまず自己分析なのです。フロイトの時代から、自己分析のない、いかなる精神分析もありません。精神分析から症例としての自分を、分析されるものとしての自分を除外してしまうというのは、客観化、科学化、実証化への傾向の証しです。フロイトは敢えてアケロンの水辺まで降りてゆく、☆恐れを知らぬ人間でした。彼は、重要なのは自らを理解することと、自らを書き出すこと、自分の亡霊たちを明るみに出すことであって、自分の患者たちの臨床例という衝立のかげに隠れることを可能にするような、科学的立場ではないということを理解していました。同時に、フロイトの立場は露出症ではありません。フロイトは、例えば「イルマの注射の夢」の分析の場合がそうであるように、最も重要と思われるところで立ち止まり、こう言うのです。ストップ、親愛なる読者よ、ここから先はあなたには関わりのないことです！と。恐れを知らずに冥府へ降りてゆくフロイトの後を、再度、学識ある〔知っている〕主人の位置〔第4章二〇七ページ訳註☆参照〕につくことになってしまう「分析家」たちが続いているということに注意を向けたのは、私が唯一というわけではまったくありません。テオドール・ライクはその注目すべき著作 "Listening with the Third Ear"〔第三の耳で聴く〕（一九四八）において、大部分の分析家が恐れをなして逃げてしまっていた自己分析、および自分の夢の分析に、非常に大きな注意を払っています。ライクにとってそれは、大多数の人にとっては耐え難いものである分析的立場の複雑さの証明なのです。私にとって自己分析、自分の夢の分析の拒否は、ラカンの用語で言うなら、分析家の位置から通常の主人の位置への逃亡ということになります。しかしながら、私のなすべきことは分析と自己分析を続けることです。私のなすべきことは、すみれ色のノートに文字を書き込み続けることなのです。表紙におぼろげなインクで ***KLOP*** と書かれているそのノートに。

☆　ギリシア神話における地下の冥府の川。フロイトは『夢解釈』の冒頭にウェルギリウス『アエネーイス』第七巻より「天上諸神のみ心を、思いのままに出来ぬなら、あのアケロンを動かそう」（泉井久之助訳）という句をエピグラフとして掲げている。ちなみに『アエネーイス』第六巻では主人公アエネーアースの冥府下りが語られるが、それはホメロス『オデュッセイア』でのオデュッセウスの冥府下りをモデルにしたものである。

第1部　夢

1 夢とバス　あるいはいかにしてメディアは根をおろすのか

1　夢思想に対する夢の作業

『夢解釈』第六章においてフロイトは、夢の作業［Traumarbeit］は夢思想の歪曲に向けられていると書いている。こうして、夢にはそれが隠している思想がある。自らの作業を進めながら隠す、思想を表象すればするほど隠すのである。この歪曲の作業は、歪曲、暗号化と、夢思想についての語りとの両方に、同時に向けられている。夢の作業は歪曲しながら表象するのだ。ここに夢のパラドックスがある。夢の作業は無意識的表象の暗号化でもあり、その解読でもあるのだ。夢の作業〔Rabota snovidenija〕。作業が夢なのである〔Rabota — snovidenie〕。ただ作業だけが夢の本質である、この作業が夢に形式を付与するのだからと、フロイトは『夢解釈』の中で書いている。

その際、夢思想は、夢の諸要素を生み出すというよりは、むしろ一定の諸欲望を表象する。そういうわけで、欲望はつねにディスクール的秩序に帰されることになる。欲望は歪曲された夢思想という形で表現されるのである。

我々は、フロイトが翻訳機械のようなものを、自らの解釈機械と同様に作動させるのを目にする。欲望——夢思想——無意識的表象——前意識の検閲、というように。検閲により屈折された無意識的表象が、夢の顕在［manifest］内容を構成する。フロイトの考えによれば、複雑な無意識機械の中では事物表象が支配的であり、それは前意識において言語表象と結びつきうる。このように、前意識には媒介者というよりは、むしろ象徴的空間の組織者の役割が当てられている。ジークムント・フロイトは、フェルディナン・ド・ソシュールに与して、記号モデルを二方向から記述しているのだと想像することも十分に可能である。フロイトの言語表象、および事物表象［Wortvorstellungen; Dingvorstellungen］は、ド・ソシュールの概念（シニフィエ）、および聴覚映像（シニフィアン）と対応している。そればかりか、ド・ソシュールが記号の恣意性について語っている一方で、フロイトは、夢においては記号の二つの構成要素が一致していないことを指摘している。しかも、この不一致は「単に」破壊《ディストラクティヴ》的なのではなく、その分裂のゆえに建設《コンストラクティヴ》的、再建《リコンストラクティヴ》的なものなのだ。夢構造《コンストラクション》は、映像《イメージ》、および言葉の諸要素が思想、無意識的思想を表象する判じ絵のように見える。夢において象徴的空間は新たに繰り返し脱組織化〔破壊〕され、再組織化される。言い換えるなら、これらすべての過程において重要なのは過程それ自体なのであり、あるいはスラヴォイ・ジジェクの言うように、重要なのは形式の背後に隠されている内容の秘密ではなく、形式それ自体の秘密なのだ。重要なのはそこに欲望が書き込まれているところの、表象のテクノロジーなのである。

　こうしたあらゆる翻訳、屈折、置き換えに関連して、フロイトも当然、注意を向けている一つの問題が生じる。いったいいかなる鍵によって夢のあれこれの要素を解釈すべきなのか、正確に言うことはけっしてできないということだ。面白いのは、自分の疑念をフロイトは『夢解釈』本体の枠外に出していることである――註の、それも括弧の中に入れているのだ。こんな風に――

(2) ジークムント・フロイトの疑念

「［夢の各要素の解釈の際には、次のような疑念が生じる。
（a）その要素は肯定的な意味でとるべきか、あるいは否定的な意味でとるべきか（撞着関係）
（b）その要素は歴史的に解釈すべきか（想起として）
（c）象徴的に解釈すべきか、あるいは
（d）解釈はただその要素の言語的表現にのみ立脚すべきなのか。
それにもかかわらず、次のように言うことがやはりできる。すなわち、理解されうるかどうかということをまったく考慮していない夢であっても、例えば、古代の象形文字がその読者にもたらすほどの困難を、解釈者にもたらしはしない☆］」

夢の解釈はエジプト、ないしは中国の象形文字《イエログリフ》の解読よりは難しくはないということによって、疑念は「解決」される。ロゼッタ・ストーンの銘を解読したエジプト学の創始者シャンポリオンが為し遂せたことを、フロイトもまた為すことができるだろう。象形文字は語る。無意識が語る。フロイトにおいて、夢の中の発話《パロール》は、そこで支配的な映像的書字体系［Bilderschrift］に従属している。発話が果たしているのは補足的機能なのだ。象形文字とは形象にして音、意味を規定する絵、表意文字《イデオグラム》にして略字記号《ロゴグラム》である。夢とは表意・略字的《イデオロゴグラフィック》書字体系［Bilderschrift］であり、それはつねにすでに書字のテクノロジーなのである。

二〇〇一年十月十八／十九日。北京。「無意識の裂かれ」

想起すること、視覚化すること、再現することがとても難しいという意味で、これはとても深い夢である。それは語りよりも、流れ移りゆく粘性の幻覚に近い。それは具体的映像《イメージ》に満ちた幻覚よりも、体験に満ちた幻覚に近い。絶え間ない変容が起こっていた。あらゆるものが膨らんでは裂けていった。形象《イメージ》、漢字、形象‐漢字が綻びていった。あらゆるものがばらばらに、西と東に散らばっていった。崩壊はカオスに、カタストロフに、上から下への（kata）詩節《ストローフ》の解《ほど》かれに伴われていた。カタストロフそれ自体が顕わになろうとしていたのだ。宮殿と広場が綻びてゆき、この地向斜的カタ‐ストロフの中で、熊猫、軍狗、天山、人参、北京、老子、李白が膨らみ、破裂し、雲散し、霧消してゆき、すべて、すべて、すべてが絶え間なく膨らみ、霧消していった。これは夢についての夢であり、これは北京の夢を見たいという私の欲望の具現だった……いや違う、これは二項対立の脱構築についての夢ではなく、〈天下の崩壊〉☆についてのメタ夢だ。〈無意識〉の裂かれについての。

☆ この箇所は第六章Dの一部であるが、一九〇九年版で原註として付され、一九一四年版で本文の中に入れられた（フロイト『夢解釈』（新宮一成訳、岩波書店）、四四二頁参照）。

☆ ロシア語の podnebesnaya は「全世界」を指すが、字義通りには「天の下」を意味し、ここでは中国語の「天下」という語が暗示されている。

この夢を書き留めてから私は眠り込み、メモ帳を開いてみて……絶望に襲われた。書いたばかりのメモが消えていたのである。メモの代わりに一面、零れたインクの青い染みであった。インクは乾くことなく、文字を留めずに、ページ一面に流れていったのである。どうしてこんなことが起こりえたのだろうか？ 私は行の抹消を、フロイトが提示したような意味での検閲を、この無意識の検閲のコスース〔アメリカの現代美術家ジョセフ・コスース〕による描出《リプリゼンテイション》を想起し、私の夢の検閲がその夢をインクの湖に変えたのだということを想起した。「夢が夢を検閲したのだ」――こう私は夢の中で思い、青い湖を眺めながら、〔ペテルブルグの〕労働広場、家路を急ぐ自分自身、広場を勇壮に行進してゆく兵士の縦列を目にした。

夢の題名は私にとって、前日、万里の長城までの道中、居斌《ジュー・ビン》から受けた中国語のレッスンとの関わりで、無意識の象形文字によりすでに定められていたものである。この長城は大地を裂いたという竜を私に想起させた。神話では竜が地震という大地の引き裂かれの原因なのである。無意識の地殻変動的分裂、その地向斜的活動、抑圧物の地震的回帰との連想もここに由来する。

ちなみに、カタストロフの最初の音節 **ka** は、中国語では見えるという意味である。好看《ハオ・カン》――美しい眺め――は、フロイトに夢の秘密が開示されたペンション（**Belle-vue**）☆のことを私に思い出させる。

☆ フロイトが休日によく出かけていたウィーン・ベルヴュー丘のベルヴュー城館のこと。Bellevue とはフランス語で「美しい眺め」を意味する。フロイトは、一八九五年にこの城館で自分に夢の秘密が開示されたのだと述べている（W・フリース宛て一九〇〇年六月十二日付け書簡）。

アルファベットの書字と、漢字の書字との違いの一つは、アルファベットの書字が分解〔崩壊〕する場合には意味的カタストロフが起こるが、漢字の書字が分解する場合には再意味化、意味づけのし直しが起こるという点にあるように私には思える。例えばパンダは二つの漢字、熊猫で表わされる。それが綻びてしまうとパンダは熊と猫に変わる。北京は北と京（首都）に変わる。こうした意味的カタストロフ、ないし無意識の裂かれは、私には切手を通じて子供の頃からおなじみの、中国を意味する二つの漢字、中と国を例にするなら、このように見えたのだった（上図参照）。

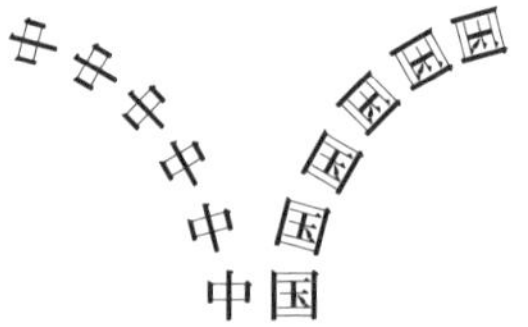

　こうした分解は深層への退行について物語っており、私がこの夢をそもそも初めに「深い」夢と呼んだのも偶然ではない。言語を歪めながら言語を習得してゆく幼児、物を名づけ変え、象徴的強制《ディクタート》〔口述〕に抗いながら言語を習得してゆく幼児を、私は思い浮かべている。音節が語を構成し、すぐさま分解して、新たな結合を形づくる。語はそれが分解する瞬間に、分裂し消えゆく形象《イメージ》の明滅を呼び起こしつつ、現われ出るのだ。形象の列なりは、それを識別することを可能にするような不動性を、いかなる形であれ獲得することができない。眼には現実的《リアル》なもの〔現実界〕が見えないのだ。幻覚的地向斜は、崩壊してゆく象徴的秩序の中を移動してゆく。

　だがジークムント・フロイトの疑念のほうに戻ることにしよう。つまり、夢のあれこれの要素をいかなる意味で解釈すべきなのか——直義でだろうか、あるいは転義でだろうか？　そもそも直義というものが可能なのかという問いは、今は立てないでおこう。「バス」の夢を見てみるほうがよいだろう。

二〇〇一年七月四／五日。リオ・デ・ジャネイロ。「バス、『バス』」

私はスモレンスク☆にある「スメーナ」のようなタイプの小さな映画館に近づいてゆく。ナターシャ・Tの妹マリーナに会う。マリーナは表示板上の、映画の題名が記されたいくつもの細い帯に見入っている。私は彼女に元気かと挨拶をする。彼女はがっかりしたように答える。「見ての通りバスに遅れちゃったのよ」。私は最初、彼女はバスに乗り遅れたのだと思う。その後で、「バス」は映画の題名だということが分かって言う。「その言い方は曖昧だな」。

☆ 著者マージンが少年・青年時代を過ごしたロシアの地方都市で、中世以来の歴史を持つ古都。

この夢におけるバスの出現は私をまったく驚かせない。第一に、リオ・デ・ジャネイロを句読点なしで突っ走る夜間バスに乗ると、私は相変わらず舞い上がってしまう。第二に、リオ発イグアス行きのバスのチケットをまたしても予約しなかったことで、私は不安を覚えている。第三に、昨日、私はタクシーでなければ帰ってこれないほど遠くの工業地帯にまで、二度もバスに乗って行ってしまった。

この夢は私にとって反ロゴス中心主義的響きを有している。「バス」という語の意味は、書かれていなければ理解することができない。マリーナの言葉は「見ての通りバスに遅れちゃったのよ」ではなく、「見ての通り『バス』に遅れちゃったのよ」と書き留められねばならないのだ。

バスにはまったく別な夢も関連している。第一に、私はその夢をバスの中で見、第二に、その夢でもまたバスが、いわば現前しており、第三に、その夢は隣の席で眠っていたオレーシャ☆の夢と響き交わすものであった。

☆ オレーシャ・トゥルキナ。美術研究者、キュレーター。著者マージンのパートナーであり、本書の第6章に見られるように二人による共著も多い。

二〇〇一年七月八／九日。リオ・デ・ジャネイロ発イグアス行きバス。「陽気な夢」

この、雰囲気としては陽気な夢を私が見たのは、夜中の三時、私たちをリオからイグアスへ、ブラジルとアルゼンチン、パラグアイとの国境へと運ぶバスの中でのことであった。私はとても陽気な気持ちで目を覚まし、すぐさま見たことを書き留めた。

私は少し先に家を出てバスに乗っており、オレーシャは後から私に追いつくことになっている。私はどこかに向かって長いことずっと乗っている（当然だ、リオからイグアスまでの道のりは二十一時間もあるのだ！）。大きなビルディングに到着し、そこのロビーでオーリャ・マトヴェエヴァ〔フロイトの夢美術館のキュレーター〕に会う。何か面白いことを彼女に話したいと思うのだが、時間が足りない（私が旅から戻ったとき、大抵そうであるように）。オレーシャが現われる。しかも彼女はビルディングの中から現われるので私は驚く。いったいどうやって私よりも先に来れたのか？ 彼女はもうここにいる！ 私のほうが先に出たのに！ オレーシャは相当に大きく明るいロビーにいるが、それは子供の頃の学校の講堂での行事を、そして私たちが停車中に食事をした素晴らしいブラジルのレストランの一つを思い出させる。オレーシャはセルゲイ・ブガーエフ（アフリカ）☆と口論しているが、その様子は冷静だ。私は少し離れたところに立って微笑んでいる。いずれにしろすべて丸く納まるだろうと私は確信している。彼らが今は知らないような何かを、私は知っているのである。彼らが口論しているのは、あるアーティストを展覧会に候補として推薦するかどうかをめぐってである。「でかしたもんだ！」とセルゲイは言う。「よくもまあこんなアーティストを見つけてきたね……ふん、イヴァンか……」。まさかオレーシャがイヴァン・Mを推薦するなんてことがあるだろうか……？と私は思う。イヴァン……イヴァン……ああ、これはイヴァン・サルマクソフ☆☆Салмаксовのことだ、そうに決まってる！ そこですぐに私は自分の憶測の裏づけを目にする。煌々とした「サルマホフСалмахов」というネオンの題辞が輝きだすのだ。これはラテン・アメリカ式に“кс”〔ラテン文字ではks〕が“х”〔キリル文字としてはKhと発音する〕の文字に代えられているのである。「だめだ」とセルゲイがオレーシャに言う。「話はなかったことにしよう」。彼らが言い争っている間に、私はグレゴリー・ウィリアムズに質問する。「君はキスリョフスキイ〔ポーランドの映画監督キェシロフスキのロシア語発音〕のこの映画を見たのかい？ 次の上映がもう始まっちゃうよ」。その瞬間、ビルディングのロビーが映画館に変容する。「キスリョフスキイには映画が三本あるだろ。何、君は三つとも見たのかい？」グレッグは、キスリョフスキイはすごいよ！と言って、お別れに私の手を握る。

☆ 著者マージンの友人の美術家、ミュージシャン、俳優（一九六〇―）。「アフリカ」はそのニックネーム。一九八〇年代初めよりクリョーヒンの「ポップ・メカニクス」、ノヴィコフの「新しい芸術家たち」、ソヴィエト・ロックの伝説的バンド「アクアリウム」、

「キノー」に参加（本書インタビュー二五ページ訳註☆参照）、特に両バンドが音楽を担当したペレストロイカ期のカルト・フィルム『アッサ』（一九八七、S・ソロヴィョフ監督）への出演で知られる。雑誌『キャビネット』（本章四〇ページ訳註☆参照）の刊行にも創刊時から携わっている。

☆☆　イヴァン・サルマクソフ（一九七〇—）。ノヴィコフ門下の一人であり、一九九〇年代に「プチューチ」を始めとするモスクワのクラブでDJとして活躍していたが、九八年に消息を絶った。

私が目を覚ますと、すぐにバスの隣の席でオレーシャが目を覚まし、「イヴァンの夢を見たの」と言う。「何だって???」と私はきょとんとして訊ねる。「ヴァーニャ〔イヴァンの愛称〕・ラズーモフ☆の夢よ」とオレーシャは答えて続ける。「白黒でフォトリアリズム・スタイルの夢だったわ」。ヴァーニャは『地上低空飛行技術』という本のために「生きているかのようなイラスト」を描いたのだ。その本では何かの燃料の燃焼方法がイラストで図示されている。本の中に言葉はなく、その代わりに甦るかのごときイラストがある。本には当然、著者がいるわけだが、本の中に言葉がない以上、それが誰なのかは分からない。

☆　本書のカバージャケット図版、部屋図版を担当している画家。本書「訳者あとがき」を参照。

「イヴァン」という名はバスの中で私たちが話しているときに出てきていた。私たちはパブロについて話していたが、オレーシャは彼の苗字を思い出せなかった。私はすぐに「エルゲラ」と言った。私がすぐに彼の苗字を覚えられたのは、レアル・マドリードでイヴァン・エルゲラという選手がプレイしているからだった。オレーシャの夢の中のイヴァンはラズーモフで、私の夢ではまずM、それからサルマクソフである。なぜサルマクソフなのか？　思うにそれは一連の理由によるものだ。

ニューヨークの雑誌『キャビネット』のグレゴリー・ウィリアムズと共に、キャビネット Кабинет/Cabinet（K/C, ks）〔cはキリル文字ではsと発音する〕という共同出版について話しあったとき☆、私は誰が執筆者として可能かを考えながら当然、サモフヴァロフ☆☆のことを思い出した。Самохвалов［Samokhvalov］-Салмохвалов［Salmokhvalov］-Салмаксвалов［Salmaksvalov］-Салмаксов［Salmaksov］/ Салмахов［Salmakhov］。英語の音韻体系に従い、"x"

は"ks"に変わる。こうした文字の交替は、夜中のバスの停車の際に飲んだパイナップル・ジュースを私に思い出させる。ポルトガル語でabacaxi（アバカシ）というものだ。"x"が通常の"ks"ではなく"sh"に変換されるのである。

☆　英語の『キャビネット』はアメリカの美術研究者グレゴリー・ウィリアムズが主宰する雑誌。ロシア語の『キャビネット』は著者マージンが一九九〇年代初めから主宰する雑誌（本書「訳者あとがき」を参照）。

☆☆　ヴィクトル・サモフヴァロフ。クリミアを拠点に活動していた著名な精神病理学者。著者マージンは一九九〇年代初めにブガーエフと共に彼のクリミアの医院と自宅をしばしば訪ね、その薫陶を受けたという。現在はチェコ在住。

まさにここでKieślowskiが現われる。ロシア語ではキスリョフスキイなのか、キシュリョフスキイなのか、私には結局のところ分からない。この映画監督については何日か前に、あるポーランドのアーティストと話しているときに話題になり、その際、正しくは彼の苗字をどう発音すべきなのか、「シュ」なのか、「ス」なのか、とうとう私には分からずじまいだったのだ。この議論は、深刻な感情的問題の深みへと入ってゆき、そしてそこからの解放へと向かう。キスリョフスキイからキセリョヴァまでは、ほんの一歩である。このアーティストの名はカナダのアーティストのスティーヴと話しているときに出てきたのだが、スティーヴは彼女との共同プロジェクトがあるのだと話していた。カナダ人スティーヴは、私の中ではさらに次のようなエピソードとの関連で記憶されている。私たちはフェラ・デ・サン・クリストヴァンの縁日での、たくさんあるレストランの一つで夕食をとったことがあり、スティーヴは私の向かいに座っていたのだ。彼はパブロ・エルゲラと話をしており、その間、肌の浅黒い少年が彼の靴を磨いていた。私はそれに対してどういう態度をとったらよいのか分からなかった。一方で、彼は少年に稼がせてやっているのだが、他方で、この白人のご主人は今ここでネオコロニアリズム、多文化的格差等々について議論しているのである。しかし、私が気がかりなのは、カナダ人スティーヴというよりはむしろ、もう一人のスティーヴ——アメリカ人スティーヴなのであり、彼の重度の記憶障害、そして自身の問題からの攻撃的防衛がここ一週間の私たちの憂慮の原因なのだった。私たちのリオからの出立は、さらにはアメリカ人スティーヴの健忘症という精神病理からの解放でもあり、それゆえに夢は「陽気」なのである。加えて、私が寝入ったときの感情的背景は並はずれて陽気なものだった。窓の向こうには満月と南半球の星々が輝き、フォホーの音楽に合わせて夜の街々が飛び過ぎていった。バスは「地上低空飛行技術」を披露して、ロス・アンジェルスからやって来る素晴らしい友人たちとの出会いへと私たちを近づけていった。

この夢の〔解釈の〕地形図を上のように呈示することができよう（ODVは日中の印象の残滓を指す）。

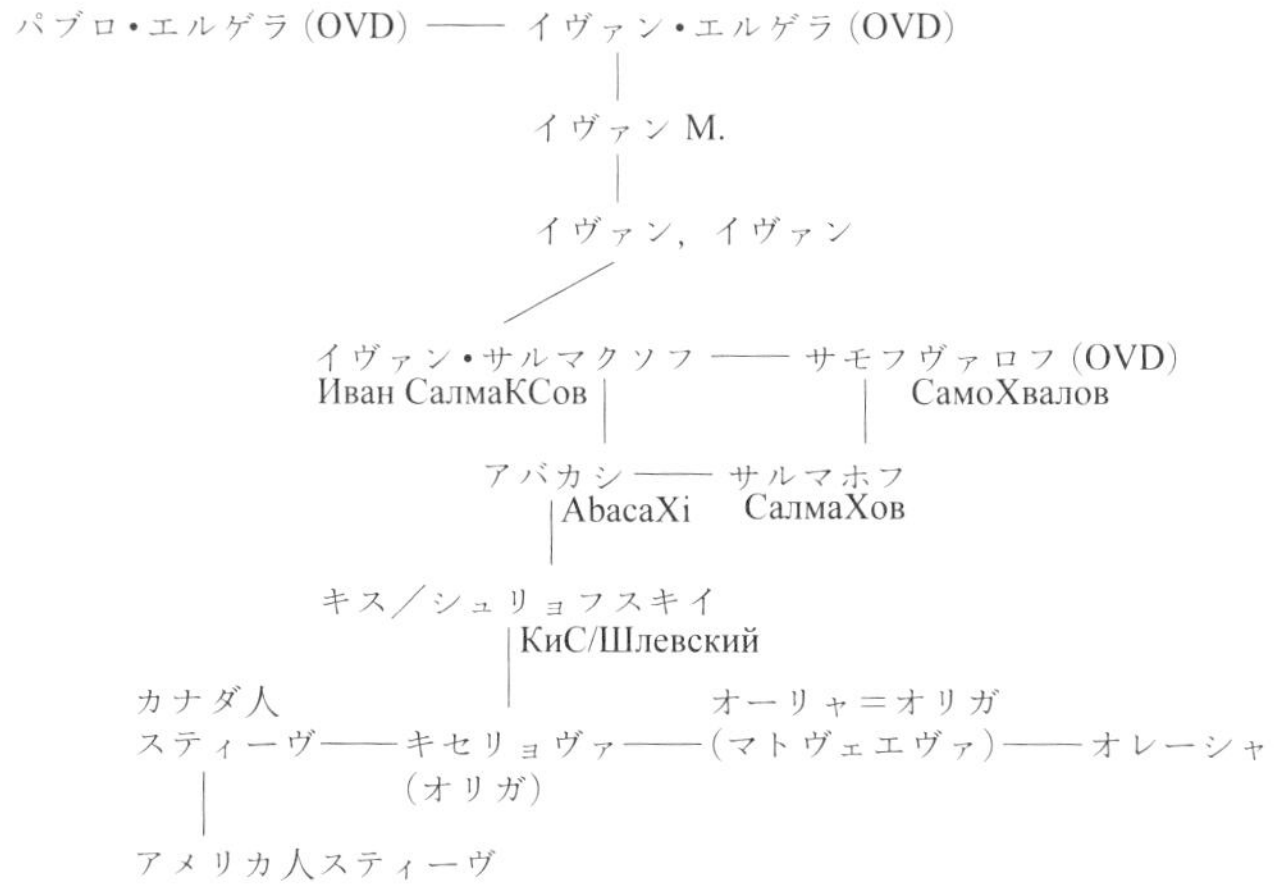

フロイトは『夢解釈』において、声と意味との論理的《ロジカル》〔ロゴス的〕関係と絶縁している。声は夢の中では、覚醒状態での意味の表象においてそれが占めている特権的位置を失う。夢《オネイロ》テクストでまず第一に重要なのは、響きの類似、また同様に書字、文字体系《グラフィクス》、比喩的《イメージ》言語［Bildersprache］、夢の判じ絵なのである。自動的《オートマティック》に組み立てられ、自動的に組み変えられる判じ絵だ。個人的夢テクストという、自作の〔作者《オーサー》のある〕判じ絵だ。権威《オーソリティ》ある判じ絵だ。作者《オーサー》-判じ絵《リーバス》、自動判じ絵《オートリーバス》、乗合自動車《オートバス》。

3　自動判じ絵

なぜ夢は私をバスに乗せて、ホテルのロビーではなく、「ビルディング」のロビーに連れてゆくのだろうか？思うに、この building という英語の語が、夢自体の映像的《イメージ》〔比喩的〕性格を（ドイツ語において）強調しているのだ。ビルディングは Bild, 映像、絵という語から来ているのである。フロイトが言うには、夢は映像的言語、Bildersprache を用いる。

夢には作者があるが、しかし作者は名指されない。夢はアーティストだ。夢は自動判じ絵〔autorebus〕だ。それは「生きているかのようなイラスト」を再現する、すなわち再現前化〔represent 表象〕する。語は語であるだけでなく、それはさらに映像《イメージ》であり、しかも語の〔喚起する〕形象《イメージ》であるだけでない。イヴァンは確かにサルマクソフなのだという、イヴァンについての憶測が正しいことを確かめるために現われるのは、彼の姿《イメージ》ではなく、「サルマホフCалмаXов」というネオンの灯りで輝きだす、「サルマクソフCалмаксов」という語の像《イメージ》である。イヴァン・サルマクソフの姿は現われない。イヴァン自身もう何年も姿を見せていないのと同じように。彼は姿を消したのだ。彼はモスクワでギャングか何かに殺されたのだと言われている。「サルマホフ」という新しい《ノーヴァヤ》、（新た《ネオ》に）新しい《ノヴァヤ》〔ネオンの〕題辞が現われるとき、まさにそのときに、憶測と、夢のすでに次の一歩、サルマクソフから逸らす一歩との間の差異も現われる。すなわち、アクセントが"x"という文字に置かれるのだが、この文字は「エックス」、「未知数」なのである。サルマホフCалмаXовと書かれるが、サルマクソフCалмаKCовと読まれるからである。"x"という文字の次に何がくるのかという問いに答えて、夢の中に別の情景が出現する。この情景は連関の途切れ、問いに答えることの拒否と見なすことができるが、一方で答えと見なすこともできる。「X の次には Ш〔sh〕がくる」という答えである（ロシア語の字母表《アルファベット》の観点からは、ここでは"ц"と"ч"が抜けているが、ポルトガル語の発音の観点からは、"x"の背後には"ш"〔sh〕がある）。abacaxi（アバカЅабакаШи）が、サルマホフCалмаXовをキス／シユリョフスキイКиС/Шлевский に翻訳する。

夢テクストの解釈が逐語的《リテラル》〔文字的〕であるためには、そのテクストの造形的、書体的《グラフィック》特質を考慮することも前提となる。それぞれの文字、それぞれの語は、さらに視覚的パラメーターをも有しているからである。

『夢解釈』の発見の一つは、語は圧縮と置き換えを被るという点にある。語が部分に分解し、それらの部分が新たな結合を形づくり、互いに重なりあって層をなす。気の狂った文字たちが舞踏会を仕切る。語は自分たちに指示された機能——世界を安定的に意味し、コミュニケーションを行なうという機能を最終的に忘れてしまう。この点、夢は平明さの幻想を引き起こそうとすらしない。夢はいわば覚醒時のプログラムよりも正直なのである。夢はあたかも、語たちが客観的表象の轍に対する戦勝記念日を祝う、統合失調症的恍惚を再現しているかのようだ。この統合失調症的恍惚の中で自我は分散し、語は部分に分解し、カットは急速に次から次へと入れ替わり、コミュニケーションは恍惚状態に移行するのである。

一九九九年九月二十日。イスタンブール。「コミュニケーションの恍惚」

ボゴロディツコエ☆の学校。ようやくここも二階建てになった。九月一日。授業が始まった。上から下へ、下から上へ、村の子供たちが移動してゆく。すべてうまくいっている。夢美術館の建設は実質的には終わっている〔フロイトの夢美術館は一九九九年十一月四日に開館。第5章参照〕。〔電気、上下水道等〕諸々の経路《コミュニケイション》も引かれている。騒音、喧噪。夜。電気の照明。到るところから糞便が入り込み始める。トイレの臭いが漂ってくる。ミハイル・ミハイロヴィチ・R☆☆が教師のうちの一人、見たところ校長と思われる、しもぶくれの男に「おまえ！　おまえ！　俺がいない間に、この野郎……！」と叫びながら襲いかかる。そのしもぶくれの男が美術館の建設を台なしにしたのだと私は理解する――お金を別なことに横流ししてしまったのだ。叫び声。一大事だ！　一巻の終わりなのだと私は理解する。私たちがいない間に共謀者らが美術館を引き渡してしまったのだ。下水道が決壊している。あらゆる隙間から糞便が入り込んでくる。私は廊下を歩いてゆく。〈しもぶくれ〉が体育教師の〈のっぽ〉といるのを私は見る。〈しもぶくれ〉を取り押さえてみると彼は目方が軽く、私は映画の中のように彼を壁に押し付けるのだが、それでいながら〈のっぽ〉、この体育教師、この生徒《ママ》、このいやらしいボイラーマンのほうをちょっと恐れている。〈しもぶくれ〉は、放せ、俺はもう仕事を見つけたんだと、自分がすでに首にされたことを仄めかして言う。しかし私は説明を要求する。彼は怯えているが、顔は笑っている。最後には彼は口を開く。あの女、あの女が全部悪いんだ。誰？　誰だって？　あいつだよ！　あいつが金を全部使い込んでしまったんだ!!!　これは前の校長のことを言っているのだと私は察する。

☆　スモレンスク郊外の村。著者マージンは大学卒業後、この村の学校で教師をしていた。本書「訳者あとがき」参照。
☆☆　著者マージンが学び、現在は教鞭を取るペテルブルグ・東ヨーロッパ精神分析学院の院長ミハイル・ミハイロヴィチ・レシェ

―トニコフ。フロイトの夢美術館もこの学院の建物内にある。

塔。私は上かつ下にいる。情報を送ったり受け取ったりしている。手始めに私はチケットについて下に伝える。こうした伝達事項の送付はすべて容易に進むので、満足をもたらしてくれる。私はこちらにもあちらにもいるのだと、私は理解する。**C'est l'extase de la communication**☆〔コレハこみゅにけーしょんノ恍惚ナノダ〕。

―☆「コミュニケーションの恍惚」はボードリヤールの論文のタイトル（邦訳はH・フォスター編『反美学――ポストモダンの諸相』〔勁草書房〕に所収）。

ミナレットのムエジン〔勤行時報係〕の叫び声で目を覚ます。それからまた寝入ってしまう。

ボゴロディツコエ村の学校。九月一日。私はまだ仕事に取り掛かっていないのだが、授業はもう始まっている。生徒たちが教室を埋め尽くしている。私は自分の教室を探しながら、クラスからクラスへと渡り歩いてゆく。机に座っている娘たちの脇を通りすぎる。彼女らは「あなたにお会いできて大変嬉しいです」と言い、それからさらに何かを言い、続いてこう言う。「私たちはあなたには残ってほしいと、とてもとても思っているのですが、でもここを去ったほうがいいでしょう。でないとあなたは始末されてしまいます。私たちは知っているんです、私たちは土地の者です。ですが詳しいことは訊かないでください」。私は言う。分かった、私もそれは承知しているが、しかし私は屈しない。私は闘いに首を突っ込みはしないし、彼らのほうが私と闘っているように思っているだけなのであって、たとえ私が亡命を望まないにしても、彼らは私に手出しはできまい。**Anyway, merci pour l'information.**〔イズレニシロ、情報ヲアリガトウ〕私は教室〔講堂〕の階段を下へ、中央へ、講壇があるほうへ下りてゆく。講壇はジェニー・ホルツァーのスタイルの、大理石の墓標である。私の前にちぐはぐに癒着した頭蓋骨を持つ農婦が現われる。彼女のその頭蓋はあたかも別々の二つの部分からなるかのようだ。彼女は、自分の娘が学校に来なかったのはなぜかというと……と言って、統合失調症の症状を詳細にわたって述べる。私は彼女自身に明らかな統合失調症があることを見てとり、彼女をなだめる。

農婦の登場、ちぐはぐに癒着した二つの部分からなる頭蓋を持つ彼女の登場は、彼女が自分の娘に転移させている心理の分裂を文字通りに例解している。「上」と「下」、二階建て**Bild**ィングとコミュニケーション用の塔たるミナレットの相互交替の中にある夢の、その判じ絵的性格を農婦は例解しているのである。彼女の登場はこうである。墓標―十字架〔krest〕―農婦〔krest'yanka〕。十字架―磔〔raspyatie〕―分裂〔rasshcheplenie〕。墓標＋十字架＝分裂した農婦。二重化した頭蓋は心理学・骨相学的パラメーターのみならず、美的パラメーターをも有しているのだ。いずれにせよ、すでに覚醒後には、農婦の頭蓋はラウル・ハウスマンの『機械的な頭』に変容してしまう。あたかも、その姿というよりはその題名によって、統合失調症《スキゾフレニー》的置換の自動性、分裂《スキゾ》コミュニケーションの自由を指し示すかのように。

下水道《キャナリゼイション》〔配管系統〕の決壊、糞便と金銭の流れ移り、情報の往復伝達、二つの階といった諸々を含む、コミュニケーション上の恍惚に満ちたこの夢は、言うまでもなく、進行中の精神分析を示してみせている。このパフォーマティヴな夢は、精神分析、正確にはつねに自己分析でもある精神分析の過程における、不可避な分裂をもまた指し示している。自己分析は分裂を前提としている。統合失調なき自己分析はない。他方で、夢を見る者の、夢における自己からの脱出について語ることもできよう。夢を見る者は自己から脱する、あるいは、エスが自己から脱すると言ったほうが正確ですらあるだろう。主体は恍惚〔脱自〕状態、コミュニケーション上の恍惚の状態で夢の中にある。そして、こうした状態から、集団的《マス》、および個人的コミュニケーションの諸手段の夢幻的現実もまた、似たようなコミュニケーション上の恍惚の状態を前提としているのだということを、私たちは容易に想起できる。主体はたえず主体ではないもの、主体にはそう見えるかもしれないが主体ではないものの中に引き込まれる。しかし、まさにこうしたメディア圏がなければ、主体もまた存在しないのである。

C'est l'extase de la communication！この叫び、それもフランス語での叫びは、当然のことながら私たちがイスタンブールで会ったボードリヤールと結びついている。ボードリヤールの論文『コミュニケーションの恍惚』は、統合失調症患者、自分の存在に限界を設けることができず、自分の前に鏡を置くことができず、「その代わり」コミュニケーションの網が再現される純粋なスクリーンへと変身する、そうした統合失調症患者についての言葉で締め括られている。

ボードリヤールのイスタンブール滞在中、フランス学院で彼の写真展が開かれたが、それだけでなく彼は写真に関する公開講座を行ない、それはコミュニケーション上の恍惚で終わったのだった。質疑応答のとき、ある女性がいわば我を忘れて〔自己から脱して〕、従来のコミュニケーションの枠から脱して、憤激してこう叫んだのだ。**"Vous êtes simulacra vous-même !!!"** あなた自身が哀れな擬い物だ!!!というわけである。女性は自分の亡霊的存在様態をなんとしても信じたくなかったのだった。

ここにおいて誰が媒介されていないというのだろうか？ ここにおいて誰がメディアを介されていないというのだろうか？ ここにおいて誰が譫妄《オニロード》状態でないというのだろうか？

ここにおいて？

この夢はちなみに私の亡霊性を裏づけている。「たとえ私が亡命を望まないにしても、彼らは私に手出しはできまい」。亡命する必要などない、自己の内部へ亡命する他は。だから、無意識が「知って」い「ない」〔否定辞の〕「ない」を取り払うなら、こうなるだろう。彼らは手を出してくるだろう、私は内部への亡命〔国内亡命をも意味する〕に発とう。頭の中に風を見つけてみろ☆！

——☆「野の中に風を見つけてみろ」（＝探しても無駄）という言い回しの捩り。

またコミュニケーションについて言うならば、さらに次のような疑問が浮かぶ。なぜ私たちはある夢を他の夢から、ある夜の夢をここ数日の他の夢から、たえず切り離すのだろうか？こうしたコミュニケーション上の余白を埋め、夢《オネイロ》バスを逆方向に、二日前の夜に向けて発進させ、例によって、騒がしいトルコのメガロポリスから静かなボゴロディツコエ村へと移動すべき時が、どうやら来たようである。出来事が起こるのは九月、したがって、まさに学校に戻るべき時期である。イスタンブール―ボゴロディツコエの三つの夢を結ぶ不可視の連絡兵の役を演じているのは、マス・コミュニケーションの蜘蛛の巣の解釈者の一人、ジャン・ボードリヤールである。すべては、もちろんバスから始まる。

一九九九年九月十八日。イスタンブール。「生中継」

私とオレーシャはぬかるみ〔grjaz' 汚れも意味する〕の中、バスのところまでたどり着く。バスは私たちをどこかへと運んでゆく。ある時点で私たちは下車する、というのも、それ以上はもうバスは走らないというところまで来たからである。私はおそらく直接夢の中で、自分がここで働いていたこと、そして今、二ヶ月の予定でここに戻ってきたことを思い出す。二ヶ月というのは十一月と十二月である。私は直接夢の中で、自分が一年で最もきつい二ヵ月を選んでしまったことに気づく。私たちは小さな木の建物に近づいてゆくが、その建物の向こうにはもう一つ石造りの建物がある。これはボゴロディツコエ村の学校なのだ。生徒たちが私を喜んで迎えてくれる。そのうちの一人はサーシャ・スレプィシェフという。私とオレーシャはぬかるみの中に直接、二つの部分からなる建造物を建て始める。ここで私は、自分がこの夢を自分の精神分析家に語っている、すなわち夢の中から生〔直接〕中継しているのだと悟る。精神分析家は黙って聞いている。私は寝椅子の上にフードをかぶって横たわり、向精神剤についての見解を述べている。突然、精神分析家が声を荒げて叫ぶ。「あなたはよくそんなことができるな!!!」――さらにフードに関して何かを言う。私の皮膚の上を蟻たちが走り回り、私は恐くなる。私は黙り込み、「今どんな気持ちですか?」という質問を待つ。しかし質問はなく、沈黙のみである。私は恐くなる。私は目を覚ます。体を蟻たちが走り回っている。

目を覚ました直後の最初の反応は、マージン〔*Mazin*〕はマゾヒスト〔*Mazokhist*〕だというものである。おや、おまえはそんな夢を見ているのか!というわけだ。続いて、私はもしかしたらこう考えるべきだったかもしれない。私を苦しめているのは私の姓、すなわち私の父の遺産、父の超自我なのであり、自我は理想的、去勢的状況の諸要請に応じようとしている、すなわち、結局は単にとも綱を解こう〔死のう〕としているのだと。しかしながら、自由連想における第三の項として浮かんだのは輸送手段であった。実際はバスではなく、ミンスク自動車工場〔minskii avtozavod〕——MAZのトラックなのだ。

とはいえ、理想〈我が父の名〉に適おうとする志向は、やはり夢の生中継を私に要請する——夢の中から直接、私はここですというふうに——理想的な患者、すなわち自我のない患者、場所を譲った患者である。ほら、エス〔それ〕ですよ、無意識ですよ、というわけだ。しかし、エスが理想に適っているわけではまったくなく、それは口を滑らせた〔progovorilos'〕のであり、私のほうはへまをした〔promazal 塗り損ねた〕、すなわち私はへぼ〔*mazila* 下手な画家〕なのだ！　エスは私を悪しざまに言い〔黒く塗り〕、汚し、私は塗り汚され〔izmazan〕、塗り重ねられ〔peremazan〕、塗り込められて〔zamazan〕しまっているのだ。ちなみに、この夢を見る直前、私は写真家アラ・ギュレルによって撮影された、「汚く」〔gryaznaja〕貧しいが、しかし驚くほど美しい生活のアルバムに一冊また一冊と目を通していた。前日、彼のスタジオに私たちは友人のセゼル・Dと一緒に行ってきたのである。精神分析家の叫びは、まさにこの女性作家と結びついている。セゼルは「寝椅子の上にのる〔場を占める〕」のも悪くないと話していたのだ。夢の中のある時点で彼女は「反対の」場、精神分析家の場を占め、叫ぶことになる。昼間、彼女の夫がキッチンから何かを持ってくるのに手間どったとき、叫んだようにである。それは思いがけないほどにけたたましい絶叫だった。私は彼女を宥めようとしたが、自分がとばっちりを食わぬよう十分慎重にやった。ちなみに、学校のモチーフ＋ボスポラス海峡の向こう〔反対の〕岸の、きわめて好条件の土地に「気づかなかった」「盲目の」〔slepye〕移民たちに関するセゼルの話＝スレプィシェフ〔Slepyshev〕である。サーシャ・スレプィシェフは私の生徒ではなく、私が小学校で一緒に勉強した少年であり、優等生にして私の同級生だった。叫びは私にとっては概して学業と結びついている。それも学校での学業だけでなく、大学での学業もである。私は蛾が体を走りだすような気分にさせる二つの事件を、ぞっとしながら思い出す。覚えているのは、五年生のときだったか、国語の時間にベッラ・イリイニチナという女教師が私のノートを覗くと、いきなり口を大きく開け、私の目から数センチほどの距離から、「もぉしまぁたあぁんたがこぉんなまぁちがいをしぃたらぁぁぁ!!!」という不気味な絶叫を発したことである。しかし、フードに関連して私はまったく別の叫びを思い出す。ただし、事はフードではなくサスペンダーに関わっていたのだが。あるとき大学の夏の実習で、植物学の女教師にヒステリーの発作が起こった。いったい何が彼女を、まず喚き、それから哄笑し、続いて何かの幻覚状態に陥らせたのかは分からないが、そのきっかけとなったのはサスペンダーであった。私はジーンズをはき、シャツを着て、サスペンダーをつけていた（上着はなかった）。彼女はそれを侮辱的なことと受け取った。彼女にとってサスペンダーは（たとえ流行だとはいえ）下着の一部だったのである。彼女が喚き始めたのは、私がイラクサのラテン名を間違って再現した瞬間からだった。興味深いのは、それを発音したのが私〔自我〕ではなく、あたかもエスのようであったことである。すなわち、一瞬で興奮してしまう植物学の先生に対しては、ふざけて「ウルティカ・ディオイカ」（Urtica dioica）の代わりに「泥棒《ウルカ》・ディオイカ」などと言わないほうがよいと私は思ったのだが、いざ自分の番が来ると、まさに後者のほうが私の口をついて出てしまったのだ。フロイトはこのような反作用を「反対表象」と呼び☆、課題、すなわち今の場合ならイラクサをラテン語で正しく呼ぶということをうまくこなせないのではないかという確信のなさ、恐怖と結びつけている。反対表象［urca dioica］はマゾヒスティックな挑発としても働いていると付け加えることもできよう。「ウルティカ」ではなく「泥棒《ウルカ》」と言ったら、私はどうなるだろうか？というわけだ。正確には、それはマゾヒスティックですらなく、卑劣な超自我のサディスティックな挑発である。「泥棒《ウルカ》」と言ったら、彼はどうなるのか見てやろう、ということだ。植物学教師の勝利の叫びは、鼓膜を震わせながら、すぐさまサスペンダーに方向を移した。「彼はみんなが見ている前で下着をつけてほっつき歩いている!!!」次第に彼女の叫びは、私が女子トイレへ小便をしに行っているという、嫌味な幻覚に移行していった（私はこの話を当惑しながら聞いていた。というのも、それは森の中でのことであり、そもそもいかなるトイレも私の関心ではなかったからである）。夢の中にあった〔眠っていた〕我が教師たちの叫びが、いくつかの叫び声によって夢の中で目を覚ます。セゼルの叫び、コメディー映画『アナライズ・ミー』の中の分析家の叫び、ボードリヤールに向けられた「あなた自身が擬い物だ!!!」という叫びによって。叫びからくる恐怖は、ここでは彼の写真展のオープニングで彼のところへ挨拶に行くことへの恐怖によって倍加されている（その数時間前、彼の講演の直前に私たちは少し言葉を交わしたのだった）。というのも、彼の写真は私にとくに気に入ったわけではなかったし、彼の理論は私には理想的に、球形に閉じてしまっているように思えるため、私がその理論の信奉者であったことが一度もなかったからである。それに加えて、口を滑らせる恐怖、不適切なことを言ってしまう恐怖が、ここではフランス語で話す恐怖とすっかり一体になっている。この言語への私の愛にもかかわらず、次のことを言っておかねばならない。第一に、外国人が話すのをたえず遮っては訂正するフランス式の「教授法」が私は好きになれないということ、第二に、私の最初のフランス語教師であった女性は叫びに、教え子の自己評価のサディスティックな破壊に、自分の教授法の基礎を置いていたということである。興味深いのは、一月《ひとつき》もすると私たちのフランス語クラスの全員が、ショック言語教育に耐えきれずに授業に出るのをやめてしまい、残ったのは私だけだったということである。誰かは私のことを頑固な生徒だと言ったかもしれない。また誰かは私がこの禅教授法を信じているのだと、誰かは私がサディズムの病理学を研究しているのだと、誰かは私が単にマゾヒスト〔*mazokhist*〕なのだと。★

☆『催眠による治療の一例――「対抗意志」によるヒステリー症状の発生についての見解』（一八九三）参照。

★この夢の詳細な分析を以下で見ることができる。Mazin, V., "Der Masochismus, benannt nach le Nom du Pere" // *Pahntom Der Lust. Visionen des Masochismus. Band I*, Peter Weibel (Hg.), Graz, Neue Galerie Graz am Landesmuseum Joanneum, S. 188-198.

一九九九年九月十九日。イスタンブール。「眠るのなら、ビデオテープを忘れるな！」

ボゴロディツコエ村の一年生のための小屋。そこで私が何をしているのか、もう覚えていない。夜。そうそう、私は図書館員なのだ！　私は帰ろうとしていたのだが、好き好んで居残っていたのだ。

そこから私は背の高い外国人の女の子と「プーシキン通り十番地☆」に出かける。夜。そこには入り口がない。私たちはマンホールを通ってどこか下のほうへ抜ける。その後、彼女はすでに淑女となって、どういうわけか向こう側におり、私のほうは映画館「スパルタク」の前にあるような類の、金属の防壁を乗り越えねばならない破目になる。何より驚かされるのはこの場所の名前である。プーシキン通りではなく、何か"E"という文字で始まる名前なのだ。

☆ ペテルブルグのプーシキン通り十番地の廃屋を利用して芸術家らが創設した施設。一九九〇年代からペテルブルグの現代芸術、アンダーグラウンド芸術の拠点となっている。

誰かが講演をし、その後で私が総括をするが、私の話は遮られる、といっても大変「人道的」にであるが。そうだ、講演の直前に私はクラブにいて、そこで小さな頭をした〈バーテンダー〉が突然、注射器を取り出し、ビーバス〔アメリカのアニメ『ビーバス&バットヘッド』の主人公〕のように小さく鋭い歯が並び、小さく少し折れ曲がった二つの牙がある口を開け、「動いてくる」のだった。ここでは誰もがいずれにしろ「気が変」〔動かされている〕なのだと私は理解する。ここに私がビデオテープを持ってきてよかった。

私がまさにこの小屋のような図書館で「規則を破って」、放課後、新任の女教師と居残っていたということを思い出すならば、第一部と第二部は見事につながる。彼女は背が高く、外国語を教えていた。昨日、サビーナが自分のアシスタントで、背丈が二メートルもある娘のアンナを紹介してくれたときに、私の無意識が彼女のことを思い出したというのは十分にありうることだ。このような女の子たちはみな私のことを小さくしてしまい、退行を助長し、そして自分たちのほうはお母さん、お婆ちゃん、精神分析家に変わるのだ。ちなみに、昨日、イスタンブールを見下ろすジャーナリストのレイラ宅で私たちがソファーに横になっていたとき、私はすっかりお祖母ちゃんのところにいるような気分になっていた。レイラは数々の大統領たち、国王たち、大臣たちとの出会いを思い出していたが、その間、私には子供の頃、ドネプロペトロフスク☆で私を囲んでいた愛おしくてたまらないお婆ちゃんたちが思い出されたのだった。このようなお婆ちゃんと娘たち、注射器を手にしたバーテンダーはみな、フロイトのイルマの注射の夢の中の娘たちを目覚めさせる。イルマという名の患者からイーラという名の娘まではほんの一歩である。一年生のときに始まり、長年にわたり、私はイーラという名の女の子と仲良くなることになってしまった。小屋の女の子も、金属の防壁によって私が隔てられている淑女も含めてである。

☆ ウクライナ東部の都市。十八世紀終わりにペテルブルグ、モスクワにつぐロシア帝国の「第三の首都」として建設され、現在のウクライナでもキエフ、ハリコフ、オデッサにつぐ大都市。

講演も同様に、私をドネプロペトロフスクでのお婆ちゃんとお爺ちゃんに関する思い出のほうに連れてゆく。「誰かが講演をしている」――ボードリヤールである。彼のイスタンブール訪問、トルコ社会の空騒ぎは、私に映画『ブルジョワジーの秘かな愉しみ』〔原題は『ブルジョワジーの控えめな魅力』〕を思い出させた。ボードリヤールが私たちの友人、ラビヤ宅から帰っていった後はとくにそうであった。しかしながら、彼がやって来たときのことを語ったほうがよいだろう。「よい」という訳は、彼の登場がまさしく、幼かった頃のドネプロペトロフスクでの状況を私に思い出させたからである。喜んで私を囲む見知らぬ人たち、すなわちお婆ちゃんとお爺ちゃんとのコミュニケーションに、私は非常にゆっくりと入っていったのだった。ボードリヤールが伴侶のマリーナを連れて現われたとき、私たちはすでに食卓につき、楽しくボスポラス海峡を眺めていた。客の二人に椅子が勧められたが、その思想家は無愛想に「私はここに座りたい」と言って、「私たち」の席の一つを指さしたのだった。もちろん私たちは彼に席を譲ったが、ラコステの鰐のマークの入った地味なスポーツシャツを着た彼は、機嫌を損ねた子供のような様子で、黙ったまま座り続けていた。私はドネプロペトロフスクのことを思い出したのに喜び、一方オレーシャはマリーナの相手をしていた。あるときになってマリーナが、私たちがどこの出身なのかを知って、嬉しそうに叫んだ。「ジャン！ジャン！この方たちはトルコ人ではないのよ、サンクト・ペテルブルグからいらしたんだって!!!」ジャンは「ああ知っている、知っているとも」と低く唸った。その後、ラビヤが彼の本にサインを頼み、彼の理論はあまりよく分からないのだけれどもと控えめに言い添えたとき、彼は腹を立ててしまった。「おやまあ」――彼は唸り続けた――

「理解はされないが、サインはなさるんですか！」フランス人たちが去っていった後、魅力的なブルジョアジーはほっとして、また楽しくやり始めた。とくに豪勢だったのはイタリア人石油事業家のアレッサンドロだが、彼はボードリヤールとの夕食に出かける前、ローマにいる弟の妻に電話をして、大学で哲学科の主任をしているという彼女に、この哲学者を一言で説明してほしいと訊いたのだった。彼は今度は私にあれこれ質問しだした。私は自分でも思いがけないことにこう言った。“Il est Mick Jagger de philosophie.”〔彼ハ哲学ノみっく・じゃがーナンデス。〕アレッサンドロは俄然、興味を持った。「ということは彼の本はよく売れるんだね？ ああ、それなら彼は金持ちなんだな！」このとき私はアントニオーニの映画『夜』を思い出した。その中でイタリアの事業家がヘミングウェイと会ったときのことを語る場面がある。「本物の作家だ！ 本物のインテリだ！ 何百万も稼いでるんだからな！」

夢の中で私がビデオテープを持っていてよかった。夢の中では誰もが動かされており、映画館の前の防壁を乗り越えてみせることはできないのだとしても、私はビデオで映画を見ることができるだろう。それを巻き戻し、以前に見聞きしたものへと戻ることができるだろう。

奇妙に思えるかもしれないが、ヘミングウェイは“e”で始まる語を思い出させる。*Hemingway*——*Eminem*。エミネムとは、最近登場して、私がすぐに好きになってしまった白人ラッパーであるだけでなく、私が昨日、トルコの淑女やお婆ちゃんたちとのソファー上の会話で、米語の“sure”の代わりに自分の話に挿入した「もちろん」という意味のトルコ語でもある。

最後にもう一つ、コミュニケーションとディスコミュニケーションについての「啓示的」夢を挙げよう。

二〇〇二年九月七日。ウィーン。「インター否《ニエット》」

私はタッチパネル画面を押して接続しようとするが、画面はどういうわけか固まってしまう——押すたびに画面が震えるのだが、それでも表示は変わらないのである。こんなことが何度も繰り返されるが、そのうち私の動作の反復が奇妙な聴覚的エコーに移り変わる。私が「インター」と言うと、「否《ニェット》」という応答が返ってくるのだ。

目を覚ますと、私はすぐに次のことを思い出した。〔ウィーンの〕現代美術館で私はタッチパネルを押してアンドレ・マソンの絵を画面上で移動させようとしたのだが、画面が固まってしまい、私のほうもここ、アルトーの展覧会で固まってしまったのである。私はこの展覧会について、眠りに帰る前に大喜びの調子でインゲ〔インゲ・ショルツ＝シュトラッサー。ウィーンのフロイト博物館の館長〕に話したのだった。ちなみに、朝、美術館を訪れる前、地下鉄でインゲと並んで別の画面上の似たようなタッチパネルを押した——切符の発券を「担当する」〔責任を負う、応答する〕画面である。私たちは交代で同じ操作を繰り返したが、結局、うまくゆかず、インターフェイスは確立されなかった。展覧会や地下鉄のインターフェイスだけでなく、私は一日に数回、インターネットに接続するためにインゲのコンピューターを使わせてもらっている。ネット（net）のおかげで私はわが家と接続されている。夢のおかげで私は自分自身との接続を確立する。接続、諸関係の蜘蛛の巣《ウェブ》、接続のミクロ政治学、コンピューターなしのインターネットといった問題が、ここ数日、私の頭を占めていた。この蜘蛛の巣は、例えばサッカーチーム「インテル」に対する私の態度と絡み始める。昨日知ったのだが、このチームはロナルドを「レアル・マドリード」に売ってしまい、どうやら去年よりもスクデットのチャンスがさらに少ないようだ。他方で、この蜘蛛の巣にはインターネットをめぐる考えが編み込まれる。インターネットを通して、昨日私たちはフロイト博物館でビルギトと共にフロイトの夢美術館のサイトにアクセスしたのだが、私はそのサイトの状態にひどく落ち込んでしまったのだった。「万事うまく行かせるにはどうしたらよかろうか？」と私は考えた。私たちのところで美術館のサイトの改良に携わっているのはヴェーラである。ヴェーラは、この諸関係の蜘蛛の巣の中では、すぐにヴェロニカと結びつく。彼女とはオーストリア外務省のレセプションで、私たちの誰も、私も、インゲも、リディアもうまく適正な関係〔接続〕を持つことができなかった。しかも私は他の二人と違い、ヴェロニカを前にして「固まって」しまった。というのも、一方では、交渉の場にはまったく似つかわしくない破壊的な振舞いを目にしたからであり、他方では、縮こまり、怯えながらカタパルトでの脱出の準備態勢にでも入っているような女性を見ているのは、私には居た堪れなかったからである。ディスコミュニケーションの感覚は、私の講演の後にも起こった。講演に対する反応は上々で、私たちは例によってレストランに繰り出したのだが、そこでは誰もがすぐに、私にはとびきり重要で興味深く思われた質問のことは忘れてしまった。その質問は、美術館、国家、地位《ステイタス》、位置《ポジション》等々に関わるミクロ政治学的諸問題の、きわめて活発な議論へと移行したのだった。私はまたしても考えた。ただ学校の生徒、大学生、年金生活者たちのみが**生きる**ことができる。愛し、憎み、奇妙な思いがけない振舞いをし、映画や講演に出かけ、何時間も様々なことを見聞きする体験をし、本を読み、展覧会について議論し、学問上の発見に熱中したり……ができるのだと。大人は私には死んでいるように見える。彼らは週に五日、仕事に出ずっぱりで、それから週末の二日間は交際の埒外へ出ていってしまう——寝不足を取り戻したり、郊外に消えたり、酒を飲んだり、家族の言いなりになったり等々である。この資本主義的機構《マシナリー》、無限に**反復される**ルーチン、バタイユならば同質的秩序と言ったであろうものは、私のうちに猛烈な反抗を呼び起こす。大人にはなりたくない！　死せる者にはなりたくない！　快楽を味わいたい！　**Lieben, spielen, und arbeiten!**〔生き、遊び、そして働くことだ！〕——フロイトが言い遺したようにである。私には何もかもが面白い！　自動装置《オートマトン》〔ロシア語では通常、自動販売機を指す〕が神経症患者の代わりになってしまったのだ！——夢を見る前に私は内なる声でこう叫んだ。自動装置が私に続いて繰り返した。否《ニエット》、否《ニエット》、否《ニエット》。自動装置は固まる。否《ニエット》、否《ニエット》、否《ニエット》。我々の間に結びつき〔接続〕はない。間《インター》はない《ニエット》！

　夢の中の視覚的な身振りは聴覚的なエコー、それも非対称的エコーに取って代わられるが、それは概して精神分析のセアンスを思い出させる。そこでは目による接触《コンタクト》が欠けており、分析者と被分析者の関係の中にはまさに非対称的エコーの空間が開かれるのだ。一方の言葉は他方の沈黙によって応えられ、一方の言葉は他方の質問により応えられ、一方の言葉は〔大文字の〕〈他者〉の否定（「否」、**Versagung**〔ドイツ語で機械等が作動しないことと、拒絶することを意味する〕）によって応えられる。インター！——否《ニエット》！というように。

　夢は身振りによって、アナログな反復によって始まり、対称性を欠いているとはいえ、まったくデジタルな、コンピューター的、自動的《オートマティック》なエコーによって終わる。夢はフロイト的な反復強迫によって始まる。フロイトにとって非言語的再現は、想起に対する、すなわち言語化に対する抵抗の結果、働くものである。夢の続きはすでにラカン的である。ラカンにとってはいかなる反復強迫も、シニフィアンの網目《ネット》に帰せられ、それゆえ言語の構造に帰せられる過程である。反復は言語学的レヴェルへ移行する。インター！――否《ニエット》！というように。フロイトの「強迫症」はラカンの「自動症《オトマチスム》」に取って代わられる。自動装置の自動制御〔自己調整〕的テクノロジーは、私が夢見る者としてそこに統合されている網《ネット》の、弛まぬ〔強迫的〕作業に加わっているのである。

4　映像《イメージ》と想像《イマジネーション》

ルードヴィヒ・ビンスワンガーの『夢と実存』への序文の中でミシェル・フーコーは、なぜ夢では意味が映像となって現われるのかという問いを立てている。彼はフロイトにおいて二つの答えを見いだす。第一に、抑圧物は遮蔽を、本来的に言語化されたものである意味を隠すためのベールを必要とする。第二に、抑圧物は、欲望充足の太古的《アルカイック》な映像的性格に訴える他ない。

幻覚化された形で現れる母の乳房や、両親の性交の情景の類の原初的映像は、ただ回顧《レトロスペクティヴ》的に、事後的に［nachträglich］のみ意味を獲得する。無意識的欲望と意識的知覚、映像と言葉、想像的なものと象徴的なものの結合が起こるとき、痕跡が刻まれ、外傷《トラウマ》となる想い出を形成する。こうした想い出は、意識にとっては受け入れ難いものであるゆえ、抑圧されたものとなる、すなわち言語化の外に留まる。しかしながら、問題なのは、夢が過去の外傷的経験を寓意的に反復するということよりは、むしろ夢が歴史の予言者だということである。夢は過去の何かを復活させるというよりは、むしろ未来の何かを告げ知らせるのである。

フーコーは夢の本性が解放的なものであることを強調している。夢のきわめて深い意味は、それが心的なものの作業の隠されたメカニズムを明らかにするということにすらない。その意味は、なによりまず夢が人間の運命を告げ、人間的自由の冒険《オデュッセイア》を呈示するということにあるのだ。

フーコーの思想の緊張を少し解くために、バスに戻ることにしよう。とはいえ、そこに戻るのはフーコー的な未来の復活を呈示するためである。こうして、夢は過去を先どりするのである。

二〇〇一年六月十一／十二日。フォス・ド・イグアス。「夢は先どりする」

私たちはバスに乗ってどこかへ出発する。ヴォロンという名の男が、驚いたことにガイド役を買って出る（ここには驚くべきことは何もない――私たちがリオのチジュッカの森へ出かけたとき、ヴォロンはすでに「ガイド」だったのだ。様々な国から集まってきた一団の中で、唯一彼は少しポルトガル語を話せたからである）。バスの中に思いがけなくもマッチョな巨漢、「雄牛」の二人組〔ロシア語では屈強だが頑迷な人物のことを侮蔑的に「雄牛」と呼ぶ〕が乗ってくる。私たちはバスに揺られてゆく。バスは狭い、というかこれはマイクロバスでさえある（このようなバスで私たちはチジュッカへ行ったのだ）。「雄牛」たちはいかにも雄牛らしく冗談を飛ばす。彼らは、ある落ち着きのない若い青年に絡み始める。バスが停車したとき、彼らは（今日は）誰にも手を出さないと言うが、青年にはこう言う。「どうした、アロン、行くぞ」。それからスリラー映画によくあるように、「おまえにチャンスをやる。逃げろ！」青年は降りる。彼がどうやって逃げだすか、みなが見ている。彼は足早に、しかしそれほどでもなく歩き、それから突然、引き返してきて、「雄牛」たちの前で止まってひざまずく。この瞬間、私は彼の背後にコパカバーナの砂浜の壮麗な眺めが開けてゆくのに注意を向ける。

映画館「スメーナ」。そこではポルノ映画、正確には、あからさまなシーンのある映画がいくつか上映されている。先行する諸場面におけるのと同様、こうしたことはすべて私をほとんど動揺させない。

アロンという名はどういうわけか私の記憶の中に、私のパパというよりも、むしろティム・ロスを呼び起こす。ある映画の中で彼はそのような名前だったように思う。

二人の「雄牛」は、昨日、私たちがすでに撮影器具を片していたときに、闇の中から思いがけなく現われた二人のアルゼンチンの森林監視員《レインジャー》を私に思い出させる。彼らは人気《ひとけ》のない国立公園の中で奇妙な一団に出くわしたのにとても驚いて、撮影許可証を出すよう要求した。デイヴィッドはポケットをあちこち探っていたが、もちろん何も見つけだせはしなかった。二つの契機が私を驚かせた。(一) いかにもソヴィエト人である私は、権力の代表者にやはりたじろいでしまった。第一に、私たちにはともかくも許可が下りていて、第二に、責任は私にではなく、デイヴィッドにあるのにもかかわらずである。(二) 森林監視員たちはきわめて丁重で、親切でさえあり、それればかりか私たちが器具を載せた台車を昇降段から下ろすのを手伝ってくれた。

とはいえ今回、私の興味を引くのは夢の情景ではなく、二つの支配的な感覚——狭苦しさ、そして乖離感である。

夢の題名——「夢は先どりする」——はヴォロンの登場と結びついている。リオで私はホテルの住所を彼に渡していたのだが、ヴォロンがはるばるブラジルを横断して私たちの後を追ってくるとは思っておらず、「その代わり」私の無意識がそれをよくよく「知っていた」のだ。かくして、昨日、私たちが撮影を終えてホテルに戻ると、ヴォロン、この彷徨えるニューヨーカーが入り口で私たちを出迎えたのだった。彼の登場が、気の合った我らが撮影隊に水を差してしまった。私たちは夢中になってずっと撮影について議論をしていたのに、今やそれもおあずけで、私たちの誰をも興奮させることのない世間話をせざるをえなくなった。ヴォロンは驚嘆すべき適応能力、快適に暇を潰し、金を節約するために必要なコンテクストの中に溶け込む驚嘆すべき能力を有する、彷徨えるインテリである。夕食時には私の予想通り、彼は上品に自分には何の料理も注文せず、そのあとで私たちの皿に残っていたものをエレガントに全部平らげてしまった。ヴォロンは驚嘆すべき記憶力を有しており、そのために彼はいかなる環境にも容易に入ってゆくことができる。この人は何もかも知っているのだという感覚が、すぐさま人々のうちに生じるのだ。彼は私にとっては特別の関心の的である。というのも、ここのところ二つのタイプの記憶手品師《マニピュレイター》に会っているからである。一つは何も覚えておらず、そのために何の責任も負わない人々、一つはすべてを覚えていて、他の人々の記憶の中のあれこれの疑念を操作《マニピュレイト》する人々である。

こうして、夢は先どりする。翌日、ヴォロンは実際に私たちをデリケートに車の中に押し込め、自分は地図を手に助手席に座り、器用にガイド役を務めることになる。ヴォロンはもう立派にポルトガル語を話すことができる（一週間前、リオで別れたときには、かろうじて意思の疎通ができる程度だったのだが）。そして、それでも彼が私たちを押し込め、仕事の邪魔をすることを、私たちのうちの誰も喜ばしくは思っていないのだ。夢はこの日起こることになる狭苦しさを先どりしている。

まさに仕事が、この夢のすべての部分に特有のもう一つの感覚を私に呼び起こす。乖離感である。撮影現場での私の役割りの一つは、レフ板で光を捉え、それを必要な仕方で人物に向けることである。**I'm a reflector-holder.**〔私ハレふ板係ナノダ。〕この仕事は隠喩的に言うならまったく精神分析的であり、私に転移〔perenos〕について思い出させる。乖離感はこのように、精神分析的中立性、転移に対する乖離した視線の必要性として、私には知覚される。

ちなみに、この夢における転義の〔perenosnyj〕、隠喩的な意味は、もはやバスやマイクロバスではなく、雄牛たちに関わっている。先述の夢におけるバスと「バス」が、雄牛たちと「雄牛」たち、動物と人間に変わる。雄牛を描いた標識に、この地では一歩踏み出すごとに出会う。この標識が、結局は人を食ったような「雄牛」たちにまで歪曲されるのである。

5 歪曲

ここでしばらくこの章が始まったところに戻るべき時である——夢の歪曲作業にである。この歪曲〔Entstellung〕という概念は、夢の作業の理解のみならず、夢解釈の作業の理解のためにもきわめて重要なものである。フロイトはその著作『モーセという男と一神教』の中で、この概念の二つの意味について書いている。歪曲は、偽装と／あるいは置き換えを前提にするというのである。

見られた夢が〔言葉で〕語られることにより、その情景は再度歪曲される——その情景は歪曲されつつ創造されるのだ。歪曲されるというのは、すなわちディスクールの中で**偽装**され、ディスクールの中へ**移し入れ**られるのである。思考の特殊形態としての夢を特徴づけるのは、顕れている内容や隠されている内容ではなく、その作業、まさに歪曲ということに存する作業なのだとフロイトは強調している。このように、夢の演出、上演〔表象〕［Darstellulng］とは歪曲［Entstellung］なのである。一方、夢の解釈はこの歪曲の解除である。さらにもう一つの「逆の」歪曲と言うこともできよう。

夢の映像的《イメージ》言語が効力を持つのは、それが歪曲を再現する場合だけである。夢《オネイロ》言表はそれ自体として現われるのでも、表象として現われるのでもなく、歪曲と置き換えとして現われるのだ。意味はあれこれの映像、あれこれの文字の背後にあるものとの関係で生じるのではなく、それらの間に開けてくる関係において生じるのである。判じ絵の読解は、位置《ポジション》［Setzung］の観点からではなく、配置《ディスポジション》、解体、解明［Auseinandersetzung］の観点から実現されるのである。

慣用的表現を文字通りに、かつ転義で読解するということが可能だろうが、次に挙げるのはそうした読解の一例である。

二〇〇一年十月十六／十七日。北京。「私は敬礼する」

私は船長《キャプテン》だ。私は同志毛《マオ》に敬礼する。それから、私たちの船を潜水艦が貫通し、その際、積荷の一部が失われたことを人々に話し、集まった者らを安心させながら言う。「乗客は一人残らず、全員無事だ！」

昨日、私たちは居斌と長いこと毛沢東について話していた。船長――船尾〔korm〕に立っている者――指導者〔kormchii 舵手〕――毛沢東。したがってこうなる。私――船長――指導者――毛沢東。私は自分の毛に敬礼するのである。私はテレビのニュースに映った華麗な駆逐艦に見入っていた。朝、天安門にたくさんのピオネールたちがいるのを私たちは目にし、彼らがどのように敬礼するのかを居斌が実演してみせた。夢の中で私は毛に、すなわち言うまでもなく知恵と名誉と良心を体現する指導者に敬礼する〔名誉を与える〕。言い換えるなら、毛《マオ》は私〔自我〕というよりも、むしろ（私の）《マヨー》超自我なのだ。若いときから私は名誉を大事にせず、☆それを〔大文字の〕〈他者〉に譲り渡してしまう。

——☆「服は新しいときから、名誉は若いときから大事にせよ」というロシアの諺がある。

6　資本家と経営者

フロイトは少なくとも二つの著作において、夢について語る際、資本主義経済の領域から隠喩を引いている。一つは『夢解釈』であり、一つは『症例ドラ』として知られる『あるヒステリーの分析の断片』である。興味深いことに、眠りと夢の神経生理学に関する論文の中には、この隠喩を繰り返し、そればかりか証明すらしているものがある。その際に注意が向けられるのは、あらゆる夢の始動装置は夢〔眠り〕の中で覚醒を引き起こすということである。この場合、夢とはこうした静電気的、および神経化学的覚醒に対する応答反応であるかのようだ。フロイトが書くところによれば、夢は眠りの番人の役で登場する。脳神経生理学の研究者たちが明言するところによれば、夢は起こりつつある覚醒を予防する。この問題に関するイギリスの専門家マーク・ソームズは、様々な覚醒増幅器と夢の始動装置との間の関係は、次のようなフロイトのアナロジーを想起させると書いている。夢が現れるのは、企業家の役で登場する諸刺激が資本家、すなわちリビドーの無意識的諸力を味方につけるときだけであり、夢の誕生に責を負うのは、この諸力のほうなのだというものである。

このフロイトの隠喩をここで思い返しておこう。ドラの症例において、彼は夢の組織者たちの役を次のように配分している。日中の思念は夢にとっては企業家の役を演じる。この企業家には生産を組織するという着想と、それを実現したいという欲望があるが、しかし彼には資本がない。彼はすべての経費を賄ってくれるような資本家を探し出さねばならない。こうした資本家、日中の思念がいかなるものであれ、夢の心的出費をすべて、いつでも気前よく賄ってくれる資本家が、無意識の欲望なのだ。

この隠喩における企業家は、欲望という「資本」を見つけ出そうという欲望を持つ経営者、マネージャーである。

欲望が帰されるのは資本家のほうにであるが、それは気前のよい欲望である。

一九九九年一月二十四日。ロス・アンジェルス。「私有財産」

私たちはコンサートともレイヴともつかない暗いホールにいる。休憩時間。何かを食べに隣のホールに出てゆくことができると私は理解する。隣のホールで休憩。私はマリインスキイ劇場のビュッフェの類の明るいブルジョア的スペースに立ち寄る。そこにはテーブルが並べられ、まばらに人々が座っていて、果物が置いてある。ここでは食べ物は共有財産ではなく、私有財産なのであり、どうやら林檎を取ったりはしないほうがいいと私は理解する。私はテーブルの間を通り過ぎてゆく。どこかで果物が売られており、フルーツサラダを作っているウェイター、正確には玄関番《ポルチエ》が喚き始める。**"Who took it?!!"**〔誰ガ取ッタンダ?!!〕誰かがいったい何を取ったのか、私は理解すらできない。恐怖と、自分は関係ないのだという確信とが入り混じった気持ちで彼のそばを通り過ぎる。彼は喚く。**"You!!!"**〔オマエカ!!!〕後ろから私に掴みかかり、左手で私の喉を絞めつけ、右手で左瞼を切開しようとする。私は瞬く間に正義への信用を失う。

この夢における企業家が日中の印象の残滓であるならば、そうした残滓、私ならば齧り屑、周りを齧られた林檎の屑とさえ言うところだが、それは私が奢ってもらったときに体験する決まりの悪さである。私は月のネズナイカ☆などではなく、食事に対してはお金を払わなければならないことくらい知っているのだが、例によってデイヴィッドが、**it's a part of our business**〔コレハ我々ノ仕事ノ一部ダカラ〕と言って払ってしまうのだ。まさにここで先ず思い出されるのは、資本が支配する月でネズナイカに起こる、絶え間ない当惑である。喉に掴みかかるウェイター、正確には玄関番の話は、レストランで食事を終えても支払いをしようとしない月のネズナイカの話をあからさまに思い出させる。彼はお金とは何かが分からないのである。「でもさ、お金ってどんなお金?」

☆ ソ連時代のアニメの主人公。資本主義経済を知らない彼は、資本主義経済下の月世界で騒動を起こす。

ウェイターが玄関番に変わるのは、また別の日中の印象の齧り屑との関連からであるように私には思える。私たちは土地のルールの違反者になってしまったのである。私たちは行列のそばを通り過ぎて、トリッキーとＤＪマグズのコンサートとレイヴがあるクラブ「トゥルバドール」に入ってゆこうとした。ドア口に立っていた男（doorman—portier）が乱暴に私たちを引き止めた。ルールを破ろうとして捕まった私は狼狽してしまった。クラブまで私たちを車で送ってくれたのは、グリンベルグという苗字の私たちの同僚だった。私たちに問題が起こったのに気づくと、彼は車から出てきて、「玄関番」と何か交渉し、私たちに嬉しそうに言った。「俺が全部話をつけたから入りなよ」。私は石のように固まってしまって、その場から動くことができず、ただ一つのことだけを望んでいた――ルールを守って行列に並ぶことである。結局、私たちは行列に並ぶことなく通り抜けた。音楽が途切れたときがあったので、私は飲み物をもらいに別のホールへ出てゆき、ジム・モリソンやジョン・レノンの類の、かつてのクラブの出演者のポートレイトを眺めながらしばらくそこにいた。林檎はそこにはなかった。（最後の言葉が不正確であることも十分にありうると思う。写真の中の誰かがAppleレーベルのレコードを持っていたということも十分ありえたのである。）

夢の中では私は〈法《ルール》〉に違反してはいないが、罰は負う（日中の違反に対して）。欲望した、ということは、すでにしてしまったのだ。夢の中で林檎を欲した、ということは、すでにそれを取ったのである。〈夢の法〉とはこうしたものである。〈夢聖書《オネイロ・バイブル》の法〉とはこうしたものである。「私は瞬く間に〔眼をまばたく間に〕正義への信用を失う」――瞬時に私は欲望した眼〔oko〕を失う。欲望の対象としての林檎〔jabloko〕は眼球〔眼の林檎〕に変容し、それを覆う瞼〔veko〕は罰によって印づけられる――ブニュエル的な切開によって。眼は見ることに飽きることがなく、知恵は富に飽きることがない〔『伝道の書』一章八節、『箴言』二七章二〇節に由来する表現〕。瞬間とは世紀〔vek〕なのだ。

こうした諸々の転位は、さらにもう一つの日中の印象の齧り屑を私に思い出させる。朝、ディアナがナヴァホ語の構造について詳しく語ってくれたのだが、彼女はこの言語がユークリッドの体系とは照応していないことを強調していた。それは動詞的な、運動する言語、アインシュタイン的宇宙の言語なのだ。

7　通信手段の流通

マス・コミュニケーションの諸手段は、いったいどのようにして夢の中に入り込むのだろうか？

第一に、日中の印象の残滓としてである。覚醒時の現実においては種々の理由によりつねに生き抜かれず〔経験されず〕、生き尽されないことになるもの、完全に我がものとすることのできないものとしてである。電話、テレビ、ラジオ、コンピューター等はすべて、人間の一部であるが、しかし人間が最終的に自分のものとすることができない部分である。それはつねに一人の人間と他の人間たちとの境界にある部分である。それは人間が最終的に我がものとすることのできない器官であるだけでなく、外科的に切断することのできない器官でもある。これらの器具はすべて、人間には空気のように不可欠なものである。本物の器具がないならば、夢《オネイロ》器具が助けに来てくれる。あるとき私は長いこと寝つけなかった。私は横になって、不眠の原因をあれこれ挙げてみた。そのうちの一つは新鮮な空気の欠如であった。それはハバロフスクでのことであり、周りでは山火事があって、開けた通風口からは酸素の代わりに、炭酸ガスと窒素が入ってくるのだった。結局、私は一瞬で眠りに入ることができた。

二〇〇一年十月十／十一日。ハバロフスク。「夢‐エアコン」

私は通りからペテルブルグの夢美術館に入る。かつてドネプロペトロフスクのお祖母ちゃんの家に入っていったようにである。入る際、私はエアコンのタンブラースイッチを押す。美術館の中で新鮮な空気の強い噴流を浴びせられ、私は喜んで「ジャングル」に合わせて夢中になって踊り、そして驚く――どこから私はダンスをする体力を得たのだろうか？ここで私は目を覚まし、「幻覚性」の新鮮な空気を感じ、朝まで安らかに眠る。

第二に、マス・コミュニケーションの諸手段が夢の中に入り込むのは、それ自体としてではなく、その機能として、表象のテクノロジーの想像的機能としてである。言い換えるなら、私たちは〔夢で〕テレビを目にするのではなく、**テレビで見るように**夢を見るのであり、電話器を目にするのではなく、**あたかも電話を通してであるかのように**夢の中で誰かと話をするのである。夢はコミュニケーション自体、コミュニケーションのテクノロジー自体を再現する。言うなれば、夢は私が映画館に入り、スクリーンの前に座る等のことを示すのではなく、単に映画の私のヴァージョンを上映するのである。とはいえ、夢が映画館をも、映画をも再現することもときにはある。しかもスクリーンなしで、映画が直接映画館の中で演じられるのである。

二〇〇〇年四月十三／十四日。ヘルシンキ。「栗毛」

何か映画館の類のもの。暗闇の中、同時に存在し、かつ存在しない見えない観客の間を、私は小さな栗毛の熊を追ってゆく。熊は秩序を乱さなければ生きていられただろうに、私はこうしてその息の根を止めなければならない。私は誰かのために働いているのだ。しかも、私にこの課題を与えた人々は、私が栗毛を見つけだせるとは信じていない。しかし、私はあちこちを行ったり来たりした挙げ句、最後にはそれを見つけだして退治する。

夢は二つの出来事の混合である——真夜中にスヴェン・フェイトのパーティーへ繰り出しに行ったこと、そしてジム・ジャームッシュの映画『ゴースト・ドッグ』〔ロシアでのタイトルは『サムライ』〕を観たことである。

映画館はさらにダンスフロアでもあり、人々がおり、同時にいないというのは、そのことを言っている。それだけでなく、あちこちを行ったり来たりというのも同様に、私にダンスを思い出させる。この運動は、私が前の晩に読んでいたラカンに関する本の中で触れられていた絵のことを記憶の中に呼び起こす。そこで話題になっていたのは否定的幻覚である。ある人が空っぽの部屋の中を、「家具」を入念に避けながら、あちこちうろつき回り、その後、「まず私は壁の絵のところへ行きかけたのですが、それから恋人に気づいて、彼女のほうへ向きを変えたのです」と言って自分の行動を合理化したのだという。

ダンスが終わって、私たちが夜中にラウルと部屋に戻る途中、私は彼に『ゴースト・ドッグ』の筋を話して聞かせた。そのとき、何よりも私の心に響いた熊のシーンについては触れなかった。私は自分が同一化していたサムライが、熊を殺した二人の白人の悪党の息の根を止めたとき、子供のように大喜びしたのである。

私が息の根を止めるはめになった「小さな栗毛の熊」とは、もちろん私自身である。一年生のときにママが小学校のカーニヴァルのために縫ってくれた、私にとって最も忘れ難い衣装は、猿の衣装であったが、それにおとらず栗毛の熊にも似ていた。「息の根を止めなければならない」という叙法は父親的な超自我の審級を指し示している。つまり、ここで言われているのは自殺というよりはむしろ、攻撃者との同一化なのだ。☆ 映画の中で描かれる当為は、サムライの掟《コデックス》〔武士道〕を介して、この夢の中に見事に溶け込んでいる。

☆ 映画『ゴースト・ドッグ』では、『葉隠』を愛読する殺し屋の主人公が、ラストで自分のボスに銃を向けられるが、抵抗せずにそのまま殺される。

通信手段についての観念は、フロイトの理論構成にとってきわめて重要なものであった。彼の著作『無意識』(一九一五)の中の最も重要な章、第六章は「二つの系の間の伝達」と題されている。二つの系ということでフロイトが念頭に置いているのは、意識の系と無意識の系である。「伝達」〔soobshchenie〕という語はドイツ語では **der Verkehr** であるが、それはまさに交通の手段〔soobshchenie〕を意味する。系の間の幹線を交通機関が移動してゆく。時おり路上で渋滞が起こる。引き帰さなければならなくなるときもある。回り道をしなければならないこともしばしばだ。そして、それでも交通機関は疾走してゆくのである——バス、自動車、列車、トラック、飛行機、ダンプカーは。

二〇〇一年十月十三/十四日。ハバロフスク。「カマス」〔KamAZ〕
オレーシャのたっての願いにより、私たちは「カマス」〔カマ自動車工場〕のダンプカーを買い、サンクト・ペテルブルグからテル・アビブまで行くつもりでいる。「カマス」はシェフチェンコ通りの家の前に停めてある。私は困惑する。いったいどうやって小柄なオレーシャがこんな巨大な車を運転するというのか？　私たちはこのダンプカーから転げ落ちて〔svalimsja〕しまわないか？　車体の中の私たちのリュックサックはずぶ濡れになってしまわないか？　私たちがもう出かけようとしているところへ私の両親と兄が現われる。私の兄ヴェニアミンは哀しそうだ。両親はせわしない。彼らはすごい勢いでレンジでカツレツを焼き、急いでそれを食べる。その後、彼らは通りへ出てゆく。私はレンジのところに行くが、なんでこんなに火が強いのか理解できない。油が私のズボンに飛び散る。

「カマス」はすぐにナマス、そしてハマスという語と結びつく。祈禱とイスラム過激派グループを意味するこれらのアラビア語が、実質的には戦争状態にあるイスラエルで不安の中、暮している両親の姿を呼び起こすのは驚くべきことではない。両親はロシアに帰ることを考えている。私の兄は二人にアパートの部屋を見つけてやると約束したが、それはそんなに簡単なことではなく、それでこの通り兄は哀しがり、両親のほうはせわしなく、発つべきか留まるべきか、分からずにいるのだ。私たちはと言えば、夢の中で両親を迎えにサンクト・ペテルブルグからテル・アビブまで行こうとしている。ダンプカー〔samosval〕に乗って、自分たち自身去ろう〔sami svalivaem〕と、すなわち発とうとしているのだ。「カマス」のダンプカーに乗って去るのである。「カマス」〔Ka-MAZ〕は言うまでもなく、その車体に私の苗字、すなわち家族の始まりを載せて運ぶ。カーは〔古代エジプトの〕魂だ。これこそまさに判じ絵－自動判じ絵というものである。

2 転生のオネイログラフィア

このテクストはまったく思いがけないものとしてもたらされた。共通する点が少なくとも一見したところはほとんどないような二つのテーマがこのテクストで一つに出会うことになろうとは、私には思いもよらなかった。ただ一つ共通するところがあるとすれば、おそらくそれは、これらのテーマが俗に——愚かなことに——言うところの意識的生の間〔物心がついてから〕ずっと私を魅了しているということである。だが意識的生とはいったい何なのだろうか?

一方のテーマは「精神分析」、もう一方のテーマは「仏教」である。いや、そうではなく、一方は「メランコリー」で、もう一方は「精神分析と仏教」だ。あるいは、一方は「仏教とメランコリー」で、一方は「音楽と精神分析」だろうか……ともあれ、このテクストのキー概念は次のごときものだ。拘りと迷い、イデオロギー的プログラムと現実、記憶痕跡と観念〔表象〕への囚われ、音楽と夢である。

精神分析と仏教

このテクストを

ペテルブルグ、ペトログラード、レニングラード、ペテルブルグの非凡なる仏教学者たちに捧げたい☆

☆　ロシアでは十九世紀後半より、中央アジアへの領土拡大等の情勢の中でアカデミズムにおける仏教研究が始まった。それは十九世紀末に世界的水準に達し、二十世紀にはペテルブルグ（レニングラード）大学、ソ連科学アカデミーが拠点となって、以下の註にも述べるように、多くの優れた仏教学者を輩出することになる。なお、ペテルブルグは一九一四年の第一次世界大戦の開始に伴いペトログラードに、一九二四年のレーニンの死後にレニングラードに改名され、一九九一年のソ連崩壊後、元の名称に戻された。

『転生のオネイログラフィア』は、タイの小都市クラビからほど近くにあるアオナン（プラナン）村で見た四つの夢にもとづいている。「もとづいている」とはどういうことか？——それはつまり、テクスト全体がこれら四つの夢の種子をめぐって形成され、定式化されたということだ。始めに夢ありきである。

1　二〇〇四年十二月十六／十七日。アオナン。“Show me the room”

我々は様々なサービスをチェックしている。現実は現実味を帯びていない。数々の通り。門《ゲート》。スピードに乗って飛行しながら、我々は門をくぐり抜けてゆく。門は我々が近づくと開くようになっている。門のアーチの下は巨大なブロックに分かれている。ある瞬間《モメント》からプログラムに不具合が生じる。我々はとっさに理解する——Police だと。禁止されている物品二つを我々は投げ捨てる。次の門に近づいたところで、私は魔法の言葉を口にする。**Show me the room!** 私はゲームの次のレベルに移行する——目が覚める（次ページ図参照）。

“Show me the room!” という呪文は、「開けゴマ！」という文句と同様の魔術的な作用を及ぼす。この文句は「ゲームの次のレベル」への移行、次の部屋［room］、次の場所［room］、次の空間［room］への移行を可能にするパスワードである。興味深いことに誰も門を開《あ》けはしない。そして誰も答えはしない。魔法の言葉に対する応答は

「ゲームの次のレベル」への移行である。

なぜパスワードは英語なのだろうか？　それに対する答えはいろいろありうるだろうが、そのうちの一つ、私が六歳、小学校一年生のとき以来、知っている答えは、外国語へのコード化とは暗号化、秘密の保持だということである。一年生のとき、すみれ色の表紙をした罫線入りのノートに私は「南京虫《クロープ》」〔ちびの意味もある〕の物語《イストリヤ》を書いた。その物語は、私以外は誰も読むことができないようにして書き留められた。私は兄にラテン文字のアルファベットとその発音の

仕方を書いてくれるように頼み、それからこの奇妙な異国語で「南京虫」を書いたのである。そのノートはなくなってしまった。記憶の中に保たれているのは、その表紙の色と、そこに入念に書き記された**Klop**というタイトルだけである。それから三十年あまりが過ぎ、ノートの成り立ちに先立つ事件についての思い出が、分析の過程でよみがえった。その想起がこの物語に説明をもたらすことになった。私はクラスの中で皆よりも一年だけ年少であり、背丈も一番低かった。あるとき私たちのクラスにのっぽのおばさんがやって来た——ピオネール班長で、どうやら六年生か七年生の女の子らしい。手始めに彼女は全員を整列させた。私が列の端っこではなく、真ん中あたりにいるのを見つけた彼女は怒ってこう叫んだ。「ちょっとあんた、ちび《クロープ》、どこに並んでんの?!」このトラウマ、この秘密、この秘密のトラウマを、私はノートの中に叙述したわけだが、ただその登場人物たちは南京虫であり、小学生の男子女子ではなかった。非人間的な恥辱がラテン文字のアルファベットによって暗号化された。私は人間ではなかったのである。

　別の言語への切り替えはアイデンティティの切り替えである。母語の領域からの逃亡は困難の時期になされる。例えば精神的危機の時期に。それはアンナ・Oの名で知られる有名な患者ベルタ・パッペンハイムに起こったことである。この病歴《イストリヤ》は『ヒステリー研究』という本の中で、彼女の臨床医であったヨーゼフ・ブロイアーにより記述されている。この娘はあるときは英語、あるときはフランス語、あるときはイタリア語、あるときはこれらの言語のごた混ぜで話し、あるときはただ黙りこんでしまった。彼女が話さなかった唯一の言語は、トラウマの言語、母

語のドイツ語である。周りの者たちは彼女にドイツ語で話しかけたのにもかかわらずである。母語とは、トラウマの言語でないということがありえない、そのような言語である。言語は、文字、数、形象がなす象徴的世界に人が入り込むと同時に出来《しゅったい》する喪失を、すでに前提としている。この喪失は、シニフィアンとしての南京虫《クローブ》が、その名を与えられた虫とけっして出会うことのないような象徴的世界への移行と同時に起こる。現実的なもの《リアル》〔現実界〕は、象徴的なものによりそれが生みだされる過程で失われる。しかもこれですべてではない。言語はつねにすでに外から押しつけられる。それは他者に属する。それゆえ言語はつねにすでに異国語である。母語〔親密な言語〕は母語〔親密〕でないのである。たとえ抵抗のための隠語として考案された言語であっても。

私がよく覚えているもう一つの話《イストリヤ》は、トーマス・マンが『魔の山』で記述しているものである。小説の主人公ハンス・カストルプはクラウディア・ショーシャに話しかけることを夢みている。彼はついに臆病を克服することができ、会話をし、大げさに愛の告白をしさえする。それがうまくいったのは、彼にとって異国語であるフランス語への移行のおかげである。この話が私の心に強く残ったのは、若い頃、ある愛らしいリトアニア人の女の子との一件があったからだった。彼女は素晴らしくよく知っているはずのロシア語を話すのに長いこと手こずった挙げ句、いきなり英語で愛の告白をして、私を当惑させたのだった。この「当惑」は、彼女が何を話しているのか私が理解するのを、何らかの理由で彼女は欲していながら、かつ欲していないということを、私が無意識のうちに理解していたことから呼び起こされたものである。別な言い方をするなら、私はどう反応したらよいか分からなかったのである——彼女の言葉を理解したようにだろうか、それとも理解しなかったようにだろうか。両価的《アンビヴァレント》な欲望はあたかも運命の化身に場所を譲るかのようだ。なるようになれ！というわけだ。ひょっとしたら何か起こるかもしれない……何か起こりますように！

ある言語から別の言語への移行のもう一つの例は、日記の中に際限のない多種多様な暗号文や自分用の符号《コード》の実例《サンプル》を残したダニイル・ハルムスである。時折、暗号化されたテクストの下に説明文が見られるときもある。あたかも暗号が、書き留められてゆくにつれて見知らぬものになってゆき、差出人自身にとってさえ（またありとある多種多様な受取人にとっても）読解不可能となってしまうかのように。例えば「フリストスラヴェ・ネザブッチェ。シュールカはエーテルを嗅ぎながら、このスラヴ語の名辞を口にしていた」という言葉に続くある暗号の下には「ここには私の厚意が書き留められている」という添え書きが見られ、次の暗号の下には「ここには私の頼みごとが書き留められている」、その次の暗号の下には「ここにまた頼みごと」、といった具合なのである。ちなみに、書き留めるということ自体にもまた危険がないわけではない。というのも暗号は疑念を呼び覚まし、追及を引き起こしかねないからだ。「たえず誰かがおまえのことを見ているという、まったくどうしようもない感覚。私はそれを書き留めたかったのだが、私が何かを書き留めようとしているところを誰かが見てしまうかもしれないと思った。そして、その誰かが、そら、奴は何かよからぬことを書き留めていると思うかもしれないと思った」。ハルムスが恋愛についての自分の妄想や性的関係のことを書き記すとき、決まってドイツ語の流儀に移行しているというのも注目すべきことである。性とは「何かよからぬこと」なのだろうか？　禁じられたものなのか？　秘密のものなのか？　見知らぬものなのか？　自己自身に、しかし他なる自己自身に関わるものなのか？　現実的なもの〔現実界〕に？　異国語とは魔法の言語なのか？　それは現実の次のレベル〔別の水準〕への移行を可能にするのだろうか？

　私の夢の中では、魔法の言葉“Show me the room”はゲームの次のレベルに移行することを可能にする――すなわち眼を覚ますことをである。覚醒状態は夢の別の水準なのだ。ウィトゲンシュタインはフロイトの夢解釈についてこう語っている。その解釈においては、夢そのものに属する作業が継続していると。このようにして夢は現《うつつ》、いわゆる現実の中で継続してゆく。一九七〇年一月二十一日〔セミネール第十八巻〕、ラカンは、眠りたいというフロイトの願望［Wunsch zu schlafen］が夢の作業［l'opération du rêve］を決定づけていることに、聴衆の注意を促している。彼はこう言っている。「……夢が目を覚まさせる［un rêve réveille］のは、まさに真理を取り逃がしてしまうかもしれない瞬間にであり、こうして、人は夢を見つづけるために目を覚ますのです――現実的なもの、より正確には現実の中で夢見つづけるために」。不可能なもの――死、現実的《リアル》なもの〔現実界〕、トラウマ、真理に出会うよりは、現実の中へ発ったほうがよいのだ。現実は現実味を帯びて〔現実的で〕はないのだから。

「現実は現実的でない」。現実は非現実の別の水準である。第一に、現実とはイデオロギー的、ないし言説《ディスクール》的なプログラムである。根本的に重要なのは、それが唯一のプログラムではないということだ。こうしたプログラムは多数ある。人々は様々なプログラムの中で生きている。現実は無媒介的には知覚されない。現実はつねにすでに媒介されている。精神分析において現実という場合、それはつねにすでに心的現実、つまり主体にとって現実と思われるものである。ラカンにとって現実とは――現実界と異なり――主として象徴的な秩序のことである。イデオロギー的、ないしは言説的な秩序とすら言ってもいいかもしれない。現実界はと言えば、それは象徴化されなかった残滓、象徴化からの逸脱なのであり、それと出会いうるのは夢ないしは幻覚において、**例外的に**なのである。現実界は現実的でない。現実は現実的でない。

「現実は現実的でない」。これは何度も新たに、あたかもそれが現実に呪文をかけるかのように、あたかも現実を合法化しようとでもするかのように、書かれるリフレインである。しかしながら、合法的なあり方を現実にイデオロギー的に賦与する基本的なメカニズムの一つは、現実を夢想の具現化、夢の中の願望の成就とみなす観念である。それも我々の願望ではなく、大他者の願望である。死者たちにより遺言された願望である。オーストラリアのアボリジニたちにおいては、この掟〔法〕はあからさまな形をとっている。我々は自分たちの先祖らの夢の中、成就された願望の国に住んでいるというのだ。

「現実は現実的でない」。このフレーズはスティーヴン・ホーキングの人間原理のプリズムを通しても理解することができる。周知の通り、この原則は、それぞれの存在は現実を自分なりのやり方で知覚するということに帰する。人間の現実は蜜蜂の現実と同一ではない。ただ一つの現実がないのだとすれば、それは「現実は現実的でない」ということだ。相対的な現実は現実的ではない。次のような仏教の考えはホーキングと一致している。生けるものはそれぞれ、自分の世界を自分の識《しき》〔vijnana〕、すなわち自分の意識の中で経験し、生けるものはそれぞれ、他の生けるものの世界とは異なる自分固有の世界を経験する、というものである。主体は自分固有の世界を経験する、より正確には、繰り返し新たに我有化〔横領〕される世界を経験する――精神分析家ならば、このように言うだろう。主体は占拠された世界、奪い取られた客体のなす世界を経験する——仏教徒ならば、このように言うだろう。そうした客体には彼自身、すなわち占拠の主体も含まれる——精神分析家ならば、こうつけ加えるだろう。人々は一人一人の世界を経験するのである。

「現実は現実的でない」。現実の現実性を打ち立てるのは主体である。とはいえ、そのとき主体自身も証明される現実の一部である。現実の現実性の観察者は外在的ではない。現実の歪曲は避けることができない。現実を観察することは、その観察者が観察されるものの一部である限り、現実を歪めてしまう。現実は現実的でないのだ。

「現実は現実的でない」。瑜伽行派は、中観派と並び古典的な大乗仏教（マハーヤーナ）の礎を築いた潮流に属するが、その伝統の中には三つの現実、すなわちパリカルピタ、パラタントラ、パリニシュパンナの理論がある。パリカルピタ〔遍計所執性〕とは、日常的観点から見た現実、つまり、知覚において、そしていわゆる常識による理解において与えられる世界である。パラタントラ〔依他起性〕とは、そこで諸現象が互いに規定しあうような現実である。これは相対的な現実であり、そこにおいて法《ダルマ》とは意識および心的経験を記述する言語の慣用単位のことである。パリニシュパンナ〔円成実性〕の現実は、客観と主観という世界の分節を超えたところにある。

「現実は現実的でない」。精神分析と仏教は、私の観点からすると、より正確には、中世ヨーロッパの論争のほうに転置された私の観点からすると、実在論《リアリズム》ではなく唯名論《ノミナリズム》に属する。実在論者たちにはプラトン、トマス・アクィナス、カール・グスタフ・ユングのような互いにはほとんど似ていない思想家たちを含めることができるが、彼らは一般的なイデア、エイドス、元型《アーキタイプ》というものがあることを主張する。唯名論者たちのほうは、普遍《ウニヴェルサリア》はただ人間の意識の中にのみ存在しうると考えている。普遍とは言葉、抽象的カテゴリーである。ゴルギアスとソクラテスの弟子にして、雑種の犬を自称した犬儒学派《キュニク》のアンティステネスが言ったように、「私は馬を見るのであり、馬性を見るのではない」のだ。仏陀、龍樹《ナーガールジュナ》、フロイトはこう言う、一般的な概念とは名のことであると。法《ダルマ》の存在については、思惟によって表現されるもの、「自分なりの」現実性の兆候を思惟に対して保っている何かとしてしか語りえない。現実は現実〔実在〕的でないのだ。

「現実は現実的でない」。現実からの乖離〔非現実性〕は、決まった文化的諸価値への追随の度合いにより規定されている。この追随は無知の結果である。思考、行動は、人間が生きている文化的環境により制約される。こうした制約性の種子は至る所で人間についてまわる。人間は自分の災いの責任を、外界、出来上がった状況に、好きなだけ負わせることができ、事態を変える可能性を手にしたなら、幸福は自分に微笑むだろうにと考えることができる。しかし、彼が置かれることになった状況は、彼の不幸の二次的な原因にすぎない。一次的な原因は自ら自身についての迷い、そしてそこから生ずる欲望、すなわち、何もかもが、今そうであるかのように見えるのとは違うふうであればよいのにと望む欲望である。リンポチェ・テンジン・ワンギェル☆は『チベットの夢ヨーガ』の中で、もし我々が現実の空《くう》なる本性を本当に理解し、体験するならば、どのような恋着もなくなるであろうにと書いている。怒りや他の何らかの情動の対象となりうるような本質が、個別に存在するわけではないからだ。我々自身が〔怒りの〕種《サブジェクト》を作りだし、それを何らかの対象《オブジェクト》に投影し、そしてそれに対して怒るのである。

☆ チベットのボン教のラマ（一九六一―）。チベットのゾクチェンや夢ヨーガに関する著作がある。

「現実は現実的でない」。チベットのヨーガは、現実と見なすことになっているものを、夢と見なすよう勧める。我々の経験は「夢にすぎない」と我々が考えるとき、その経験は我々にとって、より「現実的」ではなくなる。こうして、経験は我々を支配する力、我々が自ら経験に賦与していたその力を失う。現《うつつ》には、夢の中と同様いかなる現実的な物もなく、ただ表象があるのみである。精神分析では記憶痕跡から織りなされるとされる諸表象は、仏教では業《カルマ》的痕跡から織りなされる。現在は、迷いと拘りとの途切れることのない網目の中で絡みあう過去の痕跡からなる。

夢、幻を見るように

水面の反映と泡を見るように
露と稲光を見るように
あらゆる有為の法《ダルマ》（現象）を見なければならない――
〔一切有為法／如夢幻泡影／如露亦如電／応作如是観〕

『能断金剛般若波羅密多経』、すなわち、金剛の杖で迷いを断ち切る奥義、彼岸に到れる奥義についての経《スートラ》の説教を、仏陀はこのように終えている。

仏教における夢に対する態度は、精神分析におけるのと同様、どこまでも本気である。夢は覚醒状態に対置されるものではない。夢と覚醒状態は分かちがたく結びつき、互いに制約しあう二つの状態なのだ。そればかりか、仏教において覚醒状態は夢のもう一つの水準と解されている。「**私はゲームの次のレベル**（水準）**に移行する――目が覚める**」。ボン教・仏教的伝統では、夢は日常生活の儚さから解放されるために、眠りは無知から覚醒するために用いられる。仏教は精神分析と同様、夢に意味を与えるのは意味を探究する人間であること、誰かが意味を求めて踏み出さないかぎり意味は存在しないことを教える。

しかしながら、精神分析と仏教との間には、夢に対する態度において原理的な相違もまたある。リンポチェ・テンジン・ワンギェルが『チベットの夢ヨーガ』の中で書くところによれば、夢の意味は結局のところ重要ではなく、夢を別の現実から、自分自身のどこか未知の部分から送られてきた知らせとして見なすには及ばない。輪廻《サンサーラ》の二元性〔生と死、輪廻と涅槃など〕の外では、いかなる慣用的な意味もない。いかなる混沌《カオス》もなく、いかなる無意味もない――そういったものはお決まりの観念にすぎないのだ。つまるところ斥けねばならないのは、意味という概念そのものであり、そうでなければ意識は完全なる解放に到ることができないだろう。この解放にこそ夢の実践の根本的な目的がある。意味の下に隠れているもの、経験の純粋な基礎にまで入ってゆく必要があり、何にも制約されない経験の基盤を把握する必要があるのだ。ここで私には異論が生じる。私は「経験の純粋な基礎」があるとも、「何にも制約されない経験の基盤の把握」があるとも信じていないからである。

とはいえ、この異論は、当然のことながら「全体としての仏教」なるものに向けられているのではない。例えば世親《ヴァスバンドゥ》は『阿毘達磨倶舎論』の中で、フロイトと同じように、心的諸過程、より正確には彼が「意識」と呼ぶものが、知覚に本来的に関与していることを語っている。『阿毘達磨』では感覚的意識の六つの型〔六識〕が区別されている。すなわち、視覚的なもの〔眼識〕、聴覚的なもの〔耳識〕、嗅覚的なもの〔鼻識〕、触覚的なもの〔身識〕、味覚的なもの〔舌識〕、思惟的なもの〔意識〕である。

「現実は現実的でない」。そして、それでもやはり一方では、同じボン教・仏教的伝統と精神分析の伝統に付き従い、声を大にしてこう言うことができる。夢よりも現実的なものはない！　それがどれだけ非現実的であっても！　夢においては我々を我々から遠ざけるものは何もない。業《カルマ》・記憶痕跡は自由に発現できる。さらに根本的に重要なのは、こうした痕跡、またそれら痕跡が刻まれる諸形式、そしてそれら痕跡を表象するテクノロジーは歴史的なものだということである。

すでに一八四五年にその著作“Suspiria de profundis”〔深き淵よりの嘆息〕の中でトマス・ド・クインシーは、生活の資本主義化が夢に及ぼす影響について語りつつ、この歴史性のことを指摘している。「空想への傾向はまず第一に夢を育むが、しかし最も熱烈な空想癖でさえ、わがイギリスではますます募りゆく現代生活の気ぜわしさにより弱まりつつある。それればかりか最も冷静な観察者の眼でさえ、地上のあちこちで半世紀にわたり君主制を強く揺るがしている諸事件および諸変化を見て、不安にならずにはいられないだろう。壮大な物理的エネルギーの絶え間ない発達を見て、当惑せずにはいられないだろう——到るところで利用されている蒸気、人間に対し奴隷的な奉仕をさせられている灯火を見て。天の諸力が教育の普及を助け、印刷機の作業を早めているのだ」。少し先ではド・クインシーはこう書いている。「思考し感じる能力は意識的に分散され、とめどなく浪費されている」。非現実的現実の工業化がその兆候を表しているのである。そうした工業化はまず第一に夢に反映される。「社会的本能への極端な追随により損なわれている人間の諸能力のうち、何よりも強く損なわれているのは夢を見る才能である」。夢は才能《ダール》〔恩恵〕である。しかしこの才能は簡単に失われてしまう。想像し、感じ、思考する才能と共に。魂の工業化と共に。

資本主義化が夢の世界に及ぼす影響には、直接的なものばかりでなく、間接的なものもある――商品形態をも、社会的絆をも幻影に変えてしまうことを通じての影響である。人間同士の関係は、それが経済に基づいている限り幻影的なものとなる。人間は小銭である。現実的《リアル》な現実は経済的、会計的だ。現実的な現実は現実的ではないのだ。

「現実は現実的でない」。テクストの中で精神分析と仏教に結びつくコノテーションが生じるとき、まず最初に私の頭に浮かぶのは次のことである。すなわち、フロイトの企図と仏陀のそれは一致しておらず、精神分析における自己の理性的な理解は、理性的な理論体系の幻覚性を霧散させることを目的とする仏教の瞑想とは、けっして同じではないということだ。しかしながら、精神分析の自己認識も、仏教の瞑想も、日常性、すなわち自己と向き合うことのない状態からのしばしの間の脱出である。精神分析も、仏教も（幻覚的な）主体に焦点を当てている。いわゆる現実というものは、まったくかつ原理的に、仏教徒の興味をも、精神分析家の興味をも引かない。心的現実、心的カオスモス――これこそが認識論的《エピステモロジック》な沈潜の環境をなすものである。心的現実は繰り返される我有化の状態にあり、そこから絶えざる変化ばかりでなく、反復強迫もまた生じる。心的現実は実体的なものではない。現実は現実的でないのだ。

「精神分析」、「仏教」という言葉に頼るのならば、すぐさまこう留保を付けなければならない。二千五百年を経た仏教も、ようやく百年を超えたばかりの精神分析も、自らを精神分析、仏教とみなしている様々な傾向や潮流を表すための「単なる」名にすぎないということである。仏教においても、精神分析においても何々「一般」が問題にされることはない。加えて、いかなる精神分析「一般」も、同じくいかなる仏教「一般」も存在しない。問題になるのはつねに、きわめて多岐に渡る流派や傾向だけなのである。これはペテルブルグの非凡なる仏教学者オットン・オットノヴィチ・ローゼンベルク☆が二十世紀の初めに指摘していることだ。重要かつ驚くべきなのは、「精神分析」も「仏教」も自ら自身と同一ではありえないということ、真／偽という原則に従っては分岐させえないということである。小乗《ヒナーヤーナ》と大乗《マハーヤーナ》という最も「原初的」な分裂も、それらの一方が本物で、他方がそうでないということを意味するわけではない。ラカンはある時、呆れたように声を大にしてこう言った。フロイトがまだ死ぬか死ないかのうちに、彼の学説は何かまったく思いもよらぬものに変えられ始めたと。まったく同じことが仏教についても言える。仏陀の般涅槃《パリニルヴァーナ》から七日後にはもうスバッダという名の僧がこう叫んだのだ。やっと我々はやりたいことを何でもできる！と。おかしなことだ、般涅槃以前に彼が好きなようにするのを、誰が邪魔していたというのだろうか？分派は仏陀の教説自体にすでに含まれているのだ。だが、彼の教説一般というものは存在するのだろうか？あるいは、仏陀という名の空虚をめぐるあれこれの解釈があるだけなのだろうか？あるいは、様々な流派の解釈があるだけなのだろうか？

☆　ロシアの仏教学者（一八八八―一九一九）。ペテルブルグ大学東洋学部でシチェルバツコイのもとに学び、一九一二年から倶舎論研究のため日本に留学。帰国後の一九一八年に提出した博士論文の第二部にあたる『仏教哲学の諸問題』（邦訳あり）は名著とされるが、一九一九年、三十一歳の若さで亡くなった。

「あるいは／あるいは」……――ここには問いそのものの立て方に何かおかしなところがある。もしかしたら、どちらかを選ぶ必要などないのではないか？若い頃、私は中道の理論、中観派の創始者、龍樹に魅了された。彼はこう言っている。「イエス」か「ノー」かを選ばねばならなくなったとき、二者択一の形で、二項的思考の枠内で問いを立ててはならないと。

――坊や、ママとパパのどっちが好き？

――だけど、あなたはどうして単刀直入に問いを立てるのですか？どうして選択に直面させるのですか？あなたならどちらの答えがよいのですか？「イエス」ですか、「ノー」ですか？高級モード雑誌のように？心理テストのように？税関申告のように？マニ教徒の戯言のように？

私自身、無意識のうちにこの類の対置の人質になることがある。ある時、アラブ音楽の店でムスリムたちと言葉を交わしながら、私はこう訊ねた。どちらのコーラン朗誦者がいいのかな？西洋的ロゴスの二項性と類推の魔から生じた問いの愚かしさは、隠しようもなかった。答えのほうはこのうえなくデリケートで正確なものだった。どちらともいいよ！

龍樹はプラサンガという名のつけられた否定弁証法を用いる。彼は八つの否定を宣言する。「消滅も、生起もなく、過ぎゆくものも、永遠のものもなく、単一のものも、多数のものもなく、到来も、退去もない」〔『中論』の冒頭〕。龍樹は因果関係〔縁起〕による起源の原理を認めている。あらゆるものは因果により制約されている限りでのみ存在するのである。制約されていないものは存在しない。ここからどのような結論が導き出されるだろうか？ 次のようなことである。「固有」の現前を有しているような法《ダルマ》、個体、現象は一つとしてない。自らの固有の本性によりそれ自体で存在するような本質〔自性〕はない。そのような本質はないのだ。借りてきた存在は真の存在ではない以上、本質とは空虚なものである。そして、因果による制約の連鎖〔回路〕は開かれている。そこから一切が始まり、そこで一切が閉じ、それにより一切が終わるような〈神〉も、〈絶対者〉も、〈すべてを意味する主人のシニフィアン〉もないのだ。ヘーゲル学者のコジェーヴならそう言うであろうが、主人は奴隷の役を割り当てられた者らの承認においてのみ現れ出る。奴隷は主人の主人なのだ。

主人が奴隷を生みだすのか？ 奴隷が主人を生みだすのか？ 主人は奴隷の奴隷なのか？ 奴隷は主人の主人なのか？ 原因と結果はどのように関係しているのだろうか？ 結果は原因とは異なるものだと我々は言うことができるだろうか？ いや、ある結果がまさにこの原因の結果であり、何か他の原因の結果ではないと証明することなど不可能である。

原因が結果を起こすのだと言うことができるだろうか？〔同様の議論が『中論』第二十章でなされている〕それはできない、なぜなら、この場合、我々は次のような三者択一の可能性を仮定せねばならないからだ。（a）結果はすでに原因の中にあった。（b）結果は原因の中にあらかじめあったのではなく、新たに現れた。（c）双方が同時に起こった。

この三者はどれもが等しく不可能である。第一の場合、原因と結果について語ることは、それらが同じものであるのだから、そもそもできない。第二の場合、存在と非存在は、生と死、光と闇のように、互いに排除しあう対立物であるのだから、ありえないことが主張されていることになる。無から何かが起こることはない。第三の場合では、第一と第二の場合のいい加減なところが結びつけられている。原因は結果を生みださない。因果律とは空虚なものなのだ。

いかなる根本原因というものもない。龍樹と異なり、フロイトは根本原因を、何らかの第一原因を掘り当てようと試みた。彼がそれに辿り着くことはけっしてなく、さらに重要なことだが、彼のテクストは――彼の欲望に反して――いかなるものであれ、何らかの第一原因を確証することがけっしてできなかったのだが。龍樹はある時、舎利塔《ストゥーパ》を見つけた。それを開いてみると、中にはまったく同じもう一つの舎利塔があった。二つめを開けると、同じ三つめがあり、三つめの中には四つめがあり……そこで龍樹は悟ったのである、いかなる第一の舎利塔、すなわち根本原理、根本実体というものもないのだということを。

原因と結果の連関は、夢においてはどのように描かれるのだろうか？フロイトは『夢解釈』の中でその二つの方法について書いているが、それらは大筋において同じものである。大抵は、我々は出来事の継起を、原因と結果として組織されたもののように知覚する。大抵は、結果は夢の主要部分に相当する。しかしながら奇妙なのは、フロイトが序《じょ》の夢と主要な夢とを区別していることである。因果的連関を描くもう一つの方法は、ある夢形象が別の夢形象に変化するということにある。その際、我々が因果的相互関係の有無について語ることができるのは、夢の中で実際にそうした変化が起こっている場合のみであり、ある形象の代わりに別の形象が現れたのを我々がただ認めるだけの場合ではけっしてない。第一の方法の場合も、第二の方法の場合も、因果的連関は順次性に替えられているのである。

結果は後になってから原因となるということを精神分析は示している。例えば何かの犯行がなされる際にである。最初に罪の意識、罰があって、すでにその後で犯行がなされる。最初に結果があり、その後で原因がくるのだ。原因は**post factum**〔事後的に〕選ばれるのだ。症状の分析が症状の原因を確定する。単なる一つの原因ではなく、複数の原因をである。フロイトはこうした意味作用の過程を多元決定性と名づけている。

夢の中でパスワードが英語で言われる「諸原因」に再度、戻ることにしよう。出来事の多元決定性という原則の要求に従い、夢の始まりに戻ることにしよう。「**我々は様々なサービスをチェックしている**」。我々はスピードに乗って飛行しながら、数々の通りや門を通り過ぎてゆく。この状況は晩の「散歩」の痕跡から、より正確には、急ぎ足でのゴーゴーバーへの潜入の痕跡から構成されている。前日、私たちは商店やオフィスの店舗が並ぶ中を足早に抜けていったのだが、そうした店舗では容姿の修正を行なう簡単なサービスも提供されていた――美容サロン、マッサージ・サロン、ピアス・タトゥー・サロンなどである。そうしたサロンの向こうには性風俗サロンの迷宮があった。これらのサービスは私のうちにショー・ビジネスとの強固な連想を呼び起こした。いたるところでアメリカの音楽が大音量で流れていたのだ。しかもブルース・スプリングスティーンやブリトニー・スピアーズのような、まさに私が嫌いなタイプの音楽である。魅惑的なタイの美女たちがカウボーイの酒場《サルーン》のような不快な環境に身を置くはめになっていた。ただ叫ぶしかなかった、できる限りのことを、またそれ以上のことを。**"Show me the room!"**と。龍樹は若かりし頃、隠れ身の術を利用して友人たちと王宮のハーレムに忍び込んでいた。しかし、あるとき一味は、見えない龍樹を除いて全員、王に取り押さえられてしまった。王は悪戯者たちの首を斬り、そこで龍樹という名の幻影は、軽はずみな官能的執着に対する罰がいかに厳しいものとなりうるのかを悟ったのだった。こうして彼は仏僧になったのである。次のごとき言葉が「クロヴォストーク☆」の音楽のエコーとなって私の中で響いていた。「でも誰が仏僧になるなんて約束したというんだ?!」

☆ モスクワのラップ・グループ。メンバーはそれぞれ現代美術の活動にも関わっている。その名を敢えて日本語に訳すなら、排水溝ならぬ「排血溝」ほどの意味。

"Show me the room!"の歴史の起こりは、もちろん龍樹の時代ではなく、ベトナム戦争の時である。タイ当局が国をその住民から解放するという重労働からの休息のためにと、アメリカ兵たちにある村落――パタヤを提供したのだった。兵士は休息した。娘らが働いた。**Show me the room!**――俺に門の向こうの空間を見せてくれ、世界の**起源**〔クールベの絵への暗示〕の門の向こうの。私は不快感を覚えた。一刻も早くこのショーから出てゆきたくなった。頭の中で**Rammstein**〔ドイツのロック・バンド〕の悲壮にして皮相な歌詞が鳴り始めた。**"We're all living in America.**

America ist wunderbar!"〔俺タチハ皆あめりかニ住ンデイル。アメリカは素晴らしい！〕私はアメリカ兵ではなく、その色褪せた影ですらなく、ファラン〔タイ語で西洋人、白人を指す〕、アメリカ兵の白い亡霊である。さらに、それと少なくとも同じ程度に、アメリカ兵を〔精神分析の意味で〕抑圧した旅行者の亡霊、財政的侵略者の幽霊である。

かつてビルマにあったという憲法、各男性は一定期間を僧院で過ごすべしと定めたその憲法は、やはりなんと並外れたものであろうか！　軍隊ではなく、ファランらが僧院に向かっていたのだとしたら、世界はどんなに変わっていたことであろうか？　しかしながら、さらに続けてこの幻想に耽ろうとは私は思わない。仏教も精神分析も今日の麻薬資本主義《ナルコキャピタリズム》のモデルの中にうまく収まることはないし、人が僧院の中で自己と世界は空《くう》であるとの理念を抱くことになったとしたら、どうして僧院を出た後、市場の論理の中に入ってゆくことができようか。それに、ファランらの僧院の中では位階制《ヒエラルキー》と暴力、軍隊まがいのいじめと、今日こんなにも広がっている小児性愛《ペドフィリア》が蔓延らないとも限らないではないか。

ペテルブルグの並外れた仏教学者、エヴゲニイ・アレクセエヴィチ・トルチノフ☆の著作を読んでいて、私はそのチベット仏教に関する章の末尾で、一九五〇年に中国当局がチベットに軍隊を導入したときのことを述べるくだりに突き当たった。このチベットからのチベットの「解放」の歴史を語る悲痛な数ページは、まったく思いがけないことに次のようなあまりにもペシミスティックな言葉で締めくくられていたのだが、それは私に**Show me the room!**というパスワードのことを思い起こさせる。「……歴史が中国人民解放軍の戦車に乗ってチベットに侵入することがなかったとしても、それが――より穏やかではあるが、より残酷でないというわけではない形で――コカ・コーラの瓶やマクドナルドのビッグマックの中におのれの姿を現したというのは大いにありえたことである」。歴史は不具合を起こすものなのだ。

☆　ロシアの中国思想・仏教学者（一九五六―二〇〇三）。ソ連科学アカデミー東洋学研究所に勤務後、ペテルブルグ大学哲学科で教える。その著書『仏教学入門』（二〇〇〇）は広く読まれている。

「ある瞬間からプログラムに不具合が生じる。我々はとっさに理解する—— Police だと。禁止されている物品《プレドメート》二つを我々は投げ捨てる」。警察が普段、管理している二つの「対象《プレドメート》」が何であるかは言うまでもない——娘たちと麻薬である。これら警察商売の「対象」は、現実のモデルに従わないための手段である。愛欲、幻覚剤は現実のあらゆる指標を乱してしまう——空間と時間、主体と客体をである。「現実」というものが、ウィリアム・バロウズの言うように、周囲の世界のスキャニング、走査の多少とも安定したモデルにすぎない限り、現実的な現実はないのだ。「現実は現実的でない」」。一方で Police という語は、換喩的な形で前日スティングの顔に浮かんだものだった。このバンド「Police」のかつてのメンバーの来訪が、タイのテレビで宣伝されていたのである。Police というロゴが、店のショーウィンドウに掛かっているスポーツ・シャツから私のことを見ていた。この語は、Show me the room! というパスワードが英語で言われることのもう一つの理由である。捜索は夢の中で行なわれる。私が眠っている間、私は捜索される。裸体の上を、禁止されている物品が探索される。

まさに Police こそは——原因を確立する結果の論理に従って——禁止されている物品の出現を規定する〔predpisat'〕。この規定ということの、すぐれて両義的な意味において。☆ 二つの禁止されている「対象」——娘たちと麻薬——は、主体を国家管理のもとから脱せしめるが、それでいながら Police という国家機関に管理されている。国家の上層機構が石油の流れと武器の製造を管理する一方で、住民を相手にする国家機構は娘たちと麻薬の流れを規整しているのだ。とはいえ、いわゆる麻薬《ナルコチク》が国家によって公然と管理されだしたのは、まだそれほど昔のことではない。

☆ ロシア語の predpisat' という動詞は、英語の prescribe と同様、「前もって書く」という原義を持ち、そこから「命ずる」、「規定する」といった意味が派生する。

一八五五年、イギリス人側からの強硬な圧力のもと、国王ラーマ四世は大英帝国と、控えめな表現で言うなら、不平等条約を結んだ。その条約に従い、シャムのイギリス商人たちのために、あらゆる種類の商品に対する輸入税は極端に低くおさえられ、またイギリスの植民地インドで栽培される阿片の輸入も許可され、かつそれは免税となった。それと同時に、イギリスの圧力のもと、王の命令によって阿片消費の国内市場は制限された。阿片を吸うタイ人は全員、必ず中国式の辮髪にするようにとの指令が出され、その命令を違反した者には死刑を含む厳しい罰則が定められた。イギリスの阿片を吸えば、よし、タイの阿片を吸えば、首が飛ぶというわけだ。シャムは、政治的な意味では一度も植民地になったことはなかったが、経済的な植民地になってしまった。こうして今日に到るまで、国際貿易の規則を単一のモデルに従わせるという目的で創設され、多国籍資本の利益を保護している世界貿易機関、国際通貨基金は、富める国をますます富ませ、貧しい国をますます貧しくするために可能なあらゆることを行なっているのである。

一方、権力と、それが麻薬と呼んでいるものとの関係は、今日ではそれほど明白でないにしても、そうした関係の痕跡は容易に表面化する。例えば二〇〇五年の夏、ＥＵ議会でスキャンダルが持ち上がった（テレビニュースではほんの数分の一秒ちらりと映っただけだったが）。事の次第はこうである。ドイツのテレビ局 Sat. 1 のジャーナリストのグループがブリュッセルにあるＥＵ議会の建物、とりわけトイレの中のあちこちの表面から四十八のサンプルを採ってみた。すると、事実上あらゆるところでコカインの痕跡が見つかったのだという。しかしながら、この報道が私を驚かせたのはまったく別の面からである。一度、私はこの建物で丸一日を過ごしたことがあるが、せわしなく歩き回るＥＵ議員たちの無味乾燥な外見を思い出すにつけ、この外見がハイ・クラスのコカイン常習者の観念といかにかけ離れているかということに私はショックを受けるのだ。

禁止されている物品が夢の中に現れたのは、さらに前日ミャウと阿片について話したことによっても規定されている。阿片はタイ北西部では相変わらず、生きてゆくのに重要なものなのだ。とはいえ、今では阿片の輸入はコカ・コーラにとって代わられている。この、欲望の空《くう》的本性をあらわにする飲料の広告は、この地では至るところにあり、一歩踏み出すごとにぶつかり、最も思いがけない場所――ホテルの部屋、公衆トイレ、ジャングルですら目にする。あたかも広告が不具合を起こして、自己複製に移行し、人間の手を借りずに蔓延し始めたかのようにである。

コカ・コロニゼイションについては、サディ・プラントが自著 Writing on drugs の中で書いている。私はかねてからこの本を探しだしたいと思っていたのだが、それをついにバンコクの古本屋で見つけたのだ。そこでは数々の魅力的なアイディアが述べられており、ちなみに私はこの本を読むよう美術家のジェイク・チャップマン〔イギリスの現代美術家〕にしつこく勧めたのだが、そうしたアイディアの一つに、各種の麻薬と、テクノロジーの発展との相関関係というものがある。阿片はド・クインシーが機械的資本主義による荒廃化の時代から逃れるのを助けた。種々の阿片剤は十九世紀の加速したスピードをスムーズに迎え入れるのに力を貸したのである。電信・電話網の中の電子走行によって徴《しるし》づけられるマス・コミュニケーションの時代に入ってゆく際には、コカインが援助の手を差し伸べた。コカインは電気と共にやって来たのである。サイバネティクス革命にはどうやら合成麻薬が随伴していたようだ。スピード、リズム、空間と時間の変容は、経済においても、各種薬剤の使用においても起こるものなのだ。サディ・プラントに明らかに影響を与えているマーシャル・マクルーハンはすでに一九六〇年代に、麻薬剤と通信手段との平行関係というよりも、むしろ新たなテクノロジー——テレビとコンピューターの中毒的かつ幻覚的性格に注意を向けていた。

十九世紀の終わり、コカインの伝播はヨーロッパにおいて（合法的な）極点に達した。純粋なコカインの場合も、Kos-Kola, Kola-Ade, Café-Coca, Dr. Don's Kola, Rococola, Vélo-Cola, Coca-Bola といったタイプの様々な変種の場合もである。最終的に、基原製剤としてのコカインは違法となる。非合法のコカインの位置を占めることになったのが、合法的なコカ・コーラである。抑圧されたものの位置が空虚となることはないのだ。当初、会社の代表たちは、コカ・コーラからコカを除去しなければならないというので戦々恐々としていた。彼らはビジネスがあっさり終わりを迎えるのではないかと恐れていたのだ。どうも彼らは、売り上げは商品の質に、つまりは名と内容の一致にかかっているといまだに考えていたようなのだ。まさにこの点で、資本主義的には幸いなことに彼らは誤っていた。コカの代わりに別の麻薬が現れたのだ——広告である。広告はコカインが残していった位置を埋めたのだと、サディ・プラントは書いている。一九〇二年からコカインとしてのコカ・コーラ、すなわち気分を爽やかにし、あらゆる災難から救ってくれる〔動力資源ならぬ〕動力食品としてのコカ・コーラの集中砲火的な広告が始まった。コカを含まない飲料がコカ**として**広告されたのである！ 広告の出番がきたのだ！ 広告の本領発揮である！ コカ・コーラは習慣性、依存性を引き起こす最初の食品となったが、それでいて**ヴァーチャルな**コカインを除いては一切何も含んでいないのだった。スラヴォイ・ジジェクがこうしたプラシーボ＝対象をラカンの言う対象a、つまり空《くう》的で満たされることのない欲望の対象＝原因と呼んだのも（カフェインなしのコーヒー［**Folgers Classic Decaf** の瓶にはこう書いてある。一〇〇％純コーヒー、九九・七％カフェイン・カット］、アルコールなしのビール、軍事行動なしの軍事行動などのタイプの、他の同様の対象と並んで）驚くべきことではない。コカ・コーラは欲望の対象ではなく、得体の知れぬ欲望の対象＝原因なのだ。それは現実性のないヴァーチャルな現実を指し示し、**現実は現実的でない**ことを指し示す。コカ・コーラは、消費財がなんらかの合理的な理由なしに、とはいえもちろん〔精神分析的な意味での〕合理化をともなって、消費されることを示している。ニューヨークでは、われらが知的な友人たちが奇妙なことに、頭が痛い、お腹をこわした、気分が悪いと言ってはコカ・コーラの瓶に激しくすがりついて、私たちを驚かせたことが一度ならずあった。私たちがきょとんとしているのを見て、彼らはこう答えた。聖なる液体の奇跡的な特性について、自分たちは幼い子供の頃の、太古の昔から知っている。ママやパパの言うことを信じないわけにはいかないのだと。私はさらにもう一つの話を思いだす。私たちにはあるエジプト人の知りあいがいるのだが、彼は何日かの間、私たちと一緒に茶の伝統を誉めあげたり、アメリカのコロニアリズムを罵倒したりしていながら、突然、**赤ん坊のような声**で、無性に欲しくなった西洋的至福の飲み物を一本買ってきてくれと頼みだしたのである。タイでは、この液体の広告は至るところにあるばかりでなく、二十世紀の実に多種多様な各年代《ディケイド》を呈示してみせている。コカ・コーラの広告は、単に不具合を起こし、執拗な自己複製に移行するだけでなく、時間の痕跡を残してもいるのである。

「ある瞬間からプログラムに不具合が生じる。我々はとっさに理解する――Police だと」。**Police** はプログラム内の不具合《バグ》である。「私の」夢のプログラム内の。検閲により禁止されている物品を投げ捨てなければならない。二つの禁止された物品の投げ捨ては、次のレベルへの移行に導く。夢バラストが投げ捨てられたのだ。別のレベルに移行するためには、投げ捨て《ズブロース》が行なわれなければならない。コンピューターがそうであるように。強制終了《ズブロース》を行なえば **access** が得られる。プログラムの強制終了である。

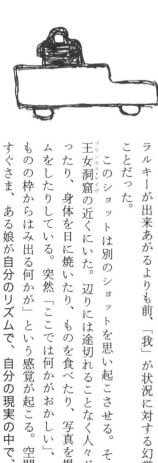

「**ある瞬間からプログラムに不具合が生じる**」。この種の不具合の正確な実例が、この夢のおよそ一週間後に現れることになる。私たちは一日中アユタヤの寺院と廃墟を訪ねて回り、その日の締めくくりに暁の寺《ワット・アルン》の考えられないほどに輝かしい祭りに出くわすのだ。次の日の朝、目覚めるとき、あるワン・ショットが記憶の中に浮かびあがる。このショットには、大仏たちも、いにしえのタイの首都の廃墟も、人気の忍者映画をテレビで見ている仏僧たちも、私に質問をしてくる胸を打つようなタイの学校の女の子たちも、様々な色光を放つプロジェクターで彩られた暁の寺も、いかにも『マッド・マックス』の主人公たちが羨みそうな車——左右に伸びる二列の悪魔の角をつけ、バンパーと屋根には燃えるような赤い眼を持つ車も出てこ**ない**。そうではないのだ。このショットの中に浮かびあがるのは、バンコクからアユタヤに向かう途中の高速道路で**一瞬だけ**ちらりと見えた、ゆっくりと走る小さなトラックで、そこには頭から足まで赤い衣服に包まれた人が立っていたのである（上図参照）。

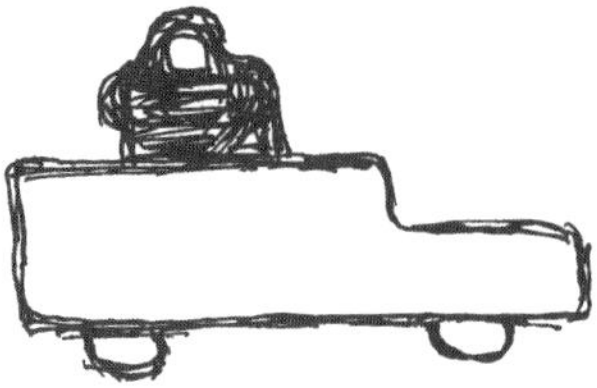

このショットが閃いたのは、まさにまだ寝ぼけているとき、想起される諸々のもののヒエラルキーが出来あがるよりも前、「我」が状況に対する幻覚的な支配を主張しようとする前のことだった。

このショットは別のショットを思い起こさせる。その何日か前、私たちはプラナンの王女洞窟《プリンセス・ケイヴ》の近くにいた。辺りには途切れることなく人々がいて休息している。彼らは海に入ったり、身体を日に焼いたり、ものを食べたり、写真を撮りあったり、本を読んだり、ゲームをしたりしている。突然「ここでは何かがおかしい」、「何かが起こっている」、「日常的なものの枠からはみ出る何かが」という感覚が起こる。空間をスキャンしていって、私たちはすぐさま、ある娘が**自分のリズムで**、**自分の現実の中で**、洞窟の中の祭壇の方へと歩んでいるのに気がつく。彼女は誰にも注意を向けてはいない。彼女は誰の目にも入っていないようだ。彼女は別のプログラムの中にある。彼女は隠れ身の術を使う娘だ。龍樹の亡霊である。

プログラム内の不具合の、より月並な実例として思い出されるものが、スピルバーグの映画『シンドラーのリスト』の中にある。その月並さは、それがまさに他から際立つよう、目立つように正確に計算されているという点にある。その例とは、モノクログレー映画の暗い雰囲気の中で、赤い服を着た小さな女の子が現れるエピソードである。

日本のサイバーパンク・アニメ『攻殻機動隊2』では、プログラム内の不具合と呼ばれているのは**自分の別の現実**への移行、すなわち別の――無意識的な――舞台《シーン》、別の《ドルゴーイ》、〔大文字の〕他者《ドルゴーイ》のディスクールの舞台への移行である。プログラムから外《そ》れる〔不具合を起こす〕こと、それは自己の外に出る〔我を忘れる〕こと、別の自己の中に入る〔没入する〕ことである。プログラム内の不具合とは、あるプログラム内における別のプログラムの現われである。それは侵入ですらある。別のレベルの侵入ではなく、まったく別のゲームの侵入である。アイデンティティの切り替えだ。突然、他の人間のものである自らの視線が、すべてを見ていることになるのである。

この夢のメモではただ一度だけ、末尾に一人称単数の代名詞が現れることに、私は注意を向ける。私は「**魔法の言葉を口にする**」。それまでは複数形で語られている。しかも、私は「我々」と書いているが、この「我々」というのが誰のことなのか覚えていないのだ。私は誰と同一化しているのだろうか？我々は自分と似て非なる者とさえ同一化しうるとリンポチェ・テンジン・ワンギェルは書いているが、我々はそれ自体が同様に知の投射にすぎない相対的な「我」に同一化するのだというところから、彼は説きおこしている。私は話さねばならないときに現れる。造形的なものがなす無音域に夢がとどまっている間は、**私**〔我〕は黙っていた。私は何かを話す必要性とともに現れる。

自ら自身についての迷いは、仏教徒にとっても、精神分析家にとっても、基本的な幻覚のうちの一つである。「我」とは、なによりもまず観念〔表象〕、同一化、そして投射である。これこそが仏教と精神分析の基礎にあるものだ。我は空《くう》である。我は相対的である。おそらくは最も並外れたペテルブルグの仏教学者であるフョードル・イポリトヴィチ・シチェルバツコイ☆が作った、空《シューニャ》という概念の訳語、しかし大部分の東洋学者からは斥けられているその訳語は、私には興味深く思える。彼はシューニャという語を相対的という語で翻訳することを提案したのである。自律的な「我」、独立して存在する「我」は存在しない。あらゆる時にも不変のままであるような、いかなる自立的な芯、本質もない。能断金剛般若波羅密多経の言葉が思い出される。「もし修行者《ボディサットヴァ》が『我』という観念、『個人』という観念、『生けるもの』という観念、『永遠の魂』という観念を持つのだとしたら、彼は修行者ではないのだ」〔若菩薩有我相人相衆生相寿者相。即非菩薩〕。この一節の修行者の位置に精神分析家を置くことは（いかなる形でも両者を均等化することなく）、十分に可能である。もし精神分析家が「我」という観念、「個人」という観念、「生けるもの」という観念、「永遠の魂」という観念を持つのだとしたら、彼は精神分析家ではないのだ。

☆　二十世紀ロシア仏教学を代表する学者（一八六六―一九四二）。仏教の哲学的側面に着目しつつ龍樹、世親らの研究を行ない、「戦前の西欧における随一の中観派研究者」（中村元）と目される。ペテルブルグ（後にレニングラード）大学東洋学部で教鞭を取り、一九二八年にはソ連科学アカデミー仏教文化研究所を設立、それは三〇年に東洋学研究所に発展し、ロシア仏教学の牙城となった。代表作『仏教の中心概念、およびダルマという語の意義』（一九二三）、『仏教の涅槃の概念』（一九二七）をはじめ、いくつかの著作が邦訳されている。

リンポチェ・テンジン・ワンギェルは、我々が自らを同一化させる相対的な「我」も、その「我」を生みだす恒審思量☆も、流動的、可動的、仮想的、非物質的、可変的、無常的で、独立した存在様態を欠いているということを強調している。それらは鏡の中の反映に似ている。まさに時間の矢、瞬間《モメント》の揺るぎなき〔方向づけられた〕非反復性こそは、不変の「我」というイメージへの不信を生む理由の一つである。この相対的な「我」は自立したものではなく、継起する諸瞬間から形成される何かとして生じる。「我」とは、絶えず確定し直される自己の形状に掛けられる札《レッテル》である。「我」という観念の相対性、空《くう》性は、第一に、それが絶えず変化する出来事の一時的な集合であるということに関係しており、第二に、それが絶えず変化する同一化の集合であるということに関係している。

☆ 瑜伽行派の唯識説における第七識である末那識（意《マナス》）の別名。第八識である阿頼耶識を対象に、常に（恒）執拗に（審）考える心（思量）であり、睡眠中にも働き続けるとされる。

不変の「我」というイメージへの不信の根拠は、客体《オブジェクト》に囲まれた相対的な「我」と自らとの幻覚的同一化と関係している。最初の二元的分割、それは「我」と「その他」への分割である。自らが同一化するのは経験の一面——「我」——にすぎないがために、諸々の好みの偏りが増進してゆく。二元化する意《マナス》が迷いに囚われていることで、さらには、正しいものと正しくないもの、汝と我、恋着と敵意といったものが現れることになる。自ら自身についての迷いは二項性の基礎を導き入れる。原子的な我のごときものが非‐我と対置させられるのだ。一連の二分法《ディコトミー》が存在様態全体を貫いている。「我」と、夢における「イベント通知の発送者」の二分法も含めて。夢の出来事《イベント》とは、未来との関わりで、事後的に解釈されるものなのだが。

経験的《エンピリカル》な主体を表すために、瑜伽行派は「摑む者」〔能取〕という語を用い、客体のほうについては「摑まれるもの」〔所取〕という語を用いる。したがって、主客関係において主たるものであり続けるのは、瑜伽行派の仏教徒たちにとっては、可感的な客体に「しがみつく」主体の欲動、執着、情動的煩悩〔漏〕という相《アスペクト》なのだ。奪い取るという幻想、最終的な我有化の不可能性、フロイトのいう支配欲動［Bemächtigungstrieb］の働きは、「我」と「現実的でない現実」を新たに繰り返し生産するという役目を負っているのである。

2　二〇〇四年十二月二十三／二十四日。アオナン。「猿の眼」

私たちはものすごい時化が近づいていると警告を受ける——海に出ないほうがよいと。海は凪である。私たちは泳いでいる。時化が始まる。断崖の中のプラナンの赤い洞窟が見える。未来は変えることができるのだと私は理解する。私は眠り込んで岸辺に戻る。海はすぐさま静かになる。私たちは〔ペテルブルグの〕ナリチナヤ通りのぬかるみの中、車を走らせ、船大工《コラブレストロイテリ》通りに曲がり、それから海岸《モルスカヤ》通りに入る。ゲルメス☆が軽くブレーキをかける。右側の窓を開ける。もう一人のゲルメスが通りから、私の膝の上にクリップで留めた何枚かの紙幣を投げつける。私はそれをセルゲイ・エヴゲニエヴィチとタチヤーナ・アナトリエヴナ☆☆に渡す——印刷に出すためである。キオスクにソヴィエト的な行列ができているのが見える。何を売っているのか私は見る——いなご入りマンゴー・ジャムの瓶詰めだ。私が車に乗っているのは、試験官をしに行くためだ。ミハイル・ミハイロヴィチ〔レシェトニコフ。第1章四三ページの訳註☆☆を参照〕が出てゆくや、生徒たちはみな服を脱ぎ始める。私はすでに裸で、サロン〔イスラム教徒の腰巻〕をつけている。ざわめきが止む——試験官の一団が入ってきたのだ。私は出てゆき、宮殿の正面玄関の階段を登ってゆく。ミーシャ〔ミハイルの愛称〕・ハージンのところに立ち寄る。彼は家にいないが、そこにはアメリカの重鎮詩人たちや、通訳であるロシア人の少年たちが座っている。私たちは降りてゆく。ゲルメスが階段で誰かに、私たちはクシュシャ☆☆☆・ソプチャクの誕生日の祝いに行くところなのだと言う。私は誰もそんなことを自分に通知しくれなかったことに驚く。私はゲルメスに、クシュシャのところになんか行くもんかと言う。猿の賢そうな眼が同意を示すように私を見ている。

☆　ゲルメス・ザイゴット（一九六四—）。著者マージンの友人の美術家、ミュージシャン。「ゲルメス」はギリシア神話の神格ヘルメスのロシア語読みである。

☆☆　「エヴゲニエヴィチ」、「アナトリエヴナ」は共に父称。ロシア人の名前には名と姓の間に父称があり、名に父称を付して呼ぶと、相手に対して丁重な態度を示すことになる。したがって、名と父称で呼ばれている人物は、話し手よりも年上の人、目上の人と考えられる。父称は父親の名に、男なら -o/evich、女なら -o/evna という語尾をつけて作る。

☆☆☆　クセニヤ・ソプチャク（クシュシャはクセニヤの愛称）。現在は有名なテレビ司会者。

「私たちはものすごい時化が近づいていると警告を受ける——海には出ないほうがよいと」。この最初のフレーズを書き留めていたとき、また最終的に目を覚まして、それを読み返していたとき、私はそれになんら特別な意義を与えなかった。このフレーズは事後的に不気味な響きを帯びることになったのだ。私はこの夢をオレーシャ〔トゥルキナ〕に話して聞かせ、その後うまい具合にそれについては忘れてしまった。しかし、どうやら夢は私たちを忘れなかったようだ。日中、私たちは海沿いに留まるべきか、それとも仏教の僧院を見にバンコクへ飛ぶべきか話し合った。夕方、私たちは急いで荷物をまとめてクラビまで行き、飛行機に乗りこみバンコクへ飛んだ。翌朝、「我らが」海辺は津波に洗われた。☆もう一日留まることにしていたなら、私たちが生きていることはなかっただろう。これについては私たちには疑いがなかった。朝の八時三十分には、私たちは大抵すでに地元の舟方たちと、どこかの島へ連れていってくれるよう交渉していた。だから悲劇が荒れ狂った時刻には、私たちは海岸にいるか、どこかの島にいるか、あるいは――これが一番ありうるのだが――沖合にいたかもしれないのだ。地軸をずらし、惑星の自転の速度を早め、時間の密度を高めた惨事、ここ最近の歴史において最大級の惨事が起こる一日前に、私たちは震央にほど近い場所から、安全な場所へと移動したのだった。海辺に津波がなだれ込んだとき、私たちは仏教の僧院にいた。

☆ 二〇〇四年十二月二十六日のスマトラ沖地震、およびインド洋大津波のこと。タイ時間では午前八時頃に発生した。

「未来は変えることができるのだと私は理解する。私は眠り込んで岸辺に戻る」という文言にもかかわらず、私はこの夢を予知的なものと見なす気にはなれない。それも、いわゆる予知夢というものを私はそもそも信じていないという単純な理由からである。この場合は、一つには暗合ということが問題となっているように私には思える。不気味な感情を呼び起こすのも、まさに暗合なのだ。とはいえ、もちろんこの暗合もまた何らかの条件によりもたらされたものである。

その暗合は、遠くへ退きゆく海岸の朝の情景を条件としている。この情景は夢の中に**「嵐の前の静けさ」**を呼び起こしている。そしてこの契機《モメント》こそは、紀元前三千年紀にすでにメソポタミアの住民に知られていた「予知的解釈《ディヴィナトリー・リーディング》」、「自然という書物」の読解と呼ぶことができる。こうした痕跡の読解、痕跡に沿ったテクストの読解は分析を、すなわち痕跡〔sled〕、「結果」〔sledstvie〕から「原因」への運動を、すでに前提としている。いずれにしろ、無意識は幼少期から、「静けさ」は「嵐の前に」あることを覚えているのだ。

その暗合は、バンコクへ去りたいという私の欲望を条件としている。アユタヤの仏教の僧院を訪ねたいという私の欲望に。

その暗合は、海にはもううんざりしたというミャウの言葉を条件としている。海は私にとっても最高に心地よいというわけではなかったのだが、それは別の理由からである――海があまりに温かく、あまりに静かだったからだ。

その暗合は、プラナンの洞窟のそばで口を開けた、私とアンドレイの細かな傷《マイクロトラウマ》を条件としている。私たちの手足は傷だらけになったのだ。

その暗合は、アンドレイとミャウが先にバンコクへ去ったことを条件としている。

その暗合は、私たちのことを忘れなかった夢を条件としている。夢の記憶は現《うつつ》においても作用し続ける。夢の記憶は、自らの作業が夢の境界を超えて継続していることを示すことで、自己解体を来たす。夢／現という対立自体が疑問に付される。こうした対立の形而上学は瓦解してしまっているのだ。ある舞台《シーン》から別の舞台への表象の転移としての予言は、そうした二つの別々の舞台がない限り、不可能である。

「猿の眼」の夢は、もし私がそう欲したならば予知夢となったことだろうが、それというのも、「ものすごい時化」が起こった後で、私はそれについて思い出したからである。すでにペテルブルグに戻った後で、私はメモ帳の中にこの夢を見つけだしたのだ。この夢を見たのがクラビからバンコクへ移動することに決めた前の晩であると悟ったとき、言うまでもなく不気味な感覚が私を捉えた。その感覚は、予言への無意識的な欲望によって引き起こされたのかもしれない。その感覚は、二つの舞台の無意識的な暗合によって引き起こされたのかもしれない。その感覚は、それでもやはり夢が――それだけではないのだが――私たちの救いの出立を条件づけていたということによって引き起こされたのかもしれない。私は夢を忘れてしまったが、夢は私を忘れなかったのだ。

予言は言うまでもなく、予言をしたいという欲望と結びついている。予言は、もっぱら予言をしたいという欲望において、そしてもっぱら事後的に、自らの地位を獲得する。夢における未来の予見と、その夢の意味の探究とは分かちがたく結びついている。夢を解釈しようという欲望は希望と恐怖に、原因と結果に基づいている。露わにされるべき意味が不可欠なのは、単にそれを確認するためというだけでなく、変更するためでもある。「**未来は変えることができるのだと私は理解する。私は眠り込んで岸辺に戻る**」。ここでは未来の理解、解釈、そして変更が、夢の中で実現されている。私が意識的に参加することなく。私が参加することなく。未来の変更の可能性を理解する、この「私」とは誰なのだろうか？ 眠り込み、岸辺へ戻るのは誰なのだろうか？ 興味深いのは、理解と変更があたかも異なる夢平面《オネイロプラトー》で起こっているように見えることである——夢の平面と、そして夢中夢の水準である。それらは原因と結果のように相関しあっている。「**理解する……眠り込んで……戻る**」。理解は原因の位置を占めている。眠り込むことは技術的手法である。岸辺へ戻ることが結果となる。

未来に関しては、まず第一に、それは現在の中に含まれている、より正確には、現在により規定されていると私は考える。第二に、それは現在の中に含まれていないと考える。それが起こらないこともありうるという理由だけでも、「含まれていない」と言えるだろう。来たるべき状況の諸原因は、未来についての夢の中に編み込まれているが、その未来はひょっとしたらそうなるというものであり、必ずそうなるというものではない。いずれにしろ、その未来はこれからそうなることとは同一ではないのだから、「含まれていない」のだ。過去と未来は非対称的である。精神分析とサイバネティクスにおける時間は不可逆的である。ノーバート・ウィーナーはこう書いている。「我々の時間は方向付けられたものであり、未来に対する我々の態度は過去に対する態度とは異なっている。我々が立てるあらゆる問いはこの非対称性を含んでおり、それらに対する答えも同様に非対称的なのだ」。

過去について知っているというだけで予-言を行なうのに十分だということはありえない。どういうことなのだろうか、夢が知っている〔son znaet〕とは、夢が意識している〔so-znaet〕とは、ça〔無意識〕が知っている〔znaet〕とは？

私の夢の中のものすごい時化は、現実の津波とは等しくない。過去は現在の中に「含まれている」。というのも、これから起こることの諸原因は、**過去の中に**含まれている**ことになるだろう**からだ。過去の諸結果が来たるべき状況の種子なのである以上、起こりうるあらゆることの原因は今すでに存在しているのだと、リンポチェ・テンジン・

ワンギェルは書いている。いかなる未来の状況の原因も、すでに起こってしまった過去に属している。しかし、種子は必ず発芽するわけではない。発芽のためには二次的な諸原因が不可欠である。夢の中で我々が翌日のことを見て、その後その日が訪れ、すべてが夢の中で起こったまさにその通りになったとしても、それは、未来があらかじめ決まっており、それを変えることは不可能なのだということを意味するわけではけっしてない。それが意味するのは、我々は未来を変えなかったということだけである。

明晰なる夢☆を予言の目的で利用するためには、夢見者は夢を条件づける業《カルマ》的痕跡の大部分から解放されていなければならない。そうでない場合には、メッセージは夢から引き出されるのではなく、夢に投影されることになる。輪廻の夢で通常、起こるようにである。

☆　リンポチェ・テンジン・ワンギェルの夢ヨーガでは、その修行の過程において「輪廻の夢」(通常の夢)から「明晰なる夢」を経て「光明夢」に到ることになる。

予言の問題は時間の問題、時間同士の関係の問題である。龍樹にとっては現在も、過去も、未来もない。それらはただ互いに相対的に存在するだけである。過去はすでにない。未来はまだない。現在はこの二つの虚構《フィクション》の間にある。

経験的には因果性も、時間も、空間も、運動も存在するが、しかし、こうした現象を印づける諸カテゴリーを合理的に分析しようと試みるや、我々はすぐさま解決しがたい諸矛盾の淵に沈んでしまう。龍樹が二つの真理の理論、ないしは二つの認識水準——経験的水準〔世俗諦〕と絶対的水準〔勝義諦〕の理論について語るのも、そのためである。絶対的水準は論理的判断には手の届かないものである。

興味深いのは、「**嵐の前の静けさ**」という状況も、夢の中で展開されているということである。「**プラナンの赤い洞窟が見える**」というのも興味深い。伝説によれば、この洞窟は漁師たちの間では時化のときの唯一の確実な避難場と見なされており、そこでなら彼らは安心して眠ることができ、ナンが自分たちに毛布と食べ物を持ってきてくれる夢を見るのだという。

私たちがある岸辺から別の岸辺——家郷の岸辺に、いつの間にか来ているというのも興味深い。ナリチナヤ通りに沿って船大工通りに、それから海岸通りに抜けるのだ——これは私が夏に自転車でよく走る、十分間ほどの通り道である。自転車の代わりに出てくるのは、夢の使者にして庇護者であるヘルメスの車である。二人のヘルメス〔ゲルメス〕は、出発直前に題材がちょうど合っているので観直してみた映画『ダイヤの腕☆』に登場する、同じように「ヴォルガ」に乗り、同じように警官が扮する二人のタクシー運転手のエピソードを思い出させる。眠り込みつつ私は「**岸辺に戻る**」のだが、それは先ほどの岸辺ではなく、別の、いわば家郷の岸辺である。戻ることは戻ることでなく、別の場所への移動である。そして同時に、戻ることは家へ戻ることである。

☆ 一九六八年（ブレジネフ時代）に旧ソ連で制作されたL・ガイダイ監督のコメディー映画で、今日のロシアでも広く知られている。東洋へ外国旅行に出かけた主人公セミョーンが宝石密輸事件に巻き込まれるというストーリー。密輸業者らは腕にはめたギプスにダイヤモンドを埋め込んでソ連に持ち込もうとするが、セミョーンが転んで気を失っている間に、誤って彼にダイヤ入りのギプスがはめられてしまい、そこから騒動が始まる。「ヴォルガ」とはソ連製の自家用車の銘柄で、民警らはタクシー運転手を装い、セミョーンからダイヤを取り戻そうとする密輸業者を追う。

「**未来は変えることができるのだと私は理解する。私は眠り込んで岸辺に戻る。海はすぐさま静かになる**」。私は夢の中で眠り込み、その夢から別の夢の中へと眼を覚まし、「未来は変えることができるのだと理解する」。このような理解を、私は理解としての覚醒のレベル〔覚り〕に関連づける。そしてそれと同時に、この覚醒は眠り込むこと、すなわちもう一つの夢の平面《プラトー》に等しい。このテーマは四つのすべての夢にとって主要なテーマの一つなのであるが、それは次のような理由による。この時期ずっと私を苦しめていた問題の一つは、私の知識、私の理解がつねに私を平穏に、そして幸せにできるわけではまったくないということだった。この時期そうであったように、時折、私は自分をまったくもてあましてしまうことがある。この楽園にいながら私が鬱の淵に落ち込んでしまう、少なくとも四つの理由が私には分かっているのだが、しかしアントン・チェルニャク〔「クロヴォストーク」のラッパー〕、別名シロのしわがれ声の絶望のラップを私は陰鬱にただ繰り返すだけなのだ。「でも誰が仏僧になるなんて約束したというんだ?!」

音楽は新たに繰り返し私を支えてくれる。ある意味でそれは精神分析よりも強力であったりする。音楽はつねに変わらず、抵抗という特徴をおのれのうちに有している。精神分析への抵抗も、精神分析への抵抗も含めてである。研究対象としての音楽が、このように文学や造形芸術とは異なるのだということを、その諸著作で指摘したのはテオドール・ライクだった。意味、内容、合理性は、音楽の分析からは滑り落ちてしまう。音楽は分析しえぬものとしての地位を獲得するのだとも言えよう。音楽的情動はいかなる合理的な秩序にも帰することができない。たとえその秩序がヤニス・クセナキスにおけるように数学的、かつ建築的に計算されているとしても。音楽は人を昂揚させるが、音楽の中のまさに何が昂揚させるのかを言うことはできない。「何?」という問いは、抽象からの抽象、象徴的なものからの抽象には適用しがたいのである。

もちろん夢はまず第一に視覚的なものであるが、しかしそこではしばしば種々の声が響きわたる。夢の中では会話がなされるが、音楽は稀である。こういったことを理解するのは、私にとっては単純ではない。というのも、私の夢の中では非常によく音楽が聞かれるからである〔「私の夢」――奇妙な語結合、奇妙な所有権だ〕。同時に、夢における音楽の不在という現象自体は、私にはきわめて示唆的なことのように思える。夢はシニフィアン――語と形象を用いて作業する。どの程度まで、例えばジェット機、フルート、エンジン鋸、あるいは木琴の音は、音そのものとして見なしうるのだろうか?

フロイトの夢美術館でのある講演で、わが友人の精神病理学者ヴィクトル・パヴロヴィチ・サモフヴァロフ〔第1章四〇ページの訳註☆☆参照〕は、夢は音楽の音をイメージに翻訳すると語った。彼は包括的な音色《トーン》と形態《フォーム》との対訳辞書を編纂することもできるとさえ考えている。この考えは私には興味深く思えるが、もちろんそれは包括的な辞書を作る目論見という点においてではない。「クロヴォストーク」の歌詞はいかなる形態に帰しうるというのか? その歌詞はいかなるスクリャービン的色彩☆に染めうるというのか? アントンの唸り――「でも誰が仏僧になるなんて約束したというんだ?! いったい誰に?!」——において重要なのは、言葉というよりはイントネーション、問いかけ、絶望の深さである。この叫びは断崖、海、空を貫く。叫びは静寂《しじま》に響き渡る。叫びは深とした〔棺の〕沈黙を生む。

☆ 音色と色彩との照応関係を探求し、自作で色光ピアノを用いた作曲家A・スクリャービンの共感覚《シネステジア》的傾向への暗示。

バンコクから帰って二週間ほど経ったとき、私は仏教寺院《ダツァン》であるブリャート人☆と話をしたことがあったが、「猿の眼」の夢にまつわる経緯《いきさつ》を語って聞かせると、彼はそれに答えて、喜んでこう叫んだ。「どうしてそんなことになったのか、私は知っていますよ！ 前世であなたは仏僧か、仏僧の妻だったのです！」私は興奮してすぐさま「まさにそうです！ 仏僧の妻だったんです！」と叫んだのだが、私の頭の中ではまたしてもあの歌詞が鳴り始めていた。「でも誰が仏僧になるなんて約束したというんだ?!」いかなる覚醒もここでは問題ではない。仏教的な意味での覚醒、覚りでさえ、ここではいささかも問題ではない。大乗仏教の伝統にとってはその目的である覚りでさえも。上座部仏教の追随者たちにとって、目的となるのは涅槃《ニルヴァーナ》であり、覚りではないとするなら、大乗仏教にとっては、涅槃は輪廻と等しい。龍樹が言うように、涅槃の境界であるものは、同様に輪廻の境界でもあるのだ。これら二つの境界の間に、我々は差異の朧げな影さえ見いだすことができない。輪廻とは差異化する意識により構成《コンストラクト》された、涅槃の幻覚的な相《アスペクト》なのである。龍樹によりなされている脱構築《ディコンストラクション》は明白である。つまり、涅槃がただ輪廻との関係においてのみ涅槃であり、輪廻がただ涅槃との関係においてのみ輪廻である以上、両概念は「それ自体としては」空虚なものということになる。そうであるならば、仏〔buddiiskie〕僧がなんであろうか！ 未来〔budushchee〕がなんであろうか！

☆ ロシア連邦シベリアに居住するモンゴル系民族。同じくロシア連邦内に居住するカルムィク人、トゥヴァ人とならびチベット仏教を信仰する。ダツァンはチベット仏教寺院のこと。一九一三年、仏教学者シチェルバツコイや画家リョーリヒらの後押しもあって建立されたペテルブルグのグンゼチョイネイ・ダツァンは、今日でもヨーロッパ・ロシアにおける仏教の最大の拠点とされる。

龍樹はこう語った。

現在と未来がただ過去との関係においてのみ存在するのだとするなら、それらは過去の中にすでに存在するのでなければならない。

現在と未来が過去の中に存在しないとするなら、どうしてそれらはただ過去との関係においてのみ存在しうるのだろうか？

現在と未来の存在が過去と無関係には証明しえない以上、現在も未来もないということがそこから帰結する。まったく同様に、過去と未来はそれ自体としては存在しない。それらはもっぱら現在との関係においてのみ存在するからである。〔『中論』第十九章〕

予言の可能性、予言を信じることは、未来に対する統制《コントロール》という幻想を打ち立てる。時間に対する統制である。時間という幻想に対する統制である。トマス・ド・クインシーはその嘆息の書、“Suspiria de profundis”の中で、時間に対する権力こそが阿片の最も効力ある特質であると書きとめている。しかし、捉えられず、約分できず、理解できぬものに対する権力を、いったいいかにして打ち立てることができるのだろうか。「人間はただ現在時を自由にできるにすぎないが、その現在時は人間に対して、蜘蛛の巣から撚ったきわめて細い糸よりも小さな可能性しか、支えとしては提供しない……実際に存在する時間は数学的な点にまで収縮されうるが、こうした点でさえ、我々がその誕生を告げ知らせることができるまでには千回も消滅してしまう」。点は自らの誕生の前に消滅する。正確には、我々がその誕生を伝えることができる前に。上書きすることと消去することが主体のテクストを絶え間なく書き換える。あらゆる痕跡が保たれてゆく。あらゆる痕跡が変換されてゆく。保たれてゆき、かつ変換されてゆく。ド・クインシーは、人間の脳とは何か？と自問する。そしてこう答える——巨大なパリンプセプトだと。「私の脳はパリンプセプトだ」——こうド・クインシーは書いている——「おお読者よ、あなたの脳もまたそうなのだ」。

夢においては、記憶のパリンプセプトに書かれた様々な時間の間の置換が活発になる。「猿の眼」の夢は、なぜよりによってスモレンスク〔第1章三七ページ訳註☆参照〕にいた時期——人生の「第二の」時期——へと夢の中で執拗に還ってゆくのかという、自分自身に向けて発された驚きに対する答えである。その答えは、それこそが現在なのだ！というものである。正確には、近い過去、近い未来、近い現在である。何ものも忘却されてはいないのだ。

「忘却することは不可能である」――ド・クインシーはその『告白』の中でこう語って、彼の親族の一人に起こった出来事を記述している。この親族は川に落ちてしまい、すでに死を覚悟していた。しかし突然、一瞬のうちに彼は自分の全人生を、あたかも鏡に映っているかのように目にしたのだった。彼は全人生をそっくり包括する能力をおのれのうちに感じた。自分はこの話を自身の阿片服用体験にもとづいて無条件に信じると、ド・クインシーは書いている。彼が達した結論は、人間にとって忘却することは不可能であるというものであった。

「未来は変えることができるのだと私は理解する。私は眠り込んで岸辺に戻る」。夢の中で状況を変えること、それは夢が私を操っているのではなく、「私」が夢を操っているということである。私は夢の中で眠り込む。別の平面《プラトー》に移行するのだ。状況、未来を変えるために。この変更のうちにこそ、おそらくは精神分析の実践も、仏教の実践も存するのだろう。

「猿の賢そうな眼が同意を示すように私を見ている」。このエピソードは、猿と意識との象徴的同一視とは矛盾している。意識は一つの表象のもとに長いこと留まっていることができず、猿が枝から枝へと跳び移るように、表象から表象へと跳んでゆくのだ。☆

☆　六窓一猿。すでに言及された六識を生じさせる感覚器官である六根を窓に喩え、心識の働きをその窓をあちこち覗き回る猿に喩えたもの。

「猿の賢そうな眼が同意を示すように私を見ている」。バンコクへと発つ前日。ポダ島。日が暮れてゆく。周りには人気《ひとけ》がない。ただ猿の家族がいるだけだ。家族の長が向かいに座っている。私は彼にパイナップルの残りを差し伸べる。彼は全部食べてしまうと、その不動の視線の焦点を私に定める。時間が凍てつく。跳び移る気配もない。明らかなのは、私はこの底なしの中に自己の底なし以外の何ものも見ることができないということだけだ。その眼が同意を示すように私を見ているのかどうかは分からない。いつから猿たちは同意を示すように見るようになったのだろうか？　同族たちの病態を同意を示すように見るように？「猿の眼」を覗きながら私が知っていることと言えば、私はもうけっしてここには戻ってくるまいということだけである。たとえどうしようもなく戻りたくなったとしても。

3　二〇〇四年十二月十九／二十日。アオナンン。「誕生夜」

ザポリナヤ通りにあったわが家のアパート、だが時間は今である。私たちのところにママが客に来ている。晩、私は部屋一つ一つを通り過ぎてゆく。もう夜中の一時なのにママは寝ていないので、私はそれを声に出して驚く。彼女が答えて言うには、私たちが早く床に就いたことなどないということだ。私は続けて自室である両親の寝室に向かう。ある看護婦の部屋。彼女のところへ「陸軍大佐」タイプの大柄の叔父が押し入ってくる。彼は出ていったばかりなのだが、今また戻ってきたのだと私は理解する。彼はバタバタ音をたてながら、自分は今度は……いや、歯が痛むのではなく、胃炎なのだと言う。彼はどさりと椅子に座りこむと、すぐに口の広い試験管二本に赤ワインを注ぐ。私は思う――彼は病気なんかではまったくなく、看護婦に言い寄っているのだ。シーラ・チャンドラの声が響く。女の子たちの家に遊びに出かけるのはもうよそう、出かけたら帰りは一時近くになってしまい、ママが心配するだろうからと悟りつつ、さらに歩き続ける。ちょっと窓辺で煙草でも吸おうか。さらにだだ広い部屋を二つ通り過ぎる。一番奥の部屋で若い女がたった一人でソファに横たわっている。これは家族の秘密――すなわちママの妹なのだと私は理解する。

いくつかの時間が一つになっている。夢の冒頭は、私が大体五歳から十歳まで暮らしていたアパートを示しているが、「**だが時間は今である**」。時刻は晩で、「**私はそれぞれの部屋を通り抜けてゆき**」、「**もう夜中の一時**」であるのに「**ママは寝ていない**」。

「夜中の一時〔chas〕」は夢の中で二回繰り返される。それは新たなる日の最初の時刻、午前の最初の時刻である。それは深夜の時刻でもある。それは時間の尺度としての時間〔chas 一時間、二時間という場合の時間〕でもある。

この夢はすぐさま私に「近親者について」の夢という感覚を呼び起こす。親族、およびそれに代わる人々、すなわちママ、看護婦、大柄の叔父、ママの妹といった人々についての夢である。冒頭で「原情景のフレーズ」とでも呼びうるようなショッキングなフレーズが現れる。「**私は続けて自室である両親の寝室に向かう**」。私はただ単に私を生んだ人々の寝室に向かうのではなく、私は「**自室に**」「**両親の寝室に**」向かうのだ。そればかりか、私は「**続けて自室に向かい**」、「**続けて……両親の寝室に向かう**」。家族の秘密は誕生と結びついている。誕生が秘密でないことはありえない。それで私は「**続けて向かう**」〔歩き続ける〕のだ。存在の基礎は起源の〔という〕幻想《ファンタズム》である。この幻想の基礎にあるのは、私は両親の欲望においていかなる位置を占めていたのかという問いである。まさにこの欲望において私の存在は意味づけられる。

しかしながら、夢の字句に従うならば、私の両親の寝室（でないもの）が秘密である。「**家族の秘密**——すなわちママの妹」。ママと妹の交代はインセストの許可なのだろうか？　妹はどこから現れたのだろうか？　というのも私のママには妹などいないのだから。妹〔sestra〕の出現を可能にしているのは看護婦〔medsestra〕である。ちなみに、この看護婦には自分の部屋すらある。

ママと看護婦の交代は家族小説の改変である。夢の黙示録的利用についての映画『天のろくろ』〔P・ハース監督、二〇〇一年〕の冒頭で、ママの妹が主人公を誘惑する。若い男は彼女のあからさまな挑発に応じ、その場で平手打ちを食らう。若い男の欲望は攻撃性に転換する。この攻撃性こそが自動車事故で叔母を殺すのである。正確には、惹きつけ、かつ斥けた叔母を、攻撃的欲望が夢の中で殺すのだ。目を覚ましてから、主人公は**ずっと以前に**起こった自動車事故のことを知る。欲望が時間同士の秩序を乱す。罪の感覚が若い男を夢学者、未来の精神分析家のもとへと導く。こんなふうにしてこの映画は始まる。なぜ私はこんなことを思い出したのだろうか？　なぜなら「**家族の秘密はママの妹**〔mamina sestra〕」、ということは叔母、ということはm－妹〔sestra〕、ということは看護婦〔medsestra〕だからである。

ちなみにママは医科大学で学んでいた。彼女は医者になるのを夢みていたのだ。彼女の欲望を邪魔したのは戦争だった。夢の中の看護婦は、外見的にはママを髣髴とさせるところはまったくない。しかし再度繰り返そう。彼女は**私たちの**住居に**自分の**部屋を持っているのだ。この女はいったい何者なのだろうか？　幾分かはママである。幾分かはそうでない。いずれにせよ、「それ自体としての」看護婦は私のうちに性欲を呼び覚ます。私が病気になり、まだ若い娘である医者が往診に来ると、寒さで凍てついた彼女の瑞々しさが、のぼせた私の頭の中で、毛布の下で熱を出している身体と一つになったものだった。彼女は毛布を剥がした。彼女は胸腔を打診し、腹を触診し、彼女の両手は下腹部へと下りていった……しかしながら、これは思いやりのあるママというだけではなく、また抽象的な看護婦というだけでもない。

私のママにいるのは弟であり、妹ではない。夢は弟を妹に変え、叔母を叔父に変えている。そればかりか、それはある時期わが家に暮らしていた娘であると私は確信している。彼女はソファに横たわっている。寝椅子に横たわっている。この娘はなんという名前だったろうか？　もしかしてイーラか？　なぜイーラなのだろうか？　疑念が私を苦しめる。そのとき私が何歳だったのかもよく思い出せない。ただ覚えているのは、彼女がわが家で暮らしていたのは数ヶ月、おそらくは半年ばかりだということだ。パリの恋人のところへ行けないことで苦しんでいたことを覚えている。彼女はある長篇小説にとりつかれていた。タイから戻った直後に私はママに電話をして、その娘の名前を訊ねた。ママはすぐに思い出すことができなかった。二時間後に彼女は私に電話をしてきて、こう言った。「女の子の名前はイーラよ。彼女は若くてきれいで、何ヶ月か家にいたのだったわ。そのときヴェーニャ（私の兄）が兵役に行っていたんだから、あんたが大体十歳か九歳くらいのときね」。私は彼女の名が「ＩＲＡ」という意味深く、長きにわたる列なりに組み込まれていることだけでなく、この娘の顔の輪郭が一つの列なりを形づくっていることをも理解した。ようやく今になって、なぜモニカ・ヴィッティ Monica Vitti が自分にあのようなメランコリー、あのような甘美な憂愁を呼び起こすのかが私には分かった。なぜ私はアントニオーニの『情事』がこんなにも好きなのか、なぜ私は『結婚大追跡』を観るため、映画館「スメーナ」にいつもせっせと通っていたのかが分かったのである。イーラその人は、美の範例を刻みつけた後、私の記憶の中では消し去られたかのようである。イーラは「おまえは私をすでに見いだしているのでなければ、私を探そうとはしなかっただろうに」という形で知られる、範例的な状況を生みだしたのだ。範例の輪郭が再構成されんとしている。反復強迫のメカニズムがイーラ・ヴィーチ **Ira Viti** なるものを構成せんとしている。

〈名〉と〈形態〉〔名色《みょうしき》〕、「イーラ・ヴィーチ」。モニカ・ヴィッティの顔を思い出しながら、突然、私は彼女の名に驚く。なんでまたモニカなのか？しかも、彼女の名が私の気に入らないだけでなく、私はその姓を間違って書いている——“t”が二つではなく、一つなのだ。だからモニカ・ヴィーチ〔Monica Viti〕、正確にはイーラ・ヴィーチ〔Ira Viti〕ということになる。属格が、イーラが誰のものかを示している。誰のイーラか？——ヴィーチャのイーラだ。☆

☆「ヴィーチ」は著者の名ヴィクトルの愛称ヴィーチャ Vitya の属格の形。したがって「イーラ・ヴィーチは」「ヴィーチャのイーラ」を意味する。

こうした範例を業《カルマ》的範例と呼ぶことも十分に可能である。「イーラ」という名、および「ヴィッティ」という形象は、記憶痕跡、業的痕跡なのだ。これらの痕跡は表象への囚われを形成する。「業的痕跡」とは何か？——心的現実のうちに保たれ、未来に影響を及ぼす行為の諸結果である。おのれの道の途上でこの「名」、そして／あるいはこの「イメージ」に出会うとき、私には熱烈に恋するチャンスがあったのだ。業的痕跡は心の中の種子に似ている。どんな反応も心の中に痕跡を残す。業はおのれ自らを増やしてゆく。これこそは輪廻の車輪、すなわち行為〔作用〕と反応〔反作用〕の終わりなき循環である。業的痕跡というものは経験を撮った写真を思わせると、リンポチェ・テンジンは書いている。我々はいわば眠り〔夢〕の暗闇の中でフィルムを現像するのだ。眠り〔夢〕の中での想起がプロジェクターの光によって記憶の痕跡を照らしだし、それらの痕跡が夢の諸イメージ、および諸経験という形で現像されるのだ。我々はそうした諸イメージ、および諸経験を、映画フィルムのショットのようにして繫ぎあわせる。

このようにして心理は働き、何か筋の通ったものが得られてゆく。まったく同様の過程は現《うつつ》においてもたえず起こっており、一般に「固有の体験」と見なされているものを生みだしてゆく。こうした過程を動かす力は、夢におけるほうが理解しやすい。というのも、夢においては物質界と意識による限定から自由なものとして、その力を観察することができるからである。

〈名〉と〈形態〉、「イーラ・ヴィーチ」。対象には名と形態、名色《ナマルーパ》がある。しかしながら、言葉は、龍樹が言うように、つねに否定をしか意味することがない。より正確には、否定の連続をしか含んでいない。一般化、ないしはある概念に当てはめることは、個々の例から出発し、それら個々の例とは異なるものをすべて排除することに存する。しかし、観念、概念は、そうした否定の一つの列なり、ないしはいくつかの列なりをしかおのれのうちに含んでいない。こうして、言語の価値は否定という特質にあることになる……言語が記述するのは関係のみであり、物そのものではないのだ。龍樹が指摘するところによれば、言語はただ相対的価値しか有していない、すなわち、言語はそれ自体としては存在しておらず、関係と否定のおかげで存在しているのだ。まさにそのことにより、言語はシューニャ、すなわち空《くう》に近似することになる。

　こうしたことは、龍樹のみならず、フロイトにとってもおなじみのことであった。しかも、フロイトは言葉と否定にすでにまったく特別な地位を付与している——人間の否定的生成〔否定性により人間となること〕という地位である。抑圧から、発話において可能となる否定への移行は、主体化、すなわち人間生成〔人間となること〕でもあるのだ。発話により否定がなされたということは、事後的には、何らかの（「存在しなかった」）考えが存在することが肯定［Bejahung］されたことになる。かつてフロイトの注意を抑圧されたものの、否定における止揚［Aufhebung——まさにこのヘーゲル弁証法における原理的概念をフロイトは用いている］へと惹きつけたのは、ツェツィーリエ・Mという名の患者だった〔『ヒステリー研究』参照〕。彼女は無意識の中にすでに存在している表象を、発話中の否定によって呼び招いたのである。これは未来についての想起であった。これは何かが久しくなかったことについての想起であったが、それはこの何かがすでにあり、かつあったことを意味していたのだ。夜毎、魔女たちを目にすることはもう久しくないと彼女が言うとき、それが意味するのはただ一つ——彼女は次の夜、必ず魔女たちを目にするだろうということである。魔女たちにはすでに現れる用意ができているのだ。

「イーラ・ヴィーチ」という業《カルマ》的系列は、私が一年生のときに好きになった別の女の子によって開かれる。彼女は痩せていて色白で、大変元気でよく動き回る子だった。彼女はもちろんイーラという名だった（「もちろん」とは事後的にである）。その後、私はそのような名の何人かの女の子と付き合うことになる。「最初の」イーラの姓を私は突然、思い出した——ルサクだ。私の両親は、私がマリーナ・チェルニャクという子と付き合えばよいと思っていたのだが、私はイーラ・ルサクがよかったのである。

家庭の秘密——「妹《セストラー》」——はさらにもう一つの回想を呼び起こす。私の兄についてである。私が十三歳のとき、私の兄は十八歳だったラリーサと付き合い始めた。部屋の中で二人は何をしているのか？「おまえの兄貴と俺の姉貴《セストラー》はヤッてるんだぜ〔shpokayutsya〕」——あるとき一人の同級生がこう私に言ったことがあった。この奇妙な動詞、シャンパンの瓶から飛び出すコルクの効果を引き起こす動詞を、私は今に到るまで覚えている。その話を聞いたときの自分の驚きようも覚えている。奇妙なことだが、私はもう十三歳だったのに、どうも何か理解したくないことがあったようである。とりわけ自分の兄に関して。私の友人はそのとき冗談を言ったのだった。ラリーサは彼の姉ではなかった。彼は残忍な少年ではなかった。私が呆然としているのを見ると謝ってきた。私はラリーサが彼の姉ではないことが分かると、すぐに安心した。

表象への業《カルマ》的な囚われをどうしたら〔何をしたら〕よいのだろうか？「イーラ・ヴィーチ」をどうしたらよいのだろうか？なぜ何かをしなければならないのだろうか？何らかの危険があるのだろうか？幻覚の次元の危険か？だが幻覚の次元とはいかなる次元なのだろうか？危険はただ無意識的な投射の中にしかない。リンポチェ・テンジンが言うには、推論の手順《プロセス》を用いて、我々が感じる情動は先行する業的痕跡の産物にすぎないということを心に留めておけばよいのだ。そうすれば、我々はもうそれほど強固に自分自身と、ある情動、ないしは視点とを同一視することもなくなり、また自分がとっている防衛態勢から抜け出すこともできるだろう。我々が恋着、ないしは敵意によって応ずることをしないならば、将来の業の種子は生み出されないのだ。

夢において業《カルマ》的痕跡は心的現実の中に現れるが、その心的現実は意識だけに限定されない。日中は意識が諸感覚を照らしだし、我々は個々の感覚的、および心理的印象を自らの生という意味づけられた全体へと編みあげつつ、世界を知覚する。夜には意識は諸感覚を放りだし、自らの基礎のうちに安らぐ。業的痕跡は夢の種子であるわけだから、それらが完全に尽きてしまった後は、ただ意識があるという状態の純粋な光だけが残る。映画も、筋書きも、夢も、またそれを見る者もない。光の浸透〔prosvetlenie 意識がはっきりとすること〕が夢を終わらせるのもそのためであり、それが覚醒と呼ばれるものなのだ――このようにリンポチェ・テンジンは語っている。

私にとって最も謎めいた仏教の問題は、もし「我」が幻覚であるのならば、いったい何が転生するのかというものである。輪廻の車輪の彼岸へと出てゆくのは何なのだろうか？「彼岸」や「此岸」というものはなく、それはメビウスの輪の幻覚的な両面なのだということは分かる。何が転生するのかという形で問いを立ててはならないということも分かるのだが、しかしそれでもである。そもそも私は何を根拠に、転生の理論は仏教のものだなどと言っているのだろうか？広く流布している誤解に反して、そもそも仏教には生まれ変わり、ないしは輪廻に関するいかなる教説もないのだと、エヴゲニイ・アレクセエヴィチ・トルチノフは書いている。

私の頭にフロイトの著作『自我とエス』の中のある箇所が思い浮かぶ。そこでフロイトは唐突に転生、**Reinkarnation** という語を用いているのだ。そこで話題になっているのは、超自我の由来が最初期の対象備給にあるということである。フロイトは考えられないような思考の宙返りをして見せており、心的装置の三つの審級を互いに結びつけてゆくのだが、それを系統発生論的と同時に、輪廻説的に行なっているのである。この一節を読みながら私は当惑する。ここではいったい何が起こっているんだ?! 私の当惑は、三つの審級の手の込んだ結びつきというよりは、精神分析の領域においてラマルク主義とインド宗教が引き合わされているということから来ている。フロイトは次のように書いている。超自我はエディプス的関係の遺産として発生するわけなので、こうした由来により超自我は、エスの系統発生上の遺産と結びつき、また以前に形成され、エスの中に自らの痕跡を残している自我の新たな生まれ変わり［Reinkarnation］となるのだと。

いずれにせよ、遺産という負債はメランコリックな経験へと人を導く。まさに誕生という負債がであり、転生という幸福にして悪夢がではない。しかし同時に、転生とは新たな誕生である。繰り返し新たな誕生だ。新しいものは何もない。古いものはなにもない。「ただ単に」試みが、おのれの誕生を思うままにしようとする試みがあるだけだ。「ただ単に」希求が、おのれを思うままにしようとする希求があるだけだ。「ただ単に」欲望が、これらの負債と遺産の中におのれを見いだそうとする欲望があるだけだ。「ただ単に」理解が、次のようなおぼろげな理解があるだけだ。そこに誰を見いだそうと、これだけはおまえは見いだせまい――「おのれ自身」だけは。誰にも探しだせない。探すべきものもない。

転生とは何かを作り変えようとする試みであるかのようだ。新たに生まれよう、生まれ変わろうとする試みである。この不可能な試みは、すでにおのれのうちにメランコリックな絶望を含んでいる。ああ、なんたることだ、もう一度すべて最初からとは。驚くべきは、白人の兄弟が転生を幸福と見なしているのに（「いい宗教をインド人たちは思いついたものだ」）、当のインド人たちはこの転生の連鎖の中に何もよいものを見ていないということである。またしても生まれなければならない。またしても誕生だ〔rozhdenie〕。またしても親類たちだ〔rodstvenniki〕。

親類たちについての夢はさらにもう一人、看護婦に言い寄る「『陸軍大佐』タイプの大柄の叔父」なる人物を呈示している。この「陸軍大佐」は「私」である。というのは、これが「私の」夢だからというだけでなく、この人物が私の青春時代の最も近しい友人だからでもある。それればかりか、「陸軍大佐」というあだ名はいわば外向けのものであり、セルゲイ・Bの内輪でのあだ名は「叔父さん」であった。私の叔父は私の友人である。私の友人はいつものように「口の広い試験管二本に赤ワインを注ぐ」陸軍大佐である。いや違う、いつもは彼は口の広い試験管にワインを注いだりはしなかったが、しかしここにはやはり看護婦がいるのだ。試験管に注がれたワインは、ワインではなく薬である。医者のお勧め、学者のお墨付き〔広告の決まり文句〕というわけだ……

叔父、叔母、兄弟、姉妹――これが私に理解可能な親戚関係の最大限度である。従兄弟やその他の関係となると、私にはもっとややこしいものになってしまう。偶然のことではないのだ。

「病気なんかではなく、看護婦に言い寄っているのだ」。彼は客に来ている。彼は**Gast**〔客〕だ。彼には胃炎〔gastrit〕がある。彼は通りから来た〔たまたまそこに居合わせた〕客、**Gast-street**だ。「陸軍大佐」―「叔父」―「もう一人の私」〔アルター・エゴ〕が「妹《セストラー》」に言い寄っている。**「看護婦《セストラー》に言い寄っている」**のであり、**「病気なんかではない」**。彼の位置には私、病気である私がいるべきなのだ。ここでは子供の性的空想と、病気になったときの副次的な役得とが一つになっている。叔父は言い寄っている〔zaigryvaet〕。レコードを擦り切れるまで聞く〔zaigryvaet〕。音楽が鳴っている。**「シーラ・チャンドラの声が響く」**。このイギリス生まれのインド人歌手の魅惑的な声は、私にサイレーンたちのことを思い出させる。声は歌う。**Your love is an ocean. An ocean refuses no rever. Waiting for the time when we can be alone together. Alone together. Eternally.**〔アナタノ愛ハ大洋。大洋ハドンナ河モ拒ミハシナイ。私タチガ二人キリニナレル時ヲ待ッテイル。二人キリニ。永遠ニ〕この声は引き戻す。客の亡霊、**Gast-Geist**のもとへ引き戻すのか？イーラ・ルサクのもとへ引き戻すのか？私は彼女の声を覚えているように思う。あるいは、それはママが聞いた私の声なのだろうか？

声とは部分対象、自体愛の対象である。音楽の快楽の中に、象徴的去勢を回避する可能性が存するというのはその通りである。音楽が意味の秩序の確立、意味づけられた秩序に激しく抵抗というのは明白である。

それればかりか、声は身体に属し、かつ属さない。象徴的なものと、たえずそれから滑り落ちてゆくものとの出会いが可能である、そのような「身体部分」に声は対応している。音楽の快楽は象徴的なものの彼岸にある。音として鳴り響く対象は、ラカンの言う残滓対象、シニフィアンの記録簿《レジスター》に記憶痕跡として書き込まれる際に失われてしまった、快楽の対象である。失われた快楽の対象の探究は、その対象を欲望の曖昧な対象、永遠に他なるものへの熱情の対象に変える。**Love is an ocean.** いまにも声の抑えがきかなくなりそうだ。今にも声が叫びに移行しそうだ。今にも最後の防御スクリーンが決壊しそうだ。今にも耐えがたい現実的《リアル》なもの〔現実界〕が襲いかかってきそうだ……しかし、そうはならない……**Alone together...** 言葉は保たれる。記憶痕跡が言葉を引き戻すのだ。

シーラ・チャンドラの声がゆっくりと、「でも誰が仏僧になるなんて約束したというんだ?! いったい誰に?!」というアントン・チェルニャクの声に覆われてゆく。このところ私たちはよく「クロヴォストーク」現象について議論する。メランコリックな声が、極限までアグレッシヴ、セクシュアルで切り詰められた語彙の中に人を沈め込む。私たちはこうした語彙をアントンの、ディスクールに対する作業の結果として、芸術的産物として受けとめている。そこでは言表と言表行為との間の距離が保たれている。この隙間が惹き寄せの場〔mesto privlechenija 人気の場所〕、欲動の働く場〔mesto pri vlechenii〕を生みだすのだ。ちなみに私の場合、子供の頃から――ロバート・プラントやオジー・オズボーンが何のことを歌っているのか、見当もつかなかった頃から――声の意味的要素は後景に退いていた。言葉は二義的であった。声の動きが一義的だったのである。

　旅から戻った後、デツルという名で知られるラッパーがわが家に客にやって来て、私たちは「クロヴォストーク」現象について話をした。私たちにとって「クロヴォストーク」とは熟慮《リフレクト》された〔自省の〕産物である。アントンは自分が何を行なっているのかを知っており、彼が行なっていることと、それに関する彼の考えの間には隙間が残っている。この隙間は私たちにとって大いに価値あるものなのだが、それこそがデツルにとっては苛立ちの核心なのだった。デツルは「クロヴォストーク」がラップ界の内輪においてどのように受け取られているかを話した。ラップとは生きざまであり、そこで口に発されることはすべて額面通りに受け取られる。**言葉**には責任を持たなければならない。「俺は自分が経験したことだけを歌う、これがラップの掟だ」――こうデツルは語った。ラップ・ミュージックはストリートの音楽なのだから、ディスクールを支配するのは次のごとき有名な掟である。〔口に〕吐いたことには責任を持て! 掟に従った言葉を! 何かが実際にあったのか、なかったのかは区別できないということに立脚する仏教的、ないし精神分析的立論が、ラッパーには受け入れられないというのは無理もない。ディスクールの幻想《ファンタズム》性は、フロイトが実際的《プラクティカル》現実と呼んだものにおいては考慮されないのだ。主体としてのアントン・チェルニャクの超ディスクール性について語っても意味はない。言葉は嘘をつくことが**けっしてない**が、そうでありながら**つねに**嘘をつくということを引き合いにだしても仕方がない。アントンを、その領域に犯罪的な国家イデオロギーという大他者のディスクールが透けて見えているメディア的主体だと断じる理由もない。

「**……声が響く**」。まさに声がである。言葉（だけ）ではない。言葉の詩情《ポエジー》である。言葉の旋律《メロス》である。言葉の叫びである。私は声の動きを覚えている。言葉は覚えていない。音楽は私を新たに繰り返し統合する。違法の〔掟のない〕快楽の懐へと引き戻す。象徴的なものからの退避という幻惑へと。掟の字句の彼方の場へと。

「**ザポリナヤ通りにあったわが家のアパート、だが時間は今である。私たちのところにママが客に来ている**」。覚醒時の論理の観点からすれば、ここには矛盾が含まれている。最初の文は、いかなる客もいないことを示している。私は自分の家、ママとパパのいる家にいる。二番目の文は次のことを示している。私は自分の家にいるが、それはすでに両親の家ではない。私は自分の家にいるが、ママは「**私たちのところに客に来ている**」。ここのところ毎年、ママは私たちのところに客に来て休息し、英気を養っている。夢の中では私たちは位置を交替している。私はママと位置を代わっているのだ。私は自分とママとをごっちゃにしている。この点に抑鬱性がある。不安が始まるとき、実質的には毎回、私はそれが「私のではない」、「ママの不安」であることを理解する。諸々の喪失と転居という来歴における、戦争と疎開におけるママの不安である。移動に対する反動は不動化である。私は動けなくなる。私は麻痺する。一時的に死ぬ。この不動の状態から抜け出させてくれることができるのは、ただ音楽の音だけである。初めて鳴り響く音楽の。繰り返される音楽の。繰り返されえぬ音楽の中の。私は初めのうちはまだ、音楽の趣味に従って自分の人生を区切ることができた。例えば夢の中の私の友人、「**『陸軍大佐』タイプの大柄の叔父**」は、私たちが一緒に――「**口の広い試験管に注がれた赤ワイン**」をお伴に――**Roxy Music** や **David Bowie** を聞いて過ごした時代を示している。夢の中の「大佐叔父さん」は、彼が一度も来たことのない「**ザポリナヤ通りにあったわが家のアパート**」にいることになっているが、私にとってこのアパートは **Black Sabbath** や **Red Zeppelin** の精神によって隅々まで満たされている。「大佐叔父さん」が「**看護婦に言い寄って**」いる間、鳴っているのは、すでに「**シーラ・チャンドラの声**」だ――これは日中の印象の残滓である。

私の人生を区切るには、音楽の趣味はいまやすっかり錯綜してしまっているので、住んでいた場所に従うのが一番容易である。第一の、四歳までの時期は、私の思い出によれば最も抑鬱的な時期である。この時期は私を「誕生夜《バースナイト》」へと差し向ける。すでに青年時代から私には、皆には誕生日《バースデイ》〔昼〕があるが、自分にあるのは誕生夜であるように思えた。私が生まれたのが「時刻にして」朝の六時だったとしてもである。これは単にいかなる物理的な日の出もありえなかったのだ。朝の六時でも、朝の九時でも、正午においてでさえも。この――ムルマンスク☆での――時期について、私には五つの思い出が保たれている。その際、これらの思い出がその後の象徴化‐かつ‐幻覚化により「汚され」、「曇らされ」、「作られて」いることは私には分かっている。私はこれらの幻覚、現実的《リアル》なものの幻覚を、仮に次のように記述する。

☆ ノルウェーとの国境近くにある旧ソ連時代からの軍港都市で、著者マージンはそこで生まれた。北極圏に位置するため、冬季には太陽がほとんど昇らない極夜の現象が見られる。

一つめ――「生の際《きわ》で。私は最も長い夜に北氷洋の見えるところで生まれた」。

二つめ――「死との出会いと転生。私の夜中の泣き声がパパの忍耐の限度を超え、ママの話によれば、彼女は最後の何分の一秒かのところでパパの手から私を救いだした」。

三つめ――「見捨てられ・一。乳母が私を乳母車に乗せたまま、道の真ん中に置き去りにした」（そして水兵さんとキスをしに行ってしまった――これはこの話になるとママが決まってする補足であり、もちろん私が乳母車の中からそんなところを観察することは、いかなる状況であれできなかった）。

四つめ――「見捨てられ・二。ママが離れて行ってしまい、私は彼女の姿を通りのまっ暗闇の中に見失う」。

五つめ――「シセカ。悪い男の子と付き合ったらだめだよ」（この幼稚園の友だちの名と姿はナースチャとの分析のときに浮かんだ）。

南インド洋の日中の輝かしい太陽のもとで、私はふたたび北氷洋の極夜を経験する。思考を目覚めさせ、亡霊たちを生み、動悸にリズムを与える夜をである。誕生夜をである。誕生、転生、再生の夜をである。周囲のものすべてが、誕生だけが苦しみなのではなく、生も死もまたそうなのだということを思い出させる。周囲のものすべてが思い出させるのだ。誕生夜が四囲のものの輝かしさを際立たせる。周囲が輝かしければ、それだけ夜は暗くなる。私にとって最も奇妙で思いがけなかったのは、消滅してしまった現実〔現実界〕の流れが凝固し、いくつもの空洞、鐘乳石、石筍となって並ぶ断崖の、脅かすような不気味な美しさである。ケタミン的断崖とレントゲン的雲の間に、スピーカーを通したヨシフ・ブロツキイの声が響き渡る。

これは一連の観察である　隅は暖かい
眼差しは物の上に痕《あと》を残す
水はさながらガラスである
人間はその骸骨よりも怖い

どこでもない所でワインと過ごす冬の晩
柳の林が押し寄せてくるベランダ
身体《からだ》は肘の上で安らう
氷河なしの氷堆石のように

千年の後には窓の日除けの向こうから
貝の身が取り出されることだろう
房飾りに浮きあがる話し掛ける者もない口の
「おやすみ」という押印とともに☆

かつて私はこの詩をそらで覚えていた。今は個々の断片が私のことを思い出す。かつて若い頃、私の人生は仏教の国スリランカで変わった。今、私はふたたび仏教国にいる。記憶の中に四聖諦〔四つの聖なる真理〕が浮かぶのも、驚くべきことではない。

第一の聖諦は苦、ドゥフカについての真理であるが、それは次のごときフロイトの言葉の木魂のように響く。「我々の課題は苦しんでいる人間をただの不幸な人間にすることに存する」。E・A・トルチノフは四聖諦を「病人に診断を下し、処置を指示する医者の処方箋」と関連づける。この比喩はけっして偶然のものではないと彼は書いている。仏陀を生けるものらの医者、彼らを輪廻の苦しみから治療する医者として見なすことは、十分に可能なのだ。第一の聖諦は病について語る。第二の聖諦〔集〕はその病の原因を示す。第三の聖諦〔滅〕は可能な処置について語る。第四の聖諦〔道〕は、苦しむ存在、存在論的に不幸な存在である人間を病から解放された存在へと変革する計画案である。

私の夢、この物語の中には一人、不在の人物がいる——父である。登場人物はママ、看護婦、叔父、妹だ。父は空虚な場所である。この場所を占めているのは精神分析家だ。この場所を占めているのは私だ。精神分析家とは、ドゥルーズとガタリが憤りつつ書いた権威的な父ではなく、知を付与された全能の神ではなく、知っている**とされる主体**☆であり、分析主体《アナリザン》がそこに自らの欲望を探し求める空虚な場所なのである。夢においてはこの不在こそが父で「ある」。ドアの向こうへ出てゆくママの欲望だ。ママは夢の中で私に「**私たちが早く床に就いたことなどない**」と言い、「**私は続けて、自室である両親の寝室に向かう**」。床に就くために。私は父なのだ。父の代わりに私がいる。ただ場所だけが私にはない。

☆　連作『言葉の部分』（一九七五—七六）中の一篇。ブロツキイは一九七二年にソ連からの強制出国を言い渡されアメリカに亡命、『言葉の部分』も七七年にアメリカで出版された。

ドアの向こうは神秘的で誘惑的な空虚である（左図参照）。

☆　ラカンがセミネール第十一巻『精神分析の四基本概念』（一九六四）で提出している概念。日本語では通常「知を想定された主体」、「知っていると想定された主体」と訳されている。

この空虚は場所である。空虚な場所だ。誰が場所を占めることになるのかという疑問符だ。この空虚は空《シューニャ》ではなく、抽象としての、非‐具体的なものとしての空虚である。フロイトはこうした空虚の埋め合わせを、精神界と名づけている――表象、想起、判断の世界である。ラカンはこうした充溢した空虚を、象徴的なもの〔象徴界〕と名づけている。欲望が定式化《フォーミュラ》される。名と形態《フォーム》〔名色〕を獲得する。

この空虚は欲望を方向づけもする。子供の欲望は、母の欲望になりたいという欲望だ。だがなんたることか。母の欲望はさらにどこかへと方向づけられているのだ。このさらにどこかへこそが欲望を組織するのである。欲望はつねにさらにどこかへと向けられることだろう。満たされえない、幻覚的な欲望というのが、精神分析と仏教に期待されている〔欲望されている〕テーマだ。「きみが何を欲しているのか私に話してみたまえ――私はきみが何者であるのかをきみに話してあげよう」――かつてチェーホフはこのように書いた。この欲望の主体は精神分析と仏教の主体である。ただしチェーホフにおける主体は、精神分析の主体とは異なり、欲望を口にすることができる、すなわち、彼はそれを知っているのだ。精神分析の主体は分裂しており、永久に自らの欲望から疎外されており、永遠にそれを探し求めるよう定められている。「おのれの欲望に固執して」というラカンの定式〔セミネール第七巻『精神分析の倫理』参照〕は、私にとっては最も複雑で、かつ最も原理的なものだ。いかなる欲望なのだろうか――おのれの欲望とは？　欲望とはつねにすでに横領〔我有化〕されたもの、同化されたものであり、そうでありながらつねにすでに疎外されたものなのだから。

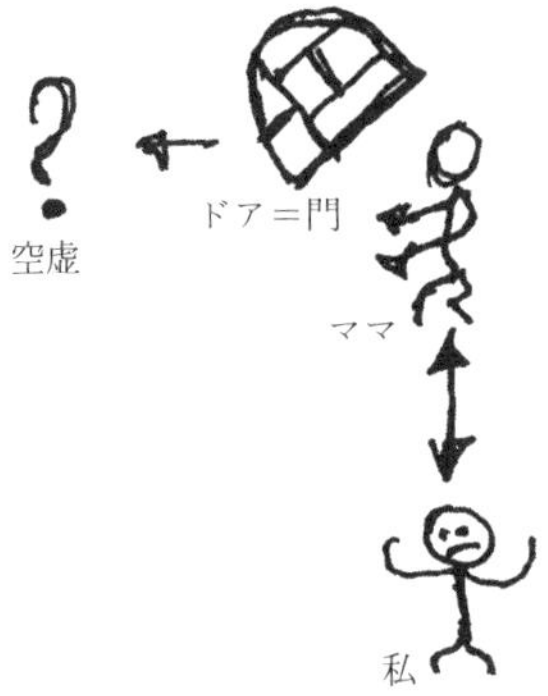

疎外された欲望と〔大文字の〕〈他者〉の欲望は、メランコリーの、すなわち心的なものの持つ空虚の中への自己の喪失の、空《くう》的な基盤の一つである。私は〈他者〉のおかげで存在している。しかし、状況の恐しさは、〈他者〉は私なしでも十分に存在するということにある。〈他者〉がなければ私は空虚である。しかしながら、〈他者〉には私の他にもさらに欲望の対象があるのだ。

空虚は外傷《トラウマ》、現実的なもの（から）の疎外、快楽と結びついている。セルジオ・ベンヴェヌート〔イタリアの精神分析家、哲学者〕が書いているように、芸術とヒステリーはこの空虚をめぐって組織されている。宗教と強迫神経症はこうした空虚から逃れる手段である。科学とパラノイアはこうした空虚を信じまいとすることに由来する。

第二の聖諦は、苦の原因としての欲についての真理である。この原因は恋着、欲望、生への執着である。この原因は恋着の裏面、反対符号の付いた恋着としての嫌悪である。欲望は業《カルマ》を書く。欲望は業によって書かれる。

業は通常、思われているような運命ではない。業は行為である。行為は結果へと導く。行為とは物理的行為（振舞い）、言語的行為（言表）、そして心理的行為（思考）のことだ。業はハイデッガーが被投性と名づけたものと相関している。生まれた国、生まれた家族は、いつも私をあからさまに動揺させてきた問題である。私の両親は今でも私の若い頃の不平を笑い草にする。なんで自分をジンバブエかどこかで生まずに、よりによって「世界で最も自由な国」、ソヴィエト連邦という出生地を見つけだしたのか、こう私は文句を言っていたのだ。

業《カルマ》的な存在様態は、状況と役割の反復性、同じ一つのものが周期的に再現されるという堪らない単調さにスイッチを入れる。人間は制約の奴隷であり、トルチノフが書いているように、活動的というよりは、受動的な位置に置かれてしまっている。人間は業の種子が撒かれた畑に存在している。種子は発芽し、自らの内容を外に投射する。その結果、阿頼耶識は自らを経験的《エンピリカル》主体という形で捉え、自らとそれを同一視する。どちらが先にあったのか――種子の投射の行為か、あるいは知覚の過程で阿頼耶識の袋の中に種子を詰めることかについては、どちらとも言えない。この問いはまったく不適切である。というのも、これらの過程はいかなる絶対的な始まりも持たず、それらは永遠の〔始まりのない〕もののなのだから。

眠る者の心的現実が彼の阿頼耶識である。この現実は自らの内容を夢の経験的主体、および多数の客体という形で捉え、主体はこれら客体を客観的世界に属する現実的な物と見なす。主体も客体も眠る者の心的現実の投射にすぎず、どちらもこの眠る者に帰するにもかかわらずである。夢のための材料は覚醒時の体験から汲まれ、阿頼耶識は心的体験の新たな「一分量《ポーション》」のための材料を、もっぱら先行する心的体験から得る。眠る者は自らの夢のための材料を先行する夢から借りる。

どうやら一つの問題が表に出ないままになっているようだ――情動の問題である。業《カルマ》的記憶痕跡と情動は、どう相関しているのだろうか？　輪廻的存在様態の基礎には三つの基本的な情動――煩悩《クレーシャ》がある。無知〔痴《ち》〕、怒り〔瞋《しん》〕、貪欲〔貪《とん》〕である。紀元五世紀の上座部仏教の思想家仏 音《ブッダゴーサ》は『清浄道論《ヴィスディマッガ》』という論文の中で、情動を次のように定義している。「汚れを与える情動とは次のごとき現象‐法《ダルマ》である。貪欲、怒り、無知、僑り、邪見、疑い、無関心である。これら自体が汚れており、またこれらに接触してくるあらゆる法に汚れを与える」〔第二十二章〕。業、そして汚れを与える情動が輪廻の原因である。依存と執着がそうした存在様態を支えているのだ。まさに「我」の感覚と、そこから生じる「我」への執着こそが、他のあらゆる執着、貪欲、恋着、すなわち、煩悩――生けるものを輪廻的存在様態の泥沼に引きずりこむ、汚れた情動性としての煩悩――を形づくるあらゆるものの源泉なのである。

仏教の理想――いかなる者にも執着せず、あらゆるものに同情する――は、今日の条件下においては完全に到達不可能であるように思える。麻薬資本主義《ナルコキャピタリズム》が、消費する「我」の揺るぎなさに対する確信を形成する一方で、その目指す課題が依存関係のシステムを作り出すことである、そのような条件下においては。マス・メディア的な生息環境とは、依存の諸対象を生みだし、維持し、たえず再定式化する環境である。この環境は緊張を維持する環境、生を模造する環境、死の現実性に抵抗する環境である。

フロイトはその著作『快感原則の彼岸』において、内部の刺激的緊張の停止へと向かう、心的生の支配的傾向について書いている。それは平静へと向かい……涅 槃《ニルヴァーナ》へと向かうのだ。以前は、この著作でもそうだが、彼はこの原則を恒常原則、快感原則と呼んでいたのだが、突如バーバラ・ロウを参照しつつ、涅槃原則と呼ぶのである。いや、彼はけっして「突如」としてこの一歩を踏んだのではない。心的生のこの法則は、彼にとっては死の欲動の作用を裏づけるために不可欠なものなのだった。生とは涅槃の猶予であり、先送りである。道を切り詰め〔近道をし〕よう、先延ばしをやめようとする欲望もここに由来する。私の場合も、津波の一件からくる奇妙な感覚――見逃されたチャンスという感覚はここに由来するのかもしれない。そうしたことは他の人々も分かっている。アフリカ〔セルゲイ・ブガーエフ。第1章三八ページの訳註☆を参照〕は故国の地で会ったとき、こう叫んだ。「第二の誕生おめでとう……！　あなたには残念かもしれないけど。もう苦しみは終わったかもしれなかったのにね！」

ラカンは涅槃原則を快感原則ではなく、反復強迫の原則と結びつけている。一九六九年十一月二十六日、新年度のセミネール『精神分析の裏面』を始めるにあたり彼は、フロイトが一九二〇年に生を、涅槃へと導く傾斜の上での抵抗として呈示していることに注意を促している。フロイトはそれを分析の体験において、言表行為《パロール》において見いだしたのだった。もう一つラカンが強調しているのは、生はすでに一度踏みならされた同じ道を通って回帰してくるという点である。業《カルマ》だろうか？

（死の）欲動は知と結びついている。知のほうは、ある閾において、快楽への途上において生を止める。死への道は快楽と呼ばれているものに他ならないのだとラカンは言う。

仏陀の場合、苦の停止についての真理である第三の聖諦が、涅槃について語っている。シチェルバツコイはこの概念〔滅〕を、サンスクリット語から〔火の〕消滅、減衰と翻訳している。しかし、消えるのは存在ではなく、存在への貪欲である。執着、情動、欲動が消滅するのだ。

4　二〇〇四年十二月二十一／二十二日。アオナン。「誇大妄想の終わり」

一面、書類やファイルが散らかっている旅行会社のオフィスの類の部屋の中にミハイル・ミハイロヴィチ〔・レシェトニコフ〕、インゲ・ショルツ＝シュトラッサー〔Scholz-Strasser〕がいる。私のほうにロバート・ストーが駆け寄っできて、私の発表を賞賛するので、私はインゲのところへ近づいてゆくことができなかった。いったい何の発表のことなのか分からない。発表なら自分はたくさんやったと私は言う。私のところにアイルランド・テレビの局員が三人やって来て、私についての映画を撮りたいと言う。そうしたいのなら撮ってくださいと私は答える。閑散とした市役所広場へ降りてゆき、ロシアの奥地へ講演をしに行くためにポンコツと言っていいような車に乗り、それから下へ降り、広場の中心にある何かの記念碑の前で、雪まじりの泥の上に棒で発表の題名を描く――「ブレジネフとフロイト」である。ポンコツ車に乗り込んでハンドルをとり、記念碑の周りをゆっくりと回る。巨大な影を持つ三人の酔っ払いが現れる。一人が他の二人に、もっと飲んで、それから女の子たちのところに遊びに行こうと説得しているが、そうしながら彼は地面を蹴るスキーヤーの身振りをし、顔からアスファルトの上に倒れてしまう。彼らは私を捕まえようとするが、私は一人を棒で突き倒し、彼はまたしてもアスファルトにぶち当たってしまう。トゥクトゥクはやっとのことで動き、私は自分が取り押さえられないように夢〔眠り〕を中断する。

「誇大妄想の終わり」という題名はすぐに私の頭に浮かんだ。この誇大妄想は自我《モワ》の膨張と結びついている。最初は地位のある人々に頼ってである。夢は**「旅行会社のオフィス」**での二人の院長《ディレクター》と館長M・MとШ・Ш☆、および一人の大物キュレーターR・Sとの出会いから始まる。ちなみに私は最後の人物とはそもそも知り合いではない。それから私は熱をこめて**「発表なら自分はたくさんやった」**と言明する――これが二つめの余計な誇張〔膨張〕である。それから**「私のところにアイルランド・テレビの局員が三人やって来て、私についての映画を撮りたいと言う」**。私は彼らに**「撮ってください」**と言い、**「降りてゆく」**。戸外で誇大妄想に終わりが訪れる。私は地上に降りるのだ。

☆　Ш・Шはショルツ＝シュトラッサーをキリル文字で表記した際の頭文字。第1章にある通り、レシェトニコフはペテルブルグの東ヨーロッパ精神分析学院の院長、ショルツ＝シュトラッサーはウィーンのフロイト博物館の館長。

私にとって興味深いのは、私の覚醒時の目からすると、これは見るからに滑稽な、見えすいた嘘の誇張だということだ。もし私が〔夢ではなく〕現《うつつ》で誇張をしようとするならば、まったく別の人々、自分についての別の事柄、別のマス・メディアについて語ったはずで、アイルランド・テレビについて語りだすことはけっしてなかっただろう。もしかすると、夢は誇張というものが持つグロテスクな性格を示そうとしているのだろうか？　しかしそれならば、私自身がいる必要はあるだろうか？　もしかすると、問題なのはそもそも私ではないのだろうか？

いずれにせよ私が確信しているのは、ロバート・ストー〔Robert Storr〕の登場が示しているのが、アメリカの精神科医、精神分析家のロバート・ストーラー〔Robert Stoller〕ではなく、オレーシャとの同一化なのだということだ。彼女はこのニューヨークの芸術史学者と知り合いなのである。オレーシャは彼と共にエルミタージュで開かれた〔イリヤ・〕カバコフの創作に関する学会で演壇に立ったことがある。発表をしたのは彼女であり、私ではないのだ。さらに彼女は自分の発表をあからさまな自己卑下で、後にいろいろと言われることになる次のような言葉で始めたのだった。「ここに集まっていらっしゃる著名な方々に比べると、私は自分などは野良の子犬のように感じます」。このような自己卑下は場違いであり、まったく不公平でさえあるように私には思われた。この夢に関してきわめて重要なのは次のことである。私にはオレーシャは見えていないのだが、彼女がそこにいるということを私はいたってはっきりと感じているのだ。まさにそれがゆえに、彼女とは私のことなのだと私は確信するのである。どうして私は彼女を見ることができよう、彼女が私なのだとしたら？

何よりも私を驚かせたのは、夢のメモにアイルランド・テレビとあったことである。オーストリアやスロヴェニア、クロアチアやドイツのテレビ局とのインタビューのことは覚えているが、アイルランドのテレビ局は……なぜアイルランドなのだろうか？　アイルランドとは私にとって何なのだろうか？　アイルランド共和軍、ジェイムス・ジョイス、U2。ボノの音楽のファンであったことは私は一度もない。ジョイスにとりつかれたことも同様に一度もない。ではアイルランド共和軍はどうか――これは……アイルランド共和軍ではない。アイルランド共和軍はIRAだ。アイルランド・テレビはその中に名を秘めているのだ。

人格とはいったい何かと問われると、仏教徒たちはこう答える。**名にすぎない**と。というのも、ただ名だけが、一定の秩序で統一された精神物理学的諸要素の群を示すのだから。ナーガセーナはミリンダ王との対話の中でこう語っている。人格とは、五群に分かれる経験の諸要素〔五蘊〕が一定の仕方で秩序づけられた統一体を示す名にすぎないと。

「そうしたいのなら撮ってください」と私は言って降りてゆき、〔膨張するのではなく〕縮こまり、「何かの記念碑」、無名の忘れ去られた記念碑に近づき、「雪まじりの泥の上に棒で発表の題名を描く――『ブレジネフとフロイト』である」。昨日、ミャウがオレーシャに砂の上でタイ語の単語の書き方を教えていた。さらに前、蟹たちが砂の上に残した痕《あと》を見つめながら、その文字の美しさに私は歓喜していた。そして、中国の言い伝えによれば、川岸の砂の上に残された鳥の足跡を観察した人物が文字を考えだしたことになっている、ということを思いだした。すでにこの物語は、多くの人によって――例えば、違った仕方でベンヤミンとデリダによって――述べられているパラドックス、書字よりも前に読解が現れるというパラドックスを示している。人間は最初に読むことを学び、それから書くことを学ぶのだ。ちなみにウィトゲンシュタインも、夢形象を言語記号、そして砂の上の痕に喩えている。彼はリーズ〔イギリスの哲学者。ウィトゲンシュタインの弟子にして遺稿管理人〕にこう語っている。夢の形象には言語記号と一定の関係を有する何かがある――砂の上の痕のような。

「雪まじりの泥の上に棒で」描かれた発表の題名、「ブレジネフとフロイト」は、タイの砂と故郷のぬかるみの交替と同様、私を驚かせはしない。この題名はもちろん滑稽なものであり、これもまた「誇大妄想の終わり」を示しているのだが、しかしここにはある種の歴史的、理論的な裏面もある。「精神分析はソヴィエト連邦では禁じられていた」という主張は、きわめて議論の余地があるもののように私には思える。とりわけ、私がよく知っている「後期社会主義」の時代においては。そうした公理は西欧民主主義の擁護者たちからも、精神分析家たちからも支持されている。ブレジネフ時代にフロイトの著作を見つけるのはそれほど大変なことではなかったし、とりたてて用心することもなくそれらを読むことができた。それればかりか、今日とは違って私は誰からもフロイトに対する憎しみの発露を聞くことがなかった。それは今では国家公務員やロシア国立精神分析連盟会員の口から、とりわけ明確に聞かれるものなのだが。こうした憎しみはフロイトの理論、テクストではなく、彼の名、すなわちいわゆるフロイトの「人格」に関わっている。テクストは何か不可侵なものとして、手を触れられずに脇にやられている。テクストは聖なるものなのだ。

仏陀の遺骸の分配が終わると、真正な仏陀の言葉と見なされていた経《スートラ》のテクストが舎利塔《ストゥーパ》に納められ始めた。仏陀が彼の教説、法《ダルマ》である以上、経は仏陀なのだ。聖骸〔moshchi〕は経なのだ。テクストの力〔moshch〕である。いわゆる「二夜の理論」☆は、はなはだ重要であり、精神分析的でさえあるように私には思える。その理論によると、仏陀は悟りを開いた夜から涅槃への解脱の夜まで、そもそも一言も口にしなかったというのだ。ただ彼の心的現実だけが、人々が彼のところへ持ってくるあらゆる問題を曇りのない鏡のように映しだし、彼らに無言の答えを与え、人々はそれを様々な経という形で言語化したのだった。こうした読解行為において、仏陀はまさにラカンが精神分析家に割り当てた位置を占めていることになる。

☆『楞伽経』などで述べられている考え。「われ某夜に最正覚を成じてより、ないし某夜にまさに涅槃に入るまで、その中間において一字を説かず、また已説せず、また当説せず、不説はこれ仏説なり」（中村元『華厳経・楞伽経』（東京書籍）、二一二頁）。

砂の上に書かれたものは満ちてゆく水が拭い去ってしまう。このようにして曼陀羅、形態、空間は消滅する。心的な空間、夢の空間は。空間とは純粋な潜在性であるとテンジンは書いている。そこには上も下もなく、「内部」と「外部」への分割もなく、境界ないし限定もない。これらはみな我々が空間に帰する性質であり、空間そのものの性質といったものではない。空間について語ることのできることは少なく、それゆえ我々は通常、空間がそうでないものから出発して空間を記述するのである。

「巨大な影を持つ三人の酔っ払いが現れる。一人が他の二人に、もっと飲んで、それから女の子たちのところに遊びに行こうと説得しているが、そうしながら彼は地面を蹴るスキーヤーの身振りをし、顔からアスファルトの上に倒れてしまう。彼らは私を捕まえようとするが、私は一人を棒で突き倒し、彼はまたしてもアスファルトにぶち当たってしまう」。このエピソードの空間は部分的に、またしてもバンコクへ発つ前に観直してみた子供時代の映画、『ダイヤの腕』により規定されている。この映画の有名な決まり文句の一つに次のようなものがある。「俺も奴みたいになるに違いないんだ」――こうセミョーン・セミョヌィチ・ゴルブンコフが言うのである。「しこたま飲めば、そうなるよ」――警官たちは彼にこう答えて、「顔からアスファルトの上に」倒れている男を自分たちのトゥクトゥクに担ぎ込む。☆ 私は手に棒を持っている。「スキーヤー」には棒はない、棒を投げつけたいという彼の欲望にもかかわらず。棒――打ちつける音〔stuk〕――トゥクトゥク〔tuktuk〕。

☆ 映画『ダイヤの腕』の中で、泥酔して路上に倒れている男が民警に運ばれてゆくのを見ながら、密輸業者に襲われるのを恐れている主人公セミョーンが有名な台詞を言うシーン。ソ連ではヒットした映画の中の台詞が流行語のようにして広がるという現象が日常的に起こっており、そうした台詞を集めた辞書の類が今日でも出版されている。ちなみに、この台詞を直訳するなら「彼〔それ〕の場所に私はあるはず〔べき〕である」であり、フロイトの有名な言葉、「エス〔それ〕があったところに自我〔私〕があるべきである Wo es war, soll ich werden.」と類似している。

私は「ロシアの奥地へ講演をしに行くためにポンコツと言っていいような車に乗る」。「トゥクトゥクはやっとのことで動く」。後者のくだりは、バンコクでの私たちとトゥクトゥクの運転手とのやり取りを描いている。私たちは次のように話をつけた。彼の利益に従って、私たちはあちこちの宝石店に寄り、十五分の間、なんとか抑えているのだが宝石を買いたいのだという欲望を演じ、一方、運転手は「顧客」を連れてきた見返りとして、ガソリンの無料引換券をもらう。その見返りに、今度は私たちの利益に従って、運転手は各宝石店から次の仏教寺院まで私たちを連れてゆき、そこで一時間の間、待つのである。こうして宝石店と仏教寺院を順番に往き来しながら、私たちは丸一日を過ごしたのだった。

寺院で私は多くのことを考えたが、その中には布教、知の伝達のこともあった。それが去りつつあった二〇〇四年の私にとって中心的なテーマの一つだったのだ。私のスローガンはこうだった。布教者らにノーを！ 知による隷属にノーを！ 大学のディスクールにノーを！ 精神分析のディスクールにイエスを！ それはどのようなディスクールなのか？　あらかじめ決められたドグマによって可能性を閉じるのではなく、可能性を開くディスクールである。いかなる崇拝もありえない。いかなる拝跪もありえない。まだ若かった頃、非‐執着の教義のラディカルさを示す驚くべき仏教の信条を、私は内に抱いていた。仏陀に会ったら仏陀を殺せというものである。別の言い方をするなら、精神分析とは、あなたが分析的テクストを読み、解釈する中で、精神分析として組み立てるもののことである。フロイトに会ったらフロイトを殺せ。ラカンに会ったらラカンを殺せ。

精神分析と仏教は訓練《ディシプリン》であり、ということは、理論と実践を別々に引き離すことはできない。仏教寺院《ダツァン》の中にいるときだけ仏教徒であることは不可能であり、診察室の空間の中でだけ精神分析家であることは不可能だ。

どちらの訓練も、知の伝達の特殊なシステムを前提とする。誰かに精神分析を教えることは不可能であると私は確信している。精神分析を経験すること、セアンスに通うこと、家族の系譜を辿ること、そういったことは、仏教においては師のほうが仏陀よりも重要であるということをも思いださせる。師が重要である、しかしそうではあるが、あなたを仏陀にするのはあなた自身を除いてはいない。ラカンが言ったように、精神分析家の位置につく許可を分析主体《アナリザン》に出すことができるのは、分析主体自身を除いてはいないのだ。

仏教においても、精神分析においても、次のような原理的な立場が強調されている。すなわち、真理はあなたの中にあるということだ。教説とは蓄積することのできるような智恵ある考えを集めたものではなく、それに沿って歩むことのできる道なのだ。第四の聖諦は苦の停止へと導く道についての真理、高貴な八つの道〔八正道〕についての真理である。この道はもちろん心的現実の中に敷かれる。精神分析家にとっても、仏教徒にとっても。この道は周囲の世界への適応ではなく、その世界の再組織化と結びついているのであり、そうした再組織化はその中にある自己に即して、すなわち自己および周囲の世界の幻覚的なあり様に即してなされる。精神分析家にとっても、仏教徒にとっても、人間は環境に適応するのではなく、自らに合わせて環境を形成するものなのだ。

ここタイにて仏陀への果てることのない拝跪を眺めながら、私は微笑む。人々は私に同情と微笑みを呼び起こす。彼らは私に微笑みを返してくる。白い迷える子羊である私もまた同情を呼び起こしうるのだ。何年も前に私がインドからソヴィエト連邦に戻ってきたとき、案の定、誰しもが向こうは、外国はどうだったかと私に訊ねてきた。「セーニャ、ソフィー・ローレンは見た？ コカ・コーラは飲んだ？」☆ 深く考えずとも答えは訪れた。微笑みである。人々が微笑むのだ！ 彼らはまったく知らない人間である私にさえ微笑んでいたのだ！ 認める〔見とめる〕ことは可能なのだ――これが一番大事な教えであった。タイの人々が仏陀に祈禱しているとしても、それは構わないのではないか、もしそれが、何があろうとも彼らが微笑む助けになるのであれば。千の微笑みのために、どうか千手を持つ仏陀の手が足りぬことのないように。仏像に供え物をすることも、彼らにとっては意味のないことではないのだ。その意味は象徴的交換ということにある。意味は夢の領域〔pole snovidenja〕にある。意味は夢の後〔posle snovidenja〕にくる。

☆ 映画『ダイヤの腕』の中で、主人公セミョーン（セーニャはその愛称）が旅行から帰ったときに彼の妻が言う台詞。

第2部　精神分析家

3 フロイトの亡霊たちと狼男の遺産

フロイトはこの問題に近づいてゆく。彼はそれに忍び寄り、そして立ちすくみ、不意に引き下がる。脇に逸れて別の道を行くが、しかし最後にはまたその前にいる、この不幸な問題の前に。あたかも解決しがたい、解きえない、解決しえないかのような問題の前に。遺産についての問題の前に。狼男の遺産についての。セルゲイ・パンケーエフの、C《エス》・Π《ペー》☆の、S・Pの、そして……自分自身の横領〔我有化〕された亡霊的な遺産についての。心理内的《エンドサイキック》☆☆亡霊の遺産についての。この亡霊が新たに繰り返しフロイトをこの問題へと惹きつけ、そして突然、不決断の中で身動きならなくさせるのである。

☆ C・Π はセルゲイ・パンケーエフのキリル文字によるイニシャルで、同様に後出の 3・Φ はジークムント・フロイトのキリル文字によるイニシャル。

☆☆ 本文にあるように、フロイトが時おり用いている形容詞で、ドイツ語では "endopsychisch"。「内部に」という意味を表すギリシア語起源の接頭辞 "endo-" と「心的」という意味の形容詞 "psychisch" からなる。

1 系統発生的性交

フロイトが最初に狼男の系統発生的遺産について言及しているのは、彼の愛情生活の際立った特性に関連してである。「御することなど到底彼の手には負えない」、強迫的な官能的惚れ込み［**zwanghafter sinnlicher Verliebtheit**］の発作について述べながら、フロイトは――もちろん狼男の言葉を引きつつ――「**a tergo** ではない性交は、彼にはほとんど快楽を与えなかった」ことを指摘している。この精神分析家の見解によると

「このような、身体の後部に対して見られる性的な選り好みは、強迫神経症への傾向がある人々に共通する性格をなしており［…］肛門愛的素質の一つに数えられ、この結構に目立って見られる太古的《アルカイック》な諸特性に属している。**a tergo**［後ろからの］――**more ferarum**［背中からの］――性交は、系統発生的には、より古来の形態であると［**als phylogenetish ältere Form auffassen**］見なしうるからである」［21:181-182;166/40］。

こうして、**a tergo** の性交は太古的な結構により起こったことになる。こうして、系統発生的には、この結構はより古来のものである。系統発生的には、この性的体位を好むのは犬、狼、狐、その他の哺乳類動物である。ここではフロイトは単に系統発生について論じているにすぎない。今のところはまだ、彼はこの体位の継承について何も述べていない。ありうべき何らかの継承については、ただ暗示によって示されているにすぎない。こうした体位は強迫神経症の発症時に好まれるということである。この体位は当然、性愛の諸特徴、リビドーの性的再分配と結びついている。この体位は「肛門愛的素質［**anal-erotischen Veranlagung**］の一つに数えられる」のだ。「系統発生的《ファイロジェネティック》に」というのは、遺伝的《ジェネティック》にということではなく、生物発生的《バイオジェネティック》にということである。問題なのは、**a tergo** の性交に対する肛門愛的素質がママないしはパパから受け取った染色体において遺伝的に継承されたのだということでは、まったくない。問題なのは生物発生的法則、すなわち成長の過程においてまったく異なる種の諸属性が反復されるということなのである。言い換えるなら、セルゲイ・パンケーエフが強迫的惚れ込みの発作の際に再現している遺産は、父と母からではなく、犬、狐、狼から受け取られたということになる。強迫神経症への傾向がある人は、どうやら系統発生的素質を示すらしい。この素質の中に狼男となる可能性があるのだ。

しかしながら、フロイトには、起こっていることについての別の――生物発生的ではなく、精神分析的な――説明もまた用意されている。狼男が後背位性交に対して見せる選り好みは、彼自身の来歴、彼が横領〔我有化〕する来歴によって決定されているのである。正確には――彼を横領する来歴によって。彼の愛情生活の強迫的な特性《チェルター》はシニフィアンVであり、それが彼に同一性を与えているのだ。独特な線《チェルター》だ。この線は図像、数、文字である。Vは回り巡り、回帰し、転倒し、床を拭くグルーシャの広げられた両足Λ《ラムダ》に転ずる。狼、狐、犬はグルーシャの代理人だ。グルーシャはママの代理人だ。C・Πの系列「Λ」とは、このようなものである。

2 回帰したトーテムの運命

数十ページ先でフロイトは継承の問題に**回帰してくる**。この問題は遺産のことを直接は指し示していないのだが。彼はこう書いている。

「犬たちから両親への転移を行ない、父の代わりに狼を怖がるという子供の行動に、奇妙なところは何も残されていない。子供は自らの世界観の発展段階にあるのであり［**Es befindet sich ja in der Entwicklungsphase seiner Weltanshauung**］、『トーテムとタブー』では、そうした世界観はトーテミズムの回帰［**die Wiederkehr des Totemismus**］と呼ばれている」［21:193;184/61］。

子供は**父の代わりに**狼を怖がる。狼は自分に予め準備された位置を占めている。父を怖がってはいけない。狼なら怖がっても構わないし、その必要すらある。それでこそ狼は、そこに父が隠れているトーテムなのだ。狼の毛皮を被った父が、羊の毛皮を被った子に遺産として与えられたのである。

このようにしてフロイトは、アナロジーという道を通じて**太古の遺産**の方へと一歩踏みだす。『トーテムとタブー』から採られた**子供＝未開人**というアナロジーは、アナロジー、相似としてというよりは、またしても生物発生原則の流儀で理解されているようだ。すなわち、抑圧物の回帰ではなく、トーテミズムの回帰なのである。世界把握、世界観の段階という個体発生上の発展段階は、**トーテミズムの回帰**というレヴェルで系統発生上の段階を反復する。とはいえ **a tergo** の体位への傾向の継承と、恐怖症の継承との間には、やはり違いもある。継承されるのが、前者の場合は非人間的な特性（動物的体位）であり、後者の場合は初期の人類〔人間〕的特性（トーテム）なのである。

類推《アナロジー》の魔がフロイトにつきまとう。この魔《デーモン》は神経症と精神病の区別にすら絡んでくる。「狼男」の病歴のスキゾ分析的検討において、ガタリとドゥルーズはこの病歴における神経症的エピソードと精神病的エピソードについて述べているが、その際パンケーエフの分析と同時期に書かれたメタサイコロジー的論文『無意識』を参照している。この論文においてフロイトは、神経症と精神病の違いを、比較〔比喩〕の仕方の違い、アナロジーの組み立て方のスタイルの違いを通して説明している。強迫的傾向を持つヒステリー患者や神経症患者は、靴下とヴァギナとを、また傷痕と去勢とを対置しがちである。神経症患者は対象（対象〔具象〕表象）を互いに比較するが、精神病患者は語（言語表象）を比較する。あらゆる凹んだ対象にヴァギナを見、あらゆる突きでた対象にペニスを見ようとする欲望は、神経症的（精神分析的ではない）欲望について物語っているのだ。「現在、私が観察している患者は」――とフロイトは書いている――「自分の顔には誰にでも見えるにきびと深い穴があると主張している。分析が証明するところによれば、彼は自分の皮膚の上で去勢コンプレックスを演じてみせているのだ。最初、彼は何も後悔することなく自分のにきびをいじっていた。それを潰すことは彼に大きな満足をもたらしたが、それというのも、彼が言うには、潰すときにそこから何かの液が飛び出るからであった。その後、彼は自分がにきびを取ったところには決まって穴ができると思い始め、『手による絶えざる拘泥』の結果、永遠に皮膚を傷めてしまったことに対し、ひどく厳しく自分を責めることになった。にきびの中味を潰しだすことが、彼にとって自慰の代わりを果たしていたことは、まったく明白である。その後、彼の過ちにより形成された穴は女性生殖器を、すなわち、自慰により引き起こされた去勢威嚇の実現（ないしは去勢を代理する種々の幻想）を表象することになる」[20:188-189/248-249]。二つの行為――顔のにきびを潰すこと、およびペニスからの射精――の間には二つの類似がある。第一に、何らかの液が飛び出る。第二に、「穴は穴である」。統合失調症の際には、「代理を規定するのは言語表現の類似であり、〔言葉により〕意味される物の類似ではない。言葉と物が一致しないところでは、統合失調症的な代理形成は、転移神経症の際のそれとは異なるものとなる」[20:190/250-251]――こうフロイトは結論づけている。彼が記述している統合失調症的人物の病歴は、やがてルース・マック・ブランスウィックが直面しようとしている病歴をはっきりと想起させる。その病歴においては、穴と傷痕が狼の鼻の表面で置き換えられることになろう。今のところフロイトは、狼男の病歴を神経症的アナロジーに従って構成している。彼が関わっているのは対象表象に基づいた連想であり、言語表象に基づいたそれではないのだ。「穴は穴である」という精神病的モデルは影に隠れたままである。影に隠れてはいるが、しかし消えたわけではない。

精神病的モデルは連想の動きを父ないしは母のところで止めはしない。無意識は一人の人物《フィギュア》のところで視線を凍らせはしない。視線は顔の上の去勢的な穴に落ち込むことなく滑ってゆく。ガタリとドゥルーズは次のように念を押している。「無意識の問題は、当然のことながら世代［génération］〔生殖〕とは共通するものを何も有していない」［5:43/73］、誕生と、父と母の遺産と、共通するものは何も有していないのだ。

一方、神経症的発展と文化的発展のアナロジーは、フロイトにとって、アナロジーにすぎないのではなく、それは完全なアナロジーとなる。すでに『日常生活の精神病理学』において彼は次のように述べている。「おそらく、もっと周到な観察を行なうならば、民衆の伝統の形成のされ方と、個々の個人における幼児期の思い出の形成のされ方との間には、完全なアナロジーが確立されるかもしれない」［16:225/182］。類推の魔から直接的連関までが、ほんの一歩なのだ。相似と同一視とは別物のはずである。一九〇一年のフロイトはまだ等号を置いてはいない。彼は幼児期の想起〔思い出〕＝民衆の伝統の再現とは言っていない。当時の彼なら、С・Π は系統発生上の忘却の淵から〈狼〉というトーテムを取り戻したのだとは言いはしなかっただろう。С・Π は単に世界把握の段階に陥っただけであり、そこで〈狼〉が彼に向かって飛び出してゆこうとしていたのである。

――ちなみに、この狼男というのは、そもそもどこから現れたんでしょう？

――オデッサからです。誂えたかのように。狼男はフロイト自身の先史の亡霊なんですよ！

一九一〇年五月終わり。ジークムント・フロイトをセルゲイ・パンケーエフの母親が訪ねようとしている。彼女はしばしば С・Π の療養旅行に付き添っているのだ――ミュンヘン、フランクフルト、ベルリンと。この度《たび》は彼女はウィーンに向かっている。フロイトは自分のママのことを思い出す。彼女はここからほど近く、ベルガッセ十九番地から数区画行ったところに住んでいる。彼女の幼児期はオデッサで過ごされた。フロイト自身は一度も行ったことのないところで。彼の先史が生起していたところで。彼女《それ》が戻ってくる。オデッサが……ママが……☆

☆ 十九世紀末に商業都市として急速に発展したロシア南部のロストフとオデッサは、そのために多く犯罪者をも惹き寄せることになったが、マフィアらから親しみを込めて「ロストフ・パパ」、「オデッサ・ママ」と呼ばれていた（ロストフは文法的に男性、オデッサは女性の名詞）。

С・Пと**З**《ゼー》**・Ф**《エフ》を結びつけているのはオデッサだけではない。精神分析上の協力関係にあった二人を、さらにもう一つの特性《チェルター》〔線〕がつないでいる——二人共、シャツを着て生まれてきたということだ。☆ **З・Ф**との共同作業が終わる少し前に、**С・П**は「自分は『シャツを着て』この世に生れてきたのだと聞かされていたことを思い出した」。彼は「いつも自分のことを、悪いことなど何も起こりようのない特別な幸せ者と見なしていた」[21:224/105]。彼は勝者として生まれてきた。彼は**Victory**という印のもとに生まれ、ナルシスティックなシニフィアンVのもとに転生した——それは**valeo**, すなわち健やかで、強く、威力あるということだ。**volk**〔ロシア語の「狼」〕のように。自分の選良性と幸せな運命に対する確信が「ようやく彼から失われたのは、淋病疾患が自分の健康を深刻に損なっているということを、彼が認めざるをえなくなったときだった。**自分のナルシシズムに対する**この打撃に彼は打ち拉がれた。[…]そして、狼恐怖症が彼に起こったのが、彼が去勢の可能性という事実に直面したときであったことからして、どうやら彼は淋病を去勢と同列に置いたようである」[21:224/105]。まさにここから〈狼〉が飛び出してくるのである！　ナルシシズムに対する打撃——事後的に去勢恐怖を呼び起こした性病疾患が、〈狼〉を生ぜしめるのである。**Volk**が飛び出してきて、V-ナルシシズムを覆す。すなわちΛである。

☆ 具体的には、後段にあるように、羊膜に包まれて生まれてくることを指し、それは幸運に生まれついた印であるとの民間伝承が広くヨーロッパに見られる。ロシアでもそれは同様であり、ロシア語で「シャツを着て生まれる」と言えば、幸運に生まれついたことを意味する。

狼男の『回想録』の序文において、彼の精神分析上の友人であったミュリエル・ガーディナーは、パンケーエフ－とｰフロイトの言葉を次のように繰り返している。「羊膜に包まれて、すなわち『シャツを着て』生まれてきた彼は、幼児期を通して『自分のことを、嫌なことなど起こりようもない選ばれた子供と見なしていた』。[…]彼の若年性神経症が始まったのは、まさに『運命そのものが自分を庇護しているのだという希望を、彼が断念せざるをえなくなった』ときだった」[28:2-3]。神経症とはプログラムにおける不具合である。運命がそっぽを向く。これを限りにそっぽを向いてしまう。「私はいつもついていませんでした、いつも大変な不幸が私を見舞ったんです」[3:245]。シャツは、幸せな運命の兆しから、彼を世界から隔てるヴェールに転じる。夢がいわゆる現実から隔てられているように。「幸運な『シャツ』は、したがって彼を世界から、そして世界を彼から覆い隠すヴェールでもあるのだ」[21:224/106]。

このエピソードはフロイトにとって、狼男、この「他処《よそ》の民族的性格」を持つ人物の「ロシア性」のもう一つの現われなのだろうか？ それは何なのだろうか？ 運命への信仰か？ 偶然への信仰か？ 迷信か？ 運命神経症か？

偶然は運命の対立物として捉えられているのではなく、それは逆に「運命の人差し指」なのだ。偶然こそが運命を差し示すのである。ミュリエル・ガーディナーはこう書いている。「私が理解した限りでは、『偶然』は彼にあまりに強い作用を及ぼすため、彼はこれに類した多くの偶然的出来事のうちに運命の人差し指を見ようとする傾向があった。おそらくこれは、自分の強迫的な疑念とためらいを、一風変わった想像上のコイン投げによって解決するという、彼独自のやり方だったのだ」[3:259-260]。偶然は偶然のものではない。コインの回転は偶然のものではない。偶然は運命の指なのである。

肛門のヴェールの破れが、幸せな運命の軌道に戻るのを可能にする。「出生のヴェールが破れると、彼には世界が目に入り始め、彼は新たに生まれ出る。便通は子供を表しており、彼は幸せな人生を送るために再度、そうした子供になるのである」[21:224/106]。肛門のヴェールの破れは、「眼が開かれること、開け放たれた窓と類比的である」[21:225/106]。ヴェールが破れる。窓〔okno〕が開け放たれる。世界の眼〔oko〕が狼たちの凝固した眼差しで子供を見つめている。狼たちの眼差しの監視のもとで転生が行なわれる。

3　ママよ、再出生のためではなく性交のために、我を産み戻し給え

再出生〔新生〕についての諸々の幻想を、フロイトはいわゆる心理内神話に関係づけている。世界から――肛門のヴェールを引き剥がす浣腸は、さらにもう一つの――ホモセクシュアルな――機能を果たしている。浣腸は

「性交の行為を反復し、その賜物となるのが排泄物から作られた子供――またしても彼自身なのだ。再出生幻想は、またしても男性により与えられる性的満足という条件と密接に結びついているのだ。〔…〕再出生幻想〔die Wiedergeburtsphantasie〕は、ここでは、ホモセクシュアルな欲望幻想の、改竄され検閲を蒙った改訂版〔zensurierte Wiedergabe der homosexuellen Wunschphantasie〕にすぎない」［21:224;224/106］。

転生とは改訂版である。転生幻想とは、そこにおいてC・Πが母の胎内に戻ってゆく、想像を絶する想像的な〔想像界の〕結構なのだ。彼は父に見つからないように戻ってゆく。そこで父が自分に触れんがために、その闇の中で父が自分に快楽を与えんがために、密かに、それと知らず、母の身体を通って戻ってゆく。快楽を覚えながら自分自身の世界の誕生を目撃せんがために戻ってゆく。父のために、母として、自分自身を身ごもらんがために戻ってゆく。「彼が母胎へ戻ってゆくことを望むのは、単に再び生まれるためだけでなく、父が性交の際にそこで彼と出会い、彼に満足を与えるため、そして彼が父に子を産むためになのだ」［21:225/107］。

この半-単為発生的幻覚において、母とはC・Πが潜んでいるトロイの木馬である。彼は自分が身ごもることを期待して身を隠した。受胎を目撃するためにではなく、母に取って代わるために隠れたのだ。彼は快楽を覚える母である。彼は身ごもる母である。C・Πは両親の性交を見守っているのではない。彼はこの幻覚を傍から眺める者ではない。彼は内視鏡的視線を持つ胎《はら》拵え師☆である。彼は貪るような前エディプス的母と一体である。彼はすで

に狼の腹の中にいる。ここならば、「おまえを食べちゃうぞ」といった類の父の冗談は、彼には届かない。彼を食べることはできない。彼を身ごもらねばならない。彼を満足させねばならない。再出生幻覚の震央で、シニフィアンΛの非在の闇の中で、C・Π は自らの受胎の快楽に浸っている。

☆ ロシア語では "chrevosozidatel'" で「腹話術師 chrevoveshchatel'」という語から作った造語。「胎を作りだす者」を意味する。

4 V－去勢者との相続された同一化《アイデンティフィケイション》

こうしてC・Π は去勢の鋭い歯を逃れて、*Vagina* dentata☆の歯の向こうに身を隠した。去勢によって彼を威嚇したのは乳母《ニャーニャ》であり、グルーシャであるが、結局、去勢者として同定《アイデンティファイ》され、認知されたのは父であった。女性による威嚇であっても、狼への恐怖を引き起こすことは十分にありうるし、それらの威嚇が、圧倒するような男根的《ファルス》母への恐怖に由来するということも十分にありうる。尻尾は結局のところ性にかかわりなく、あらゆる狼にあるのだ（あらゆるとは言っても、当然のことながら尻尾が凍ってしまった狼、尻尾をもがれてしまった狼は別である）☆☆。言い換えるなら、雄狼／雌狼への恐怖が前エディプス的なものであるということは十分にありえたのである。

☆ ラテン語で「歯の生えた膣」を意味する。世界各地の神話に見られる形象で、フロイトにより男性の去勢不安と結びつけられた。
☆☆ 中世低地ドイツの動物叙事詩『狐ラインケ』中のエピソード。狼男は幼少期にそれを聞き知った。

3・Φ はこの恐怖に去勢的な地位を付与し、それを狼－父－去勢者と結びつける。それが前エディプス的な物恐ろしさを呼び起こすのは、事後的になのである。女性による威嚇を 3・Φ は偶然的経験と呼ぶ。正確には、彼はどういうわけか哲学的言語にすがって、それを偶有的《アクシデンタル》、すなわち一過的で非本質的な特質と呼ぶのである。かつてアリストテレスは偶有的な［symbebekota］出来事を、学問的に捉えられないものに分類した。偶有的経験は父の名の vagina－歯の向こうにあるのだ。

どうして去勢によって威嚇するのは女性たちであるのに、父が威嚇の源泉となるのだろうか？ どうして去勢者の機能が、おそらくは威嚇など行なわない者に当てがわれるのだろうか？ フロイトがこの問いについて長く思い迷うことはない。彼の前に再び、不可解な継承のメカニズムが現れる。C・Πはこの同一化を相続した、すなわち「父と去勢者との同一視」［Die Identifizierung des Vaters mit dem Kastrator］を継承したのである。同一視が継承されるというのだ！ 以下がこの、まるでフロイトにより相続されたものであるかのようなエピソードである。

「彼が直面することになった去勢威嚇、ないし去勢の仄めかしは、女性たちに発するものであったが、しかしそのことで最終的な結果が引き延ばされることはなかった。彼が誰から去勢されるのを恐れたのかと言えば、結局そうした人物となったのは、やはり父だったのである。この点では遺伝［Heredität］が偶有的経験［akzidentelle Erleben］に勝利したのである。人類の先史時代［in der Vorgeschichte der Menschheit］には疑いなく父が罰として去勢を行ない、その後それを割礼にまで軽減したのである」［21:214;211/91-92］。

こうして、Vater〔父〕と去勢者との同一化が先史時代から継承される。相続された「V」という同一化の鋏は、いつでも象徴的去勢を行なう準備がある。そして事後的に時計の針を先史時代の父へと動かす準備が。さらに先史時代の父から——例のごとく——産みの〈父の名〉へと。フロイトには、置き換えの連鎖を中断し、その連鎖を〈先史時代の父〉という人物形象《フィギュア》で閉じてしまう傾向がある。ガタリとドゥルーズは、こうした〈一者〉への、〈一匹の狼〉＝〈一人の父〉という範列《パラディグマ》への還元に批判を加えている。しかしながら、この一者は人物形象としてではなく、隙間、空虚な間-場、余白と見なすことも可能である。「というのも」——とラカンは言う——「無意識の経験において一なるものが現前するとするならば、それは無意識においては裂け目、線、断絶として現前するのだということに、あなた方は同意することになるでしょう」［9:32/32］。一者［un］の中にラカンは*Un*bewußte，すなわち無意識の接頭辞を聞き取り、無意識のことを、実のところは非概念である**一つの概念**、*Un*begriff〔非概念、不可解なもの〕として語るのである。概念／非概念。一者／余白。Vater／vagina。

スキゾ分析的視線が、狼男の精神病的局面《フェイズ》に、ルート・マック・ブランスウィックとの会話の中で発せられた彼の次の言葉《フレイズ》に向けられる。「狼はみんな父か、あるいは医者なんです！」[2:219]。彼らは彼のところまでやって来て、彼を退治しようとする。医者－父たちはぐるになっている。医者－狼－去勢者が今にもドアに押し入ろうとしている！　狼男に次の夢が想起される。

「広い通りに壁があり、その壁には閉じたドアがある。ドアの左側には大きな空《から》の箪笥があり、その引き出しには壊れていないものも、がたがきているものもある。患者は箪笥の前に立っている。彼の背後には彼の妻のぼんやりとしたシルエットがある。壁のもう一方の端の辺りに大柄な太った女性が立っており、彼女は壁の向こう側に行こうとしているかのようだ。しかし、壁の向こう側には灰色の狼の群れがいて、ドアを叩いている。狼たちの眼は光り、あたかも患者、その妻、もう一人の女性に飛びかかりたいと思っているかのようだ。患者は恐怖に駆られ、狼たちがうまく壁を跳び超えてしまうのではないかと思う」[2:217]。

太った女性は、あらゆる点から見てブランスウィックである。彼女は「壁の向こう側に行こうとしているかのようだ」。狼男は大きな空《から》の箪笥の前におり、捜索の後のように、「その引き出しには壊れていないものも、がたがきているものもある」。こんな箪笥の中には、もう隠れることはできない。狼たちは、もはやあの狼たち――白い狼たち、羊か牧羊犬みたいな狼たちではなく、灰色の本物の狼たちである。これらの狼はボリシェヴィキという狼、「狼男の箪笥を荒らし、彼の運命を没収した革命的群衆」である[5:48/82]。これは狼男の夢である。一九二〇年代の夢である。ジークムント・フロイト以後の夢だ。狼男、妻のぼんやりとしたシルエット、もう一人の女性が壁の一方に、狼たちが壁のもう一方にいる。去勢の壁は今に乗り越えられるだろう。狼の群れは今に壁を跳び超えてしまうだろう。

狼はつねに群れをなしている。ガタリとドゥルーズは一匹狼というものを認めるのを拒否する。彼らは群れが移動してゆくいくつかの線を提案する。C・Π が自分の夢を思い出しながら語っている七匹の狼は、七匹の子山羊である。六匹の狼（またしてもC・Π が自分の夢を思い出しながら語っている）が現れるのは、七匹めは子山羊、すなわち狼男自身、狼－子山羊だからである。C・Π が絵に描いた五匹の狼は、彼にとってかくも意義深いローマ数字Vから来たものだ。三匹の狼は、三回行なわれた両親の性交である。二匹の狼は **more ferarum** の性交をする二人の親、ないしは二匹の犬である。狼男は**つねに**他の狼たちの中にいるのだ！狼と暮らすのなら……〔「狼のように吠えろ」と続くロシアの諺〕狼たちに囲まれていたら、狼にならないわけにはゆかないのだ！ たとえ小ちゃな子山羊、贖罪の狼《スケイプ・ウルフ》であっても！ たとえ羊の皮を被った狼であっても！

去勢（ゼロ匹の狼）は、父（一匹の狼）との同一化が確立しない間は宙に浮いているかのようだ。前エディプス的恐怖が父の狼という人物形象上で凝固する。フロイトはこの人物形象上に去勢の運動を固定し、0／1、尻尾なし／尻尾あり、女性的／男性的といった象徴化の秩序を主張することで、去勢の運動を停止させてしまう。この停止は相続によってあらかじめ決定されているのだ。しかし、この同一化はいったいどのようにして相続されるのだろうか？ 去勢者と父を同一視しておきながら、C・Π は父に同一化しなかったということも不可解である。それでなければ、自分自身が去勢者になっていたことだろうに！ ママとの同一化がその邪魔になっているのか？ 姉のアンナとの同一化がその障害になっているのか？ 同一化と同一化の反目だろうか？

とはいうものの、去勢恐怖が〈一人の父〉という人物形象に限定されないというのは、頷けることである。幼児期神経症の発症時、C・Π は「神は豚、神は糞だ」と言っているが、そのことがすでに、この人物形象が両価的《アンビヴァレント》に分裂していることをも、単一で唯一の連関の外へと導いてゆくような置き換えがなされていることをも示唆している。C・Π のシニフィアンの網目の中で、3・Φ はすぐさま神―父―犬―豚の場所、糞を山盛りにしなければならない場所、後ろから、裏口から入ってゆかねばならない場所を占めることになるのだが、それについてフロイトは一九一〇年二月十三日、フェレンツィに次のように報告している。「強迫症状への傾向があるということで、私が［分析を］引き受けることになった若く裕福なロシア人が、最初の診察の後からもう、私に対し次のような転移を起こしました。ユダヤのペテン師が背後から自分につかみかかり、自分の頭に糞をしようと思っている、というものです」[7:24]。転移における（彼は欲する＝私は欲するという転換された形での）こうした欲望は、神と両価的な関係にあったパンケーエフの幼児期神経症をフロイトに想起させる。最初の精神分析の診察が、強迫的宗教儀式の中での関係を再現したのである。このようにして、父という人物形象への還元について語ることができる一方で、崩落のごときものについて、一連の去勢者たちが通り過ぎてゆく場所についてもまた、語ることができるのである。C・Πは、次のような動きで滑ってゆき、すり抜けてゆく、一連の捉え難い去勢者たちと渡り合おうとしているのだ。↓……父↔神↔狼↔豚↔犬↔分析家……

こうした複数性は、フロイトにおいて、**いかにして去勢「自体」に対処すべきか**？という問いとの関連で**もまた**現れることになる。この問いに対する答えとして、フロイトは**一度にいくつかの案**を提案するのである！　彼は狼男の精神生活の中で**共存している**、相反する流れについて語っている。病歴の最も重要なテーマとなるのは、患者《サブジェクト》〔主体〕の心的生活の分裂である。去勢威嚇がC・Πを分裂させるのだ。彼には「同時に二つの相反する流れがあり、その一方は去勢に対して嫌悪を覚えた[verabscheute]が、もう一方は去勢を受け入れ[anzunehmen]、その代償として女性であることに慰めを見いだす用意があった」[21:213;209/89]。一方では顔をそむける。その一方で向き返り、受け入れる。一方では父を受け入れる。その一方で父と同一化しない。一方では去勢を認めるのに嫌悪を覚える。その一方で向こう側、女性の側で去勢を認める。再出生についての幻想はこの流れの証言である。しかしながら、これですべてではない。もう一つ、三つめの流れがあるのだ。

三つめについて述べる前に、まず四つめについて述べておこう。四つめというのもあるからである。四つめの流れとは、それ特有の否認[Verleugnung]というメカニズムを持つ、フェティッシュ化である。狼男の鼻のフェティッシュ化について、フロイトは一九二七年にこう書いている。「最も注目すべきものと私に思われるのは、次の事例である。ある若者が『鼻の上のてかり』なるものを、自らのフェティッシュ的条件に祭りあげていた。このことに対する驚くべき説明が、次のような事実のうちに見いだされた。すなわち、患者は子供の頃、イギリス式の家庭教育を受け、その後ドイツに移住し、そこで自分の母語をほぼすっかり忘れてしまったというのだ。幼児期の早期の段階にさかのぼるフェティッシュは、ドイツ語ではなく、暗号文《クリプトグラフ》の言語のようにして英語で読まなければならなかったのだ。『鼻の上のてかり（Glanz）』とは、実は『鼻への視線』（glance——視線）だったのであり、つまりは鼻がフェティッシュだったのであるが、彼はその後このフェティッシュに、他人には気づくことのできない特別な光沢を、好きなように付与したのだった」[25:372-373/275]。こうして、視線が暗号文的フェティッシュとなる。狼男の心的生活の四つめの流れの視線、否認を行なう視線である。自分の眼にはフェティッシュとしての鼻は見えない。視線は鼻のてかりによってはね返されているのだ。

一方、ラカンの眼は、狼男の心的生活の、四つめではなく三つめの流れに釘づけになっている。この「最も古く、かつ最も深い」流れは、「単に去勢を放擲してしまっている[einfach verworfen hatte]」[21:213;209/89]。狼男は、彼の逃げ道である輝かしい〔光沢のある〕フェティッシュとしての鼻への視線のもとで去勢についての問題を否認するだけでなく、そもそもその問題を放擲することまでしているのだ。「去勢の現実性についての判断がまだ問題の形をとって現れてこない[das Urteil über ihre Realität noch nicht in Frage kam]」[21:213;209/89]以上、この問題はそもそも問題とはならないのである。去勢は存在しないかのようであり、また存在しえない。抑圧すべきものは何もない。その存在を拒絶すべきものは何もない。さらにまた、この流れに従うなら、否認すべきものも何もない。

これはもはや、狼男の逃げ道である倒錯的メカニズムではない。これはもはや、狼男が取りすがる神経症的メカニズムではない、というのも、フロイトが強調しているように、「抑圧[Verdrängung]」は放擲[Verwerfung]とは異なる何かである」[21:209;204/83]からだ。☆ 放擲のメカニズムは精神病的メカニズムである。作動している三つのすべてのメカニズムが、あまりにラカンを困惑させるので、彼は、自分が以前はただ笑って馬鹿にしていた「診断」を生涯で初めて下すことになる。パンケーエフは境界例の分析主体であるというのだ。狼たちとの境界にある人間である。

☆ Verwerfungというフロイトの用語は、通常、日本語では「排除」、「棄却」と訳されることが多いが、ここでは本文の論旨上、「放擲」という訳語を当てる。

ラカンの困惑が解消されるのは、彼が精神病的な、心理の構造化のメカニズム――放擲に焦点を当てるときである。ドイツ語の**Verwerfung**は、ロシア語では非難、棄却、放擲［**werfen**とは擲《なげう》つことである］と翻訳される。ラカンはどのフランス語の翻訳にも満足できない。ラカンが**Verwerfung**に当てたのは**forclusion**という語で、それは法学において期限の満了に伴う権利の喪失を意味する。セルゲイ・コンスタンチノヴィチ・パンケーエフにより〈父の名〉の遺産が受け取られる権利は、期限が満了してしまった。彼自身が、あたかもそんな権利などけっしてなかったかのように斥けてしまったのである。彼は狼男なのであり、セルゲイ・コンスタンチノヴィチではないのだ。☆

☆ コンスタンチノヴィチはセルゲイ・パンケーエフの父称。父称については第2章九二ページの訳注☆☆を参照。

狼男がラカンに示しているのは精神病誘発的メカニズムである。一九五四年二月三日のセミネールでラカンは、主体の心理の構造化において去勢の問題が他とは別格の役割を果たしていることを強調している。去勢恐怖は、去勢の彼岸たる肛門期的局面に位置する諸症状、すなわち腸の働きと結びついた諸症状を生みだす。これはC・Пが性器期的枠組みに達していないということを意味するのだろうか？――いや、意味しない。しかしながら、「フロイトが言うように、患者は幼児期の最初の成熟期、ないしは前成熟期に到達しており、自分の両親の関係の性器期的構造化〔性器期的構造として捉えること〕をより特定的な形で実現することが少なくとも部分的に可能であるほどには、十分に発育していたにもかかわらず――彼はこの関係において自分に当てられた同性愛的な立場を斥けてしまった。彼はエディプス的状況を自覚せず、彼は性器期的実現の枠組みに関わることすべてを排除し、放擲して（ドイツ語では**verwirft**）しまった。彼はこの情動的関係を正当化するという以前のやり方に戻ってしまい、肛門期的な性理論の立場に退却してしまったのだ」[8:59/72-73]。到達し、放擲してしまった。到達しないまま、放擲してしまった。放擲したのであり、抑圧したのではない、というのも「抑圧がそもそも可能であるためには、抑圧の彼岸にある何か、究極的な何か、まず最初に構成された、抑圧物の最初の核が存在するということが不可欠なのだから」[8:60/74]。放擲したが、存在を否定しはしなかった。「去勢の問題の存在に関しては、いかなる判断も生まれてこなかった――Aber etwas so, むしろそれはあたかも主体にとっては、als ob sie nicht, まったく存在しないかのようである」[8:60/73-74]。ラカンにとって、性器期的体験の実現が可能でありながら、その実現を放擲してしまうこと[Verwerfung]は、狼男の歴史〔病歴〕の根本的な契機である。その歴史から排除されたものを、セルゲイ・パンケーエフが歴史の中に組み入れることを可能にしたのは、まさにジークムント・フロイトの側からの一押しであった。この一押しの結果、「繰り返される幼児期の夢の体験は固有の意味を獲得し、それが主体の歴史の追体験ではなく、その歴史の直接的な再構成を可能にした」[8:61/75]のである。

フロイトが神経症的抑圧の継承〔相続〕を原則と見なすように勧めたことは一度もないと、ラカンは主張している。「結局のところ」――こう彼は書いている――「抑圧――ヒステリーのタイプであれ、強迫神経症のタイプであれ――がいかにして起こるかを、先天的素質によって説明する必要性などない。フロイトはその類の素質を最も一般的な基底として認めてはいるが、それを原則と見なすことはけっしてしていない」[8:60/74]。こうして、先天的素質という亡霊は「最も一般的な基底」、一般的な大きな枠組み[un grand cadre général]から発するが、しかしけっして「原則」[un principe]とはならない。いずれにしろ、狼男の病歴とは「一般的な基底」、「一般的な枠組み」〔額縁〕の顕著な例なのであり、そこには先天的素質を掲げるラマルク、ヘッケル、ユングの亡霊の姿が浮かんでいるのである。

5 放擲されたVI〔第六の〕指と死せる文字V

こうして、問題なのは、抑圧[Verdrängung]〔vytesnenie 押し除け〕ではなく排除〔ottesnenie 押し払い〕であり、否定[Verneinung]ではなく放擲[Verwerfung]、すなわち判断をする――何かを肯定ないし否定する、どのような可能性をも外へ放擲してしまうことである。ラカンは自身のセミネール『精神分析技法に関するフロイトの諸著作』において、ジャン・イポリットが否定に関する報告を行なった後、再度、指の幻覚を取り上げている。「主体がその痕跡〔名残り〕を想起と共に見いだす」ことになる幻覚である。「この痕跡は彼の生涯の五年目のときにおぼろげに垣間見られたものであるが、そこには後になって誤りであることが証明される、ある錯覚が伴っていた。主体はその痕跡のことを前にすでにフロイトに話したと思っていたのだ……」[8*:410/ 90]。この幻覚はいつその痕跡を残しえただろうか、生涯のV〔第五〕の年でなくして。

心理の構造化は、そこで主体が性器期にあるか、そうでなければ肛門期にあるというような、線的過程のごときものではない。C・Πは「性器期的現実は自分の手に届くものだということを、その行動によって示した」が、しかし「相変わらず肛門期の『性理論』が陰々と君臨している」無意識においては、この現実は結局「死せる文字」〔空文〕のままだった [8*:411/91]。死んではいるが、しかし文字なのだ! なぜ性的差異〔識別〕という現実が、死せる文字、すなわち識別されえず、また識別しない文字となったのだろうか? なぜなら、ラカンの答えによれば、「最初の心的外傷に想像的に囚われている主体が女性の位置を引き受けたために、そのときから彼にとって不可避のものとなった去勢威嚇を体験せずして、性器期的現実を受け容れることが、彼には不可能になった」[8*:411/91-92]からである。去勢とは象徴的なものの機能である。死せる文字のほうは去勢の域外にある。差異化〔識別〕されえず、また差異化しないのだ。そして、それでもやはり文字なのである。それでもやはりシニフィアンなのだ。

放擲［Verwerfung］は「象徴的秩序のあらゆる表れに、すなわちあの名高い Bejahung〔是認〕に片を付けてしまう。この Bejahung は、フロイトにおいては、属性判断がそこに起因し、かつ現実的な何かが存在を開示しつつ［…］現れうるための本源的条件に他ならない、一次的な過程として提示されている」[8*:412/93]。物の特性を規定する属性判断とは、抑圧［Verdrängung］の代理をなす否定［Verneinung］と対になって働く肯定［Bejahung］である。その際、フロイトが指摘するように、物の特性（良い、ないしは悪い）についての属性判断は、存在についての判断に先行する。言い換えるなら、物の特性は物の存在に先行するのだ。

放擲、排除、権利の喪失［Verwerfung］は、表象の肯定／否定を不可能なものにする。Verwerfung は、Verdrängung

でないだけでなく、倒錯的なVerleugnung〔否認〕でないだけでなく、象徴的なVerneinungでもないのだ。まさに象徴的なものの外へと排除され、放擲された［verwirft］表象こそは、「新たな強迫的表象の真の意味である」［23:366/4］という結論にフロイトは達する。こうして、フロイトは放擲を強迫性と結びつける。彼は強迫性神経症（狼男のものも含めて）における放擲のメカニズムについて語っているのだ。ラカンのほうは、このメカニズムの精神病的性格を指摘する。というのも、このメカニズムは象徴的な肯定／否定［Bejahung/Verneinung］の彼岸で働くものだからである。だからこそ幻覚も現れうるのだ。「象徴的なものにおいて生じなかったもの〔象徴的なものの日の光のもとに現れなかったもの〕は、現実的なもの〔現実界〕において現れ出る」［8*:413/94］。だからこそ切断された指も現れうるのだ。

『幼年期神経症の症例』において3・Φは、C・Πの心的生活の三つの流れの呈示に続いてすぐ、放擲という手段による去勢の克服についての件《くだり》に続いてすぐ、自分が『精神分析的治療におけるFausse Reconaissance（Déjà raconté）〔誤った認識（すでに話した）〕』という論文の中で、この患者の生涯の第五（V）の年に起こったという、ある幻覚のことをすでに物語っていたことを想起する。C・Πはこう回想する。

「五歳のとき、私は庭で乳母のそばで遊んでいて、すでに私の夢に現れた胡桃の木のうちの一つの樹皮をペンナイフで切っていた。私は突然、自分の小指（右手か左手かは分らない）を切断してしまい、その指がかろうじて皮だけでつながりぶら下がっているのに気づいて、戦慄した。私は痛みは感じず、ただ強い恐怖だけを感じていた。私はこのことをほんの数歩先のところにいる乳母に話す決心がつかず、すぐそこにあったベンチに腰をおろし、その指にもう一度目を向けることもできないまま座っていた。やっと落ち着きを取り戻し、指を見てみると、それはまったく無傷のままなのだった」［21:213;210/90］。

C・Πはそばにいる乳母に何かを言う決心がつかずにいる。そうする決心がつかないのか、それともそうすることができないのか？　去勢の死せる文字は、手に届くものの範囲外、可能な発語の彼岸にある。彼は痛くない。ひどく怖いだけだ。彼には起こったことを意味づける力がなく、経験している感覚を伝えることもできず、叫ぶことすらせず、愛する乳母を呼んで助け求めることもない。彼は立ちすくむが、「単に不動のまま立ちすくんでいるのではなく、時間の漏斗のようなものに引き込まれているのだ。その漏斗の中から戻ってきたときには、彼はもう、自分がどれだけずり落ち、這い上がるの繰り返し〔円環〕を克服してきたのかを勘定することもできない。通常の時間の表面に戻ってきたことも、彼自身の努力にはまったく拠っていないだけに、なおのことそうなのだ」[8*:415/97]。彼は勘定を間違えた〔外れた sbilsya〕のではない。彼はやっとのことで時間から抜け出てきた〔vybilsya〕のだ。時間の内での崩落が、幻覚の後に続く。通常の時間の表面への回帰と、幻覚との間には、時間の漏斗がなす数々の円環がある。あるいは、時間外の漏斗がなす無数の〔勘定しえない〕円環とさえ言ってもよいだろう。幻覚の後に続くのは、時間の崩落なのだ。

　幻覚が立ち現れるのは、C・Πがすでに去勢の現実性を認める用意があるときである。C・Πがタッソーの『解放されたエルサレム』におけるタンクレートと実質的に同一の体験を幻覚に見ているということに、フロイトは注意を向けている。木は女であり、C・Π自身は父の役を演じている。母の出血は、幻覚では去勢の結果生じた女性的傷と結びついている。幻覚が生じるきっかけとなったのは、「六本の指を持って生まれてきた、ある親戚の女性の話である。この余分な指はすぐさま斧で切断されたのだという。したがって、女性たちにペニスがないのは生まれてきたときに切り離されてしまったからだということになる。こうした道をたどって彼は、夢が形成される過程ですでに知っており、かつそのときは抑圧という手段によって斥けたものを、強迫神経症を発症したときに受け入れたのである」[21:214;210-211/90-91]。このようにして、夢は抑圧という手段によって追い払われたもの〔**durch Verdrängung von sich gewiesen hatte**〕を回帰させ、指をめぐる幻覚は放擲されたものを回帰させるのである。

　それでは、いったい何が放擲されているのだろうか？　フロイト－ラカンによれば、性器期的枠組み、第六の指、去勢、発語、象徴的秩序、〈父の名〉である。まさにこうした理由により、ラカンは放擲のことを精神病形成のメカニズムとして語っているのだ。〈父の名〉は、あたかもこのシニフィアンが存在したことなどなかったかのように、象徴的秩序の外に放擲される。第六の指というものが存在しないのと同様にである（切り離されてしまった幻覚性の指とは異なり、V本あった指はそのままだった）。〈父の名〉が放擲されると、それは象徴的秩序の中に穴を残す。秩序の中に穴があるのだ。このような穴を伴う主体は、精神病的構造を有する。たとえ精神病の、いかなる疾病分類学的兆候も見られなくともである。放擲された〈父の名〉は現実的なもの〔現実界〕において新たに出現するが、主体はそれを同化することができない。〈父の名〉は、幻覚的に切り離された指となって現われた、死せる文字〔空文〕なのである。

しかも、C・Πが切っているのはまさにあの、狼たちが座っていた胡桃の木の樹皮である。死せる文字を刻んでいるのだろうか？　彼が刻むのは、生きても死んでもいない文字である。現実的なもの〔現実界〕の文字という、現実離れした文字を回帰させる幻覚は、夢の木魂《エコー》となって響き渡る。夢の中にあった胡桃を切ること、それは幻覚の中で自ら自身を切ることである。死せる文字の現実性が回帰し、癒着しない傷から血となって垂れてくる。しかしながら、3・Φの注釈によれば、C・Πは後に修正を加え、彼が切っていたのは木ではなかったようだとしている。彼の感じでは、それはどうやら「別の思い出との混交のようであり、その思い出も同様に幻覚によって歪曲されている。私が木に切れ目を入れると、木の中から血が出てくるという思い出である」[21:345;210/91]。それでは、二つの思い出があるのだろうか？　それでは、二つの幻覚があるのだろうか？　木を切った——自らを切った、というように。彼の感じでは、彼はどうやら怪我をした〔porezalsya 自らを切った〕のではなく、何かを切った〔porezal〕のであり、その行為は能動的であり、再帰的ではなかった。彼の感じは、幻想の論理に一致している。血は木の傷から流れだしたのだ。狼たちの座っている木を切るまでもなかったのだ。

6　系統発生的範例

幼年期神経症の症例の第八章は「原初時代［Urzeit］からの補足——解決［Lösung］」と題されているが、そこで新たな登場人物――立羽蝶が現れる。すでに分析の初めにおいて、C・Πは「自分が黄色い縞のある、赤い大きな蝶を追いかけており、その大きな羽の先は鋭角をなしていた、すなわち、それは立羽蝶であった」ことを想起している。「蝶がある花の上に止まったのを目にしたとき、突然、彼はその昆虫に対するおぞましい恐怖に襲われ、声をあげて逃げていった」［21:216;213/94］。この思い出は、分析の終わりに到るまで不可解なままであった。分析の終わりにローマ数字Vの図形が現れたことで、ようやく事後的に［nachträglich］分析の初めの思い出が解明されたのだった。フロイトは、こうしたことがきわめてよく起こりがちであるということを強調している。分析が終わりに近づくにつれて、以前は周到に隠されていた思い出が浮かび上がり、それが、前ならば特別な意義は持たないと思われたものを解明するのである。

C・Πに起こった蝶に対する恐怖は、去勢恐怖を代理する狼に対する恐怖と類似的であると、フロイトは書いている。去勢恐怖は、フロイトにおいてこの度《たび》は、系統発生的範例と結びついている。

「そのとき分かったのは、蝶に対する恐怖が狼に対する恐怖とまったく類比的だということである。いずれの場合も、それは去勢に対する恐怖なのであり、この恐怖は、最初は去勢威嚇をした人物たちに関わっていたが、その後、系統発生的範例［phylogenetischen Vorbild］に従ってこの恐怖と結びつくはずの別の人物たちに転移されたのである」［21:221;219/101］。

系統発生的範例〔原型〕とは立羽蝶のことだろうか？ 系統発生的範例とは狼のことだろうか？ 系統発生的範例へ導くのは二つの置き換えの列である。一方は、蝶→狼→父という列である。もう一方は、乳母→グルーシャ→父という列だ。父は去勢者である。父が系統発生的範例なのだ。この範例は、蝶と狼という範例によって呼び覚まされる。恐怖は、この範例と「結びつくはず」である。父という系統発生的範例は恐怖を呼び起こさずにはいない。あたかも恐怖があらかじめ系統発生的に決定されているかのように！

これら、父という系統発生的範例へ導く置き換えの列の他に、さらに別の列もある。蝶〔babochka〕→お婆さん〔babushka〕という列である（「この虫は彼の母語では『お婆さん』と呼ばれる」[21:216;213/94]とフロイトは言う。虫の呼び名は「お婆さん」ではなく、その語と響きが似通っているということなのだが）。蝶→お婆さん〔babushki〕→女たち、娘たち〔devushki〕、女の子たち〔devochki〕。一方、毛虫と甲虫は男の子たちと結びついている。男の子－毛虫は、もしそれを駆除してしまわないならば、女の子－蝶となり、自らの羽で羽ばたくことだろう……

グルーシャは床を拭いている。彼女がそうするのを見て、C・Πは床の上に失禁する。彼の眼差しに現れた光景の上に失禁する。その罰としてグルーシャは彼に去勢威嚇を行なう。床を拭く女の煽情《エロジェニック》的なイメージは煽恐《フォボジェニック》的な去勢者－狼と結びついている。

さらに悪のりしてみよう。ΛはVに姿を変える。「蝶が花に止まり、羽を広げたり閉じたりする様は、彼にきわめて不気味な印象〔unheimlichen Eindruck〕を与えた。これは女が足を広げて、ローマ数字Vの図形になるがごとくであった……」[21:216;213-214/95]。不気味な印象は抑圧物の回帰を指し示している。不気味な印象はVとΛの間の連想によっておこる。そして、この連関は凝結したものではない。そして、この連関は単にシニフィアンの回転のうちにあるのではない。この連関は生き返りつつある文字の中にある。この連関は運動そのものの中にある。この連関は幼児性のものである。もしフロイトが子供たちを観察することがなかったならば、この連関は（大人の）彼の頭に浮かぶことすらなかっただろう。

> この考えは私の頭にはけっして浮かぶことのなかったかもしれない類のものであるが、そうした考えによって開示された連想の過程が純粋に幼児性の性格を有しているということに思いあたると、その価値は増していった。私がしばしば気づいたところによれば、**子供たちの注意**は静止している形態よりも運動のほうに、はるかに惹きつけられるものであり、**動きが似ているということに依拠して**、しばしば子供たちには、**大人なら**注意を向けずに**見逃してしまう**ような連想が現れるのである」[21:216/95]。

幼児性の連想は、堅固な特徴の類似ではなく、運動に依拠して起こる。幼児の世界は象徴的秩序によって安定化させられてはいない。その世界はクッションの綴じ目によって留められてはいない。世界ではまだ〈父の名〉が統べてはいない。世界はまだ去勢されておらず、シニフィアンによって縫われてはいない。シニフィアンはまだ〈父の名〉によって穿孔されてはいない。蝶↔お婆さん↔女↔女の子は、運動の中にある。去勢威嚇を孕む運動の中に。死せる文字を生き返らせる運動の中に。

Vはシニフィアンである。Vは図像、数字、文字である。文字は数字に、数字は文字に、文字は図像に、図像は文字に、数字は図像に、図像は数字に変換されうる。性器期的現実の死せる文字は現実的なもの〔現実界〕のうちにある。死せる文字は他の文字によって生き返るものではない、すなわち、象徴的秩序の中に組み込まれたものではない。フロイトは一方で次のように続ける。「これは女が足を広げてローマ数字Vの図形になるがごとくであった――周知のように、それはまだ子供の時分に、そして今でもそうなのだが、通常、彼に沈んだ気分が訪れた時刻なのだった」[21:216;214/95]。Vは発熱の時間である。Vは狼の時間である。Vは太古の時代の時間である。

転倒されたVは、惚れ込みという強迫的快楽の運動のシニフィアンである。C・Πの狂気の兆候である。というのも、「惚れ込んだ者は狂っている」[8:189/228]、惚れ込んだ者は「想像的なもの〔想像界〕の水準で実現された自我《モワ》」[8:190/228]を愛するからである。死せる文字を生き返らせる運動が始まるのは、いまだ先史時代のことであり、それはある特徴からある特徴への置き換えから始まる。花の上のV-蝶↓蝶の黄色い縞↓梨《グルーシャ》の黄色い縞↓グルーシャという名の、太古の時代[Urzeit]からの初恋の人、という置き換えである。グルーシャにおいて「小さな男の子だった彼は初めて、その両足の運動を目にしたのであり、それを彼はローマ数字のVという記号として記憶に留め、またそれは性器への通路を彼に開いたのだった」[21:217;215/96]。グルーシャの両足の運動は、原情景への通路を彼に開いた。彼は失禁した。グルーシャの両足の運動は、生の漲る文字への通路を彼に開いた。彼は震撼した。

追いかけられる蝶の情景、不気味な感情に変わるその情景は隠蔽記憶であり、その向こうには初恋についての思い出が隠れている。Vは蝶の羽の運動のシニフィアンである。Vは羽を広げる蝶の略図的図像〔*obraz*〕である。主観的、「個体発生的」範例〔proobraz〕である。Vは原情景と初恋との間の連関を打ち立てる。Vは強迫的惚れ込み［**Verliebtheit**］である。Vは太古の時代に由来する。Vは時間と無時間〔bezvremen'e 停滞〕の境界である。Vは去勢者のシニフィアンである。ひっくり返ったシニフィアンΛである。

7 原情景——系統発生的経験

Vは去勢恐怖のシニフィアンである。夢がそのことを裏づけている。それは主要証人なのである。グルーシャの情景と去勢恐怖との連関を、C・Пは「とりわけ意味深長な夢によって裏づけ、彼はその夢を自分で解釈してみせた。**ある人がEspeの羽をもぎ取っている夢**を見たと、彼は語ったのである」［**21:219;218/99**］。グルーシャの情景とは誘惑の情景であり、それは一方で**Wespe**, 雀蜂の去勢と結びついており、他方で原情景、両親の**a tergo**〔後背位〕の性交と結びついている。去勢者はC・Пではない。去勢者は「ある人」である。それが誰かは明らかなことだ。

原情景はフロイトに平穏を与えてくれない。一見、彼はだいぶ前から、少なくとも一八九七年九月二十一日から、そうした出来事が実際にあったのかどうかという類の問いを検討するのを放棄してしまったかに見える。一見、重要なのはただ、そうした出来事が心的現実の中で場を持つ〔起こる〕ということだけであるかに見える。しかし、現実ということに関して、何かがフロイトに平穏を与えてくれないようである。一九一四年になって彼は突如、「自分の患者において『原情景』は空想なのか、それとも現実の経験［**reales Erlebnis**］なのか、知ることができたらと思う」と書いている［**21:221;220/102**］。しかしながら一九一八年に増補された箇所では、彼はまったく別の結論に到っている。「実のところ、こうした問いを解決することは、まったく重要でないと言わねばならない」［**21:222;220/102**］。フロイトは原情景を前にして揺れているのである。

まさにこの狼男の病歴において、ジークムント・フロイトは初めて原情景の理論を展開している。しかし、それが姿を見せる―― Urszenen という複数形で――のは、この病歴よりも二十年ほど前、一八九七年五月二日付けフリース宛ての手紙においてである。このように、秋にフロイトは早期誘惑理論、すなわち「現実の経験」に関する問いの考察を放棄するのだが、春には原情景が――その後、長年にわたり姿を消すことになるのだが――姿を見せていたのである。「ヒステリー発症時に抑圧によって打ち負かされる心的形成物とは、実は思い出ではなく［…］、原情景から派生する衝動なのです」［27:253/246］。一八九七年春の時点では、抑圧されているのは思い出ではなく、衝動――興奮の力、蓄積、波である。イタリアの歴史家カルロ・ギンズブルグは、Urszenen という概念が現れるのが、このドラマチックな立場の転換、すなわち心的現実という観念への移行の直前であることを指摘している。この概念はあたかも「誘惑理論全体の頂点をなしている」かのようである［4:279/269］。原情景は一八九七年の時点では、現実の誘惑の情景と見なされている。両親の性交という意味で原情景が解されるのは、それが単数形で姿を見せるとき、フロイトの歴史において二度目、一九一四年になって狼男の症例において姿を見せるときである。退けられた理論が回帰してくる。次から次へと。

空想［Phantasie］と現実の経験［reales Erlebnis］のどちらかを選択することなく、フロイトは一九一四年、思いがけぬものと見なすこともできるような答えを出す。「両親の性的交わりの観察、幼児期における誘惑、去勢威嚇といった諸情景は、疑いなく相続〔遺伝〕された心理的資産、系統発生的遺産［unzweifelhafter ererbter Besitz, phylogenetische Erbschaft］であるが、しかし、個人的な経験の結果、獲得されたものでもありうる」［21:222;221/102-103］。なんとも奇妙な構文である。原情景も、誘惑も、去勢も「疑いなく相続された心理的資産」であるが、しかし「個人的な経験の結果、獲得されたものでもありうる」のだ。そして、さらに先のほうで、この構文は――ユングからの引用を伴って――次のような条件によって解明される。

「神経症の初期の病歴において我々が認めるのは、幼児がこうした系統発生的経験［phylogenetischen Erleben］

に頼るのは、その子の個人的な経験が不足している［wo sein eigenes Erleben nicht ausreicht］場合である、ということのみである。個人的真理の中の余白を幼児は先史的真理によって埋め、祖先たちの体験を自分自身の体験の代わりにするのである［Es füllt die Lücken der individuellen Wahrheit mit prähistorischer Warheit aus, setzt die Erfahrung der Vorahnen an die Stelle der eigenen Erfahrung ein］」［21:222;221/103. 強調は引用者］。

原情景はC・Пの病歴に関わるものであり、それは空想でも、「現実の」観察でもありうるにもかかわらず、原情景という概念は（去勢、および誘惑との関わりで）系統発生的な意味合いを獲得している。そればかりか、フロイトは公然とユングに同調している。「このような系統発生的遺伝を認めるという点で、私はユングにまったく賛成である（『無意識的過程の心理学』、一九一七年。この著作は私の『精神分析入門』には影響を及ぼすことがなかった）」［21:222;221/103］。しかしながら、すぐに本質的な留保が続く。フロイトとユングを引き離す留保である。「しかし、事前に個体発生のあらゆる可能性を汲み尽すことなしに、系統発生に頼って説明をするのは、方法論的に正しいことではないと私は考える［aber ich halte es für methodisch unrichtig, zur Erklärung aus der Phylogenese zu greifen, ehe man die Möglichkeiten der Ontogenese erschöpft hat］」［21:222;221/103］。この方法論上の要求は、「自分の経験が不足している」ときに「系統発生的経験に頼る」、あの幼児自身の立場と類比的である。フロイトとユングの違いは、フロイトはまず個体発生を汲み尽すべきであるとするのに、ユングはそれをしようとさえせずに、心理的内容を系統発生的に説明しているという点にある。フロイトは精神分析的――この場合は個体発生的――説明のための抜け道を、自分に残しているのである。彼が言うには、系統発生に頼るべきなのは、ただ個体発生によって与えられるあらゆる解釈の可能性が試し尽くされた後のみである。しかしながら、ギンズブルグの指摘によれば、「こうした、フロイト的範疇においては一貫している解釈も、二つの理由によって受け容れがたいものである。第一に、その解釈は（集合無意識に関するユングの理論とちょうど同じ様に）まったく証明されていないラマルク主義的性格の仮説に依拠している［…］。第二に、サバトや狼憑き等に関する信仰のうちに精神外傷的、性的な中核を見つけだそうとする際の、そのやり方は、恣意的に単純化されたものである」［4：282-283/273．強調は引用者］。一定の心理的内容を説明することが不可能であるがために、フロイトは問いを未解決のままにしておかず、それよりはなんらかの答え、ユングの答えのほうを選ぶに到ったのである。まったく答えることができないよりは、無責任な〔答えることのない〕ユングのほうがましである。真理がないままであるよりは、知の余白をユングの真理によって埋めるほうがましである。自分自身の歴史に余白があるよりは、先史的真理のほうがましである。「ユングにより提起された性急な系統発生的説明に対する公開論争は」——とカルロ・ギンズブルグは書いている——「このようにして、一八九七年に退けられた幼児期における誘惑の理論を突然、復権させるようフロイトを促した。ほんの数ページ前でフロイトは、狼男の治療の最終段階に関して、直截にこう書いている。『精神分析的治療から得られた諸印象の上に組み立てられた、かつての精神外傷理論は突如、再びその意義を獲得したのである』［4：280/271］。退けられた理論が回帰してくる。次から次へと。

ギンズブルグの確信するところによれば、「ユングとフロイトとの間の断絶が決定的になったのは、まさに神話との関わりにおいてである（明白な個人的不一致については言わないならば）。彼らは別々の側から歩んでいったのだ。フロイトは神経症から神話へ、ユングは逆の方向へと。しかし、ギンズブルグの見解では、問題はそうした方向性ですらなく、次の点にある。「ユングに特徴的な大雑把さ、そして厳格さの欠如が企図を破綻へと導いてしまった［…］。彼の集合無意識理論は、そうでなくても受け入れ難いフロイトのラマルク主義を極限にまで到らせている」［4：283-284/274-275］。

周知の通り、フロイトは（ユングと同様）、精神分析と、神話を研究する学問とが相互に変化してゆくことが不可欠であると確信している。「パンケーエフの分析の最初期、一九一〇年二月二日にフロイトはユングによる神話的象徴の研究に対して共感を示し、自分も同様にこの方向での探究を行なっていると告白している。『すなわち、神話および**言語の発展**というものを媒介にして通暁できると私が期待している**太古的《アルカイック》な退行**［という方向］です』」［14：104］。太古的な退行に通暁しようという欲望はフロイトを原始的思考のほうへ、トーテムとタブーのほうへ、また諸言語の発生の歴史のほうへと向かわせていった。トーテム、タブー、古代の諸言語は、個体発生的問題に対する人類発生論的答えを含んでいる。どうやらアナロジーが度を越しているようだ。どうやら生物発生論的法則が、文化の発展という領域へ移植されてしまったようだ。しかしながら、この法則（ヘッケル－ミューラーの法則、すなわち個体発生は系統発生の短い反復であるというもの）は「フロイトにとって、十九世紀と二十世紀の境のヨーロッパ文化のかなりの部分にとってと同様に、当時も、またその後も検討の必要もないドグマなのであった」［4:280/270］ということを考慮するなら、それも驚くべきことではない。一九二六年、『素人分析の問題』において、フロイトは神話について、それは精神分析的発見の証人であると書く。彼は去勢恐怖、クロノス、ウラノス、ゼウスについて書く。彼は子供の空想を神話と対置する。これらの考察は、ヘッケルの亡霊の突然の現われによって締め括られる。「あたかも幼児は、自分の心の発達において種の歴史をきわめて短い仕方で繰り返すかのようである。胎児の成長に関し、すでにかなり以前から胎生学により認められているようにである」（個体発生は系統発生を「繰り返す」）［24:85/140］。幼児は**つねにすでに**系統樹なのである。

樹はヘッケルの亡霊のもう一つの生息地である。C・Π は樹を絵に描き、3・Φ はヘッケルの系統樹を――無意識的にではあれ――想起する。この樹の上にヘッケルは個体の歴史をも、種の歴史をも描きだすわけだが、それは両者が個体発生における反復発生によって結ばれているからである。もう一本の系統樹が、もう一人のチャールズ・ダーウィンの後継者との関わりで生えている。フロイトの蔵書の中には、丹念に研究された跡のあるジョージ・ジョン・ロマネスの『人間の精神的進化』（一八八八）が保管されている。人間の幼児は生後七週間で、世界を「想像し、知覚しながら、昆虫と蜘蛛の進化点を横切る」のだと、この著者は書いている。「ちょうどこのとき、性の選択に伴う性的感情も現れる」。蝶と毛虫が性別化を被るのだ。生後八ヶ月までに幼児は鳥の「抽象化」の段階に入る。すぐそこにはもう狼らがいる。

ヘッケル、ラマルクの亡霊はユングの亡霊と出会う。フロイトとユングの亡霊との紙上の論争の後に一つの留保が続く。正確には、さらに一つの疑念と、さらに二つの条件である。すなわち、第一に、系統発生はそれ自体、説明を必要としており、第二に、系統発生は器質的素因として作用する、ということだ。

「……系統発生的動機と所産はそれ自体、説明を必要としている［*Aufklärung bedürftig sind*］ということ、そして、そうした説明を与えうるのは、多くの場合、個人の幼年期［individuellen Kindheit］の経験であるということを私は認めざるをえない。そして、結局のところ、同じ諸条件が保たれるならば、かつて遠い過去にそれら諸条件により生みだされ、個的に獲得されるべき素因として遺伝的に継承されたものが、各人において再度、器質的に生みだされるのだとしても［die Erhaltung der nämlichen Bedingungen beim einzelnen organisch wiedererstehen läßt, was diese einst in Vorzeiten geschaffen und als Disposition zum Wiedererwerb vererbt haben］、驚くに当たらないように私には思われる」［21:222;221/103］。

原情景という状況についても事情は同じである。その状況は「遺伝された素因」を目覚めさせるのだ。具体的誘惑の背後に原情景があり、原情景の背後に系統発生的遺伝がある。狼男は誘惑の中にいる。狼男は原情景の中にいる。狼男は遺伝の中にいる。亡霊は一人では現れないのだ。原情景は系統発生的含意を引き寄せる。*Ur-* という接頭辞が個体発生的なものを系統発生的なものと一つにするのだ。亡霊たちは再び輪舞をなす。ヘッケルの亡霊―ユングの亡霊―ラマルクの亡霊というように。

その一方で、原情景はフロイトによりシニフィアンVと結びつけられる。C・Πはこの情景を午後V時に再演していた。彼は一歳半であったが、「当時マラリアに罹っており、その発作が毎日、同じ時刻にやって来るのだった。十歳のときから彼は時折、抑鬱的気分に陥るようになり、それは午後になると始まり、五時頃に最高潮に達するのであった」［21:178/35］。V時は〈狼〉の時である。〈発熱〉の時である。〈原情景〉の時である。〈覚醒〉の時である。V時あたりに彼は目を覚まし、「三度にわたり繰り返された a tergo［後背］性交の目撃者となり、その際、母親の性器と父親のペニスを見て、起こっていることの意味を理解したのである」［21:341;162-163/36］。彼は「起こっていることの意味を理解した」が、フロイトがすぐさま註を施しているように、理解したのはそれを見たときではなく、彼自身が視線のもとに曝されたときであった。印象は後になって意味を獲得した。理解は事後的に［**nachträgliches Verständnis**］訪れたのだ。〈覚醒〉の時は、彼が目を覚まして「目撃者になった」ときではなく、彼が眠って夢を見たときに訪れる。覚醒は不在中に、こちらを見つめる狼の視線のもとで起こるのである。

8 誘惑 アンナ、レールモントフ、絵画

狼男は自分の夢を語り、**かつ**それを絵に描いている。フロイトと出会うまでは、当然のことながら、そんなことをするなど彼には思いつきもしなかった。出会いの後には、彼は一度ならずそれをすることになる。こうして一九六四年、七十七歳のときに彼は医師のアレクサンダー・グリンステインの注文に応じて、自分の夢をカラーで、油彩画により再現する。絵の右下の角には狼男という署名がはっきりと見られるが、しかしながら、それはドイツ語のヴォルフスマン、**Wolfsmann** ではなく、英語のウルフマン、**Wolfman** でもなく、英語とドイツ語の中間の形でヴォルフマン、**Wolfmann** となっている。一九六五年十二月十八日、狼男はビバリー・ヒルズから注文主の精神分析家に宛てた手紙でこう書いている。「狼についての私の夢は『絵画的』、『映像的』な、いわば**“picture dream”**であったがために、またそれは私にとってとても重要なものであったがために、その夢についての記憶は今日に到るまで変わらぬ形で保たれてきました。［…］フロイト教授と分析を行なうまで、私は自分の夢を素描したり絵にしたりすることはありませんでした。フロイト教授が私にそれを求めたのでようやく、私は夢のスケッチをしたのです」［15:164］。

C・Πは3・Φに、鍵となる狼の夢の、二つの異なる技術証明書〔技術的証言〕を交付している。話と絵である。その際、両者の間に一致はないし、またありえない。テクストと造形表現は離反するのである。

第一に、絵は物語の時間性を伝えない。絵は夢にその造形的性格［**Darstellbarkeit**］を取り戻しはするが、それは物語からただ一つのエピソードだけを抜き出すにすぎない。絵が示すのは「何匹かの白い狼が大きな胡桃の木の上

に座っていた」ということである。残りの一切は画面の外に取り残されている。絵は夢と語りの中間にあるのだ。

第二に、夢の語りでは六匹、ないし七匹の狼が出てくるが、絵で「六匹、ないし七匹の狼」を描くことは不可能である。絵で可能なのは六匹か、七匹かである。この点で、絵は覚醒時の論理と同じくらいに厳格である。しかしながら、絵では狼は六匹でも、七匹でもない。絵では言葉で語られていない数――V匹の狼がいるのだ。フロイトはこの絵を見ながら、狼の数が減ったことをお伽話の『狼と七匹の小山羊』によって説明している。このお伽話では、狼は六匹の小山羊を食べてしまうが、七匹めの小山羊は時計の中に身を隠すのである。時計の針はいつもの位置、V時のところで止まっている。五時は五匹の狼である。狼の数は原情景の二匹の狼からではなく、原情景の時刻から来ている。狼の数は、現実的なもの〔現実界〕との出会いの時間、その停止した時間の死せる文字から来ているのだ。

第三に、語りは情景への視点を変える可能性を与える。言い換えるなら、語りにも同様に視覚的配置というものが含まれるのだが、それは可変的なのである。絵のほうは一定の位置を確定してしまう。絵を見る者は開かれた窓の向こうを見ている。しかしながら、絵には窓はない。同様に地表もなく、また四季もない。白い背景上に輪郭を描かれた白い狼たちは、何らかの座標システムの外にある。安定性を支えているのは狼たちの視線だけである。絵は夢と語りの中間にあるのだ。

五十年後に描かれた油彩画は、驚くべき仕方でこの絵を再現している。木には以前と変わらず梢がなく、狼たちは以前と変わらずV匹であり、それぞれの狼は以前と変わらずそれぞれの枝の上に、以前と変わらぬ姿勢で座っている。唯一の本質的な違いは、油彩画では木は根を張っており、それは雪の中に生えていて、木と見る者との間に追加的な距離が生じているということだ。それも木の前の空間ばかりでなく、木の背後にもまた空間――雪原と、さらに遠くに森が現われている。夢は奥行きを獲得しているのだ。

回想録の中でC・Πは、自分は幼年期から木を描くのが好きだったと語っている。しかも、この関心は幼年期の早くに現われたのだが、その後、放置されている。しばらくの間、放置されるのだ。なぜだろうか？――なぜなら、彼の姉、アンナのほうが木を描くことにかけては明らかに上手《うわて》だったからだ。セルゲイはアンナとの競り合いに持ち堪えることができない。彼は木を描くことは止め、自分の愛する馬たちを絵にしようとする。彼は馬を描くのだが、出来上がるのはまったく別の代物である。「描かれた馬はどれも、残念ながら本物の馬というよりはむしろ、犬か狼に似たものになってしまった……」[28:21/12]。どんなに彼が馬にしたいと思ってもである。手が描きだすのは犬と狼の合いの子のような何かなのだ。

ところで、アンナは絵を描くのが巧みだっただけでなく、さらには小さな弟に絵を見せるのも巧みだった。夢の中での狼の視線に対する恐怖には、本の挿絵の狼に対する恐怖が先行していたのだ。C・Π は絵を制御〔ovladet' 習得〕しようとする——この語句の二重の意味のどちらにおいても。彼は絵を描くことに戻ってくる。すでに夢を見た後で、すでに信心深い者に変わった後で、彼は絵に取りかかる。彼は自分が「宗教的感情を絵画に転移した」のだと見立てている [28:32/28]。絵画と、そして文学にである。彼は詩人たち、「とりわけレールモントフを、ほとんど聖人たちのように」崇める [28:32/28]。ところで、絵画とレールモントフについては、C・Π の歴史において、両者が出会った場所と時がある。風景画を描くことへの関心はカフカス訪問後に甦り、強まったのだと、彼は書いている。

彼はカフカスで何をするのだろうか?——墓を訪れるのだ——レールモントフとアンナの。一九〇六年、アンナはレールモントフの決闘の地へと発つ。☆ 詩人が倒れた場所で、彼女は毒——水銀を呷る。彼女は詩人の後を追って発ったのである。カフカスを経た後、アンナの死を経た後で、C・Π は絵を描くこと〔zhivopisanie 生き生きと書くこと〕に戻ることができる。カフカスを経た後、彼は絵にとり憑かれるだけでなく、アンナとレールモントフの亡霊にもとり憑かれるのだ。

☆ 後段で言及される北カフカス（カフカス山脈の北側）の都市ピャチゴルスクのこと。母方の祖母の別荘があったために、詩人ミハイル・レールモントフは幼少期からしばしばその地で過ごした。その後も彼は軍人としてカフカスに赴任し、その土地を題材とする多くの作品を書いたが、一八四一年にピャチゴルスクでの決闘により二十七歳の若さで死去した。レールモントフが幼少期に祖母の別荘を訪れたのは、母が早逝した後、祖母が彼を父から引き離して溺愛していたためで、ミハイルの名も服毒自殺をした祖母の夫（すなわち祖父）の名からつけられた。軍人としては彼は二度カフカスに赴任したが、それは、詩人プーシュキンが決闘で死去した際に書かれた詩『詩人の死』（一八三七、これが彼の名声を高めた）で上流社会を非難したことに対する、そして、一八四〇年に決闘騒ぎを起こしたことに対する懲罰としてであった。レールモントフには絵画の才もあり、カフカスの風景画を始めとするいくつもの作品を残している。ちなみにレールモントフという姓の頭文字であるキリル文字のЛは、ギリシア文字のΛから作られたものである。

アンナはC・Πを造形の世界と結びつける。アンナはC・ΠをC・Πと結びつける。それは子供の頃、「アンナは女の子ではなく、男の子として生まれるべきだった」［28:35/33］と言われていたから、彼より前に彼女は望まれた男の子の位置にあったからというだけではない。それだけでなく、誘惑の責を負うべきなのは彼女であるから、彼女は彼の性別化《セクシュアライゼイション》、彼の心理的性別化《サイコセクシュアライゼイション》、心理的・存在的性別化《サイコオントセクシュアライゼイション》の源泉にあるからである。そればかりか、彼女はC・Πと〈父〉との間にある。カフカスでの悲劇の後、「父は態度をがらりと変えてしまった。私がすることのすべてに彼は熱心に興味を抱き、［…］アンナに対する自分の感情を、今度は私に転移したのである」［28:34］。あたかも父と息子の間にある、姉アンナという形の障害が崩れたかのように。彼らの間にはもはや帷はない。しかしながら、姉の自殺は父を近しいものとしただけでなく、厄介な結果へと導きもした。「私とアンナは大変深い、私的な関係により結ばれており、私は彼女をつねに無二の親友と見なしていたのだが、その彼女の死後、私はきわめて深い抑鬱状態に陥ってしまった」［28:36/34］。

アンナを納めた棺がオデッサに到着したとき、C・Πの「あらゆる思念と感情」は「麻痺して」しまう。彼はこう回想する。「私の眼前で起こっていたことはすべて、何か非現実的なものとして私には知覚された。それらの一切は悪夢を髣髴とさせた」［28:35/32］。そして、C・Πは再度、繰り返している。「アンナの死後、私は自分にとって人生が意味と目的を一切失ってしまったように思えるほどの憂鬱《メランコリー》状態に陥ってしまった」［28:37/34］。彼は、どうしたらアンナの後を追えるかということしか考えていない。彼は、法学部から哲学部に転部することで姉の後を追う。これが最初の行動である。彼の行動だろうか？「この決断の背後には、後にフロイト教授もそう考えたように、アンナとの無意識的な同一化が隠れていたのだと私は確信している」［28:37/35］。一九一四年のフロイト教授は、寝椅子に横たわる狼男の診察を続けながら、未来の論文『喪とメランコリー』の草稿を書く仕事にすでにかかっている。

きわめて深い抑鬱状態は喪失と結びついている。アンナの喪失だろうか、それとも自身の喪失だろうか？　アンナが占めていた場との関わりで、彼は部分的にはすでに自分（父）にとって失われてしまったのではないか？　アンナは自分を殺すことで、彼を殺すことになってしまったのではないか？　一気に？　そうではない、（生きている？）彼女は（死んでいる？）彼の中で生き続けたのだから。

失われた対象はメランコリーの作業の結果、自我の中へ投射される――こうフロイト教授は書いている。アンナはセルゲイの自我の中にあることになる。自我《モワ》☆〔固有の我〕は、まったく固有というわけではない、あるいは、まったく固有でなくすらある。アンナはセルゲイの自我の中の地下墓所《クリプト》である。これは単に無意識的構造というだけでなく、単に秘密の［kryptos］何かというだけでなく、単に葬られた［krypte］何かというだけでなく、ニコラ・アブラハムとマリア・トロークの言葉によれば、偽りの無意識［un faux inconscient］である。それが偽りであるのは、暗号《クリプトグラフ》的に体内化された表象は抑圧物として回帰してこないという点に存する。クリプトは対象を「器官のまさに中枢部に接ぎ木された義肢のように、**分裂した自我**の中に住まわされた『人工的』無意識［un inconscient "artificiel"］」［6:11/177］に変えるのである。

☆　ラカンは自らの理論において、鏡像段階で他者の像として得られる、想像的な「自我 moi」と、欲望の主体としての、象徴的な「私 je」とを区別しているが、前者はロシア語では慣習的に（自身にとっての自らの像という意味で）「固有の我 sobstvennoe ja」と訳される。

フロイトが抑圧について語り、フロイトとラカンが放擲について語るのに対し、アブラハムとトロークはクリプトの体内化について語る。暗号《クリプトグラフ》的に体内化されたアンナは、無意識の〈物〉となる。アンナとは、いくつもの匿名《クリプトニム》、符丁語からなる、セルゲイの暗号文《クリプトグラム》である。

こうして、ジークムント・フロイトの寝椅子には「一人の人間の中の二人の人間」がいることになる。アブラハムとトロークは、「二人の人間の心の内奥における、姉の像と自分自身の像との同居生活」[1:88/15]を推定する。フロイトが一章を割いて論じている誘惑の結果、アンナはセルゲイにより体内化されることになる。体内化とは、二つの相容れない役――自我理想と愛の対象を掛け持ちすることを彼女に可能にする方法である。そればかりか、「体内化のおかげで、攻撃性とリビドーとの解決しえない葛藤は、対象を放っておいて、自我の深部へと移動することができた」[1:90/17]。したがって、「姉に誘惑された[…]彼は第二の体内化――父の体内化を避けることができず、それ以来、彼自身の幼児のペニスはもはや、密かに父のペニスと一致するものとしてとどまるべきことになる。[…]〈父〉のペニスは消滅してもならず、享楽してもならない」[1:90/17]。父の愛が彼に必要だったのは、自身のためでもあり、かつ姉のためでもあったのだ。

アンナが彼と父の間にあるとするなら、彼はアンナと父の間にある。C・Πは〈父〉とアンナの間の継電器《リレー》である。誘惑の人物形象としてのアンナは、セルゲイとグルーシャの間にもあることになる。アンナは煽情的なものと煽恐的なものの間の連絡諜報員なのだ。

お姉ちゃん〔sestryonka〕は、アブラハムとトロークの耳には「六匹」〔shestyorka〕、「おろし金」〔tyorka 擦《す》るもの〕のように聞こえる。そして、鍵となる暗号《クリプトグラフ》的フレーズは、彼らの見解によれば「お姉ちゃん〔sestryonka〕、こっちに来て、ぼくのペニスを擦《こす》って〔natri〕」ということになる[1:116/44]。「擦《す》る」〔teret'〕、「擦《こす》る」〔natirat'〕、およびその派生語は、タブー語、欲望語なのだ。グルーシャが床を擦っている間に、テレク川☆〔Terek〕の水がアンナとレールモントフについての記憶を運んでゆく。

☆ 北カフカスを流れてカスピ海に注ぐ川で、レールモントフの作品でもしばしば歌われている。

アンナとの同一化はレールモントフとの同一化を作動させる。死が彼らを分かち難く結びつけているのだ。レールモントフの亡霊がパンケーエフに付きまとう。詩人の浪漫主義的《ロマンチック》な精神はC・Πの容貌を変えることもできるようである。彼の回想によれば、アンナがレールモントフの墓で人生から立ち去った、まさにその年である一九〇六年、サンクト・ペテルブルグ大学である学生がC・Пを指さしながら、別の学生にこう言ったのだという。「この同級生を見たまえよ。レールモントフとの似ていかたは尋常じゃないな！　こんなに似ていることがあるのだとは驚きだ、同じ顔、同じ眼じゃないか……」。他の学生たちはこの「稀有の似ていかた」についての感想に反応しなかったため、C・Пはこう結論づけている。「実際に似ていることはまったくなかったにしても、おそらくはこの人は何か神秘的な仕方で、レールモントフとの私の同一化を嗅ぎつけたのだろう」[28:337/原註VI-V]。フロイトの寝椅子の上には、さらにレールモントフもまたいるのだろうか？

C・Пは3・Фにレールモントフとその死について語っている。彼は相手にピャチゴルスクという地名を翻訳し、それを視覚化している――すなわち、Vつの山である。「翻訳するなら、この地名は『五つの山《ピャーチ・ゴール》』を意味する」[28:42/41]。ΛΛΛΛΛである。ピャチゴルスク地方で『現代の英雄』の諸事件は展開する。レールモントフはこの叙事詩的作品において自分の死を描いているのだと見られている。この一致、この事例、この運命がC・Пの注意を惹かなかったはずはあるまい。しかも、詩人の運命があらかじめ書かれているのは、この叙事詩だけではない。ヴラジーミル・ナボコフは『現代の英雄』に付した序文の中で、まず始めにレールモントフの予言的な詩〔レールモントフの死の年に書かれた〕を挙げ、それを「三重の夢」と呼んでいる。ナボコフはこの序文を次のような言葉で締め括っている。「レールモントフ自身の悲劇的な運命は、ある仕方でペチョーリンの運命に投影されている。〔北カフカスの〕ダゲスタンの峡谷での夢について、読者が突然、詩人の夢は当たったのだと悟ったとき、それが殊更に突き刺すような響きを帯び始めるのとちょうど同じようにである」[13:435]。この詩は夢中夢の原理で構成されている。パンケーエフがレールモントフに自分の運命を投影しなかったはずはあるまい。彼がピャチゴルスクでこれらの詩行を思い出さなかったはずはあるまい。

ダゲスタンの峡谷の真昼の暑さの中

鉛弾を胸にわたしは身じろぎもせず横たわっていた
深い傷はいまだ煙をあげ
わたしの血は一しずくずつ滴っていた

わたしは峡谷の砂の上ひとり横たわっていた
周りには崖の岩棚がひしめいて
その黄色い頂きを太陽が焼き
またわたしを焼いていたが――わたしは死の眠りについていた

そしてわたしはいくつもの火に輝く
故国での夕の宴《うたげ》を夢に見た
花冠をつけた若い女らの間では
わたしをめぐり陽気な話が交わされていた

しかし陽気な話に入ろうともせず
そこに一人でじっと物思いに耽る女がいて
その若い魂は悲しい夢の中に
どうしたわけか沈み込んでいた

女はダゲスタンの峡谷を夢に見た
見覚えのある死体がその峡谷に横たわっていた

その胸には煙をあげる傷が黒々と見え
血が冷えゆく流れとなり注がれていた

ところで、レールモントフはアンナの運命をセルゲイと連結しているだけでなく、フロイトをパンケーエフと連結してもいる。レールモントフの名は、この精神分析家の記憶の中にレルモリエフという名を呼び起こす。フロイトが狼男の病歴に取り組んでいたのと同時期、彼は『ミケランジェロのモーセ像』を執筆している。このテクストの第二章は、「本来の」精神分析よりも二十年も前に、芸術学において現れた精神分析的技法の記述で始まっている。「私は自分が最初に精神分析の方法を知るよりもずっと以前に、イワン・レルモリエフというロシア出身の美術通が一八七四年から一八七六年にかけて、その最初のいくつかの論文をドイツ語で発表し、ヨーロッパ各地の絵画ギャラリーで文字通りの意味で変革を起こしていることを知った。[…]彼は全体的印象の解釈や、大きく目だつディテールの分析を拒絶し、特徴的な副次的ディテール、例えば手の爪、耳たぶ、頭の周りの光輪といった部分的な事物に注意を向けたのだった。[…]ロシア人の匿名の裏にはモレッリというイタリア人の医者が隠れていた。[…]彼の分析方法の基礎には精神分析の技法があるように私には思える……」[19:224/301-302]。それゆえ、レールモントフはレルモリエフを通して、精神分析の起源の歴史に、その先史に、連想的に書き込まれているのである。紛れもなく〔いかなる亡霊もなく〕。

9　総括　問題1　系統発生的図式とロシア的抵抗

フロイトは狼男の病歴を、二つの問題を伝えることで終えている。「私がこの症例に関して伝えたいと思っていたことは、これで終わりである。この症例に関わる数多の問題のうち、あと二つの問題だけが、とりわけて言及しておくに値すると私には思える」[21:238/126]。

二つのとりわけて切実な問題とは何なのだろうか？——もちろん、どちらも遺産〔遺伝〕と結びついている。二つめの問題をフロイトは「比較にならないほど意義深いもの」と呼んではいるが、結局のところ、大局的には問題は一つである——系統発生的遺伝の問題である。

そういうわけで、一つめの問題は「系統発生的に遺伝された諸図式［die phylogenetisch mitgebrachten Schemata］に関わるものである。それらの図式の影響のもとで、生活の諸印象は、哲学的『諸範疇《カテゴリー》』の手引きのもとでのごとく、一定の秩序に収められるのだ。こうした図式は人類文化の歴史の堆積物［Niedershläge der menschlichen Kulturgeschichte］をなすという見解を擁護するのに、私はやぶさかではない」［21:241-242/126］。フロイトは思いがけない確信を表明している。彼は、系統発生的図式を「人類文化の歴史の堆積物」とする「見解を擁護する」のにやぶさかではない。彼はエディプス・コンプレックスをも、これらの図式のうちに数えあげている。もっともなことである。エディプスは文字通り、文化の歴史の堆積物なのだから。しかもエディプスは去勢と結びついている。そして事はそれだけにとどまらない。フロイトの言い方を借りて、次のように言うことも可能だろう。先行する諸世代との結びつき、文化との結びつきも、これらの図式に属しているのだと。

この堆積物はどれほどの深さまで覗き入る必要があるのだろうか？フロイト自身にはどれほどこの隠喩、地理学的、古生物学的、考古学的隠喩が気に入っているのだろうか？この問いは文化的遺産〔遺伝〕についての問いをも前提としているのだろうか、とりわけロシア的遺産についての問いを？

というのも、狼男はジークムント・フロイトにとって太古的《アルカイック》、両価的《アンビヴァレント》な文化の代表者なのであり、その文化は、すぐれた才覚、申し分のない知性［untadelige Intelligenz］と、自分の欲動の力［triebhaften Kräften］を抑えることのできない無能力との間の葛藤により、特徴づけられるものなのだ。狼男はロシア民族、russische Volk の代表者、すなわちロシアの狼〔volk〕なのである。ここで言われているのは、文化イデオロギーが、西欧のフロイトによりロシア的と見なされている、あれこれのコードを規定しているということなのだろうか？

申し分のない知性と、自分の欲動の力を抑えることのできない無能力との間の、この葛藤にしてからがすでに、太古の遺産を戦いに引き入れているのだ。一九三七年、フロイトは『終わりのある分析と終わりのない分析』第六章をある一つの段落から始めているが、そこでは心理内的神話というものがフロイトにおいて純然たる姿で現れ出ている。あたかも人生の終わりに差しかかり、それなしではどうにもならないかのように、あたかも転生の時が近づいているかのようにである。一九三七年四月二日付けのアルノルト・ツヴァイク宛ての手紙では、彼はこう書いている。「**私に相続された生存権は**、あなたもご存じの通り十一月に切れます〔この月に自分は死ぬとフロイトは思い込んでいたのだと思われる〕。私はこの権利をそのときまでなんとか保つことができたらと思うのですが、しかしそれを延長したいとは本当に思いません。というのも私の周囲の一切がますます暗く、そして不吉になってきており、**自分自身の寄る辺なさの意識**がますます重くのしかかっているからです」。相続された生存権は切れようとしている。亡霊たちの世界へ向かうべき時、系統発生的遺産〔遺伝〕のすべての亡霊を呼び集めるべき時なのだ。

『終わりある分析と終わりなき分析』においてフロイトは一つの問いを立てている。「あらゆる自我の変化――我々が言う意味での――は、早期幼児期の防衛闘争において獲得されるものであろうか。その答えに疑いはない。原初的な生れつきの自我の個体差［ursprünglicher, mitgeborener Ichverschiedenheiten］の存在と、その意義とに異議を唱える理由はないのだ」[26:43;155/276]。フロイトは自我における個体差の遺伝を完全に確信している。自我の内容が遺伝されるのではなく、**未来において獲得される**内容の個体差が遺伝されるのである。フロイトにとってその証拠となるのは次のことである。「個々の自我は、そもそもの初めから個人的な器質と傾向を賦与されている。そうした器質と傾向がどんなものであり、それらが何によって条件づけられているのか、当面はまだ我々は言うことができないにしてもである」[26:44;155/276-277]。さらには、これらのいまだ知られぬ内容の個体差がどんなものであるのかも、言うことはできないだろう。ここには次のような逆説がある。すなわち、個人的な器質と傾向は場を有して〔生じて〕いるが、しかし「それらがどんなものであるのか」も、「それらが何によって条件づけられているか」も、それらがどの点で異なっているのかも分らないのだ。そればかりかフロイトは、**遺伝されたもの／獲得されたもの**という対立は存在しないことを確言している。「遺伝形質と獲得形質との間の差異は、対立という段階には達しえないのだということを、我々は知っている。遺伝されたものの重要な部分は、当然のことながら祖先たちによって獲得されたものなのである」。遺伝されたものは、**つねにすでに**獲得されたものである。とはいえ、相変わらず同じ問いが開かれたままである。なぜ獲得されたもののうちのあるものは遺伝され、あるものは遺伝されないのか？　また、どのようにして遺伝は起こるのか？　フロイトはと言えば、遺伝の諸審級という問題のほうへ逃げてゆく。「我々が『太古の遺産』について語るとき、通常、我々はエスのことだけを念頭に置いており、またおそらくは、個体の生の初めには自我はいまだ存在していないということを前提にしている。しかし、自我とエスは始原では一体なのだということを我々は見落とすべきではなく、また、いまだ存在していない自我の中には、その後どのような方向の発展、傾向、反応が現れるのかが、すでに仕込まれているというのがありうることであると我々が見なすとしても、遺伝を神秘的に過大評価することにはけっしてならないであろう。家族、人種、民族の心理学的特殊性でさえも、分析との関係では、他のいかなる説明も許容するものではない」[26:44;155/277]。こうして、「**いまだ存在しないもの**」の中に「**すでに**仕込まれている」ことには何の神秘主義もない。こうして、未来の存在の痕跡が、今のところは不在の存在において現前している。こうして、二十年を経てフロイトは事後的に、自分が「ロシア的戦術」と呼んだ遺伝についても説明を与えている。「家族、人種、民族の心理学的特殊性でさえも、分析との関係では、他のいかなる説明も許容するものではない」と亡霊は語る。

抵抗の「ロシア的戦術」によって狼男は際立っている。分析の継続時間と抵抗を、フロイトは軍隊の前進に喩えている。「進撃中の軍は、平時ならば急行列車で数時間で通過できる距離、また、少し前には敵軍が数日で通過した距離を通過するのに、数週間、数ヶ月を費やすものだ」[21:160/8]。戦争にまつわる考えが分析の中に入り込んでくるのは、驚くべきことではない。フロイトがパンケーエフを相手に仕事をしていた当時、彼の息子たちはまさに東部戦線にあった。悲報が届くことは毎日でもありえた。一九一五年の七月には長男が負傷している。戦争終結後の一九二〇年、フロイトは分析を軍事行動に喩える比喩にたち戻る。『女性同性愛の一事例の心的成因について』という一九二〇年の論文でフロイトはこう書いている。「……抵抗は、その先ではもうそれを取り押さえることができなくなるような、ある一定の境界まで退却する。強迫神経症の場合、抵抗は非常にしばしばこの類の――ロシア的とも名づけうる——戦術を選択する［…］」［22:240/260］。こうして、ロシア的抵抗の戦術は強迫性、両価性、肛門性と結びついている。そこから由来するあらゆる可能な帰結と結びついている。強迫神経症、強迫的惚れ込み、マゾヒズム、不安定な情動、神への畏れと神への冒瀆、パラノイア性……

この戦術は遺伝によって受け継がれるのだろうか？　それは文化の中での個人の発達の過程で獲得されるのだろうか？　受け継がれながら、獲得されるのだろうか？

フロイトの答えはフロイトの葛藤である。系統発生的に遺伝される図式は、個体発生的に獲得された経験と戦いを行なうというのだ。戦いを行ない、大方の場合、勝つのである。

「我々はしばしば、図式が個人的な経験に勝利するのを認めることができる。例えば、我々が検討している症例において、全体としては陰性のエディプス・コンプレックスであるにもかかわらず、父親が去勢者、そして幼児性愛の脅威となるような場合である。もう一つ、乳母が母親の位置を占めている、ないしは母親と融合しているという点にも、この図式の影響は表れている。**経験と図式との間の矛盾は、どうやら幼児期の葛藤に豊富な素材を提供するようである**」［21:239;242/127］。

幼児期の葛藤は、このようにして、少なくとも部分的には、幼児が遺産〔遺伝〕をめぐる戦場であるということにより説明される。幼児期の葛藤は今や欲動の局面にではなく、「固有の」経験と、遺伝された過去の諸世代の亡霊たち、〔死後の〕安息を与えられていないその亡霊たちとの衝突のうちにあるのだ。心的現実においては、系統発生的図式と個人的経験との間の戦いが行なわれている。だがもしかしたら、系統発生的図式とは「ただ単に」本能のことなのだろうか？

10　総括　問題2　本能の類似物

二つめの問題は一つめの問題の近くに位置するとフロイトは書いているが、それは「比較にならないほど意義深いものである」[21:239/127]。原情景に関して、幼児に「一種、定義しがたい知識 [shcwer bestimmbarem Wissen]」、理解への準備 [eine Vorbereitung zum Verständnis] に似た何かの影響が現れる。その要は奈辺にありうるのか――これについては、幼児には何も分からない〔いかなる観念もない〕し、我々にはただ動物たちに見られる深い本能的知識との卓抜な類似《アナロジー》 [eine ausgezeichnete Analogie mit dem weitgehenden instinktiven Wissen der Tiere] があるだけなのだ」[21:239;242/127]。幼児にはいかなる観念〔表象〕もない。精神分析家には類推《アナロジー》がある。**C・Π** は表象しない。**3・Φ** は類似を提示〔表象〕する。幼児の定義しがたい知識、理解への準備に似た何か、先行理解のごとき何かとは、精神分析家のそれの**類似物**《アナローグ》なのだ〔として表象される〕。ここで進められている準備とは、フロイトが理解するための準備なのである。「我々にはいかなる観念もな」く、「ただ卓抜な類似があるだけなのだ」。こうして次のごとき類似、卓抜な類推の魔が現れる。

幼児の先行理解 ≈ 動物たちの本能的知識

この類推の魔はプラトンの亡霊を舞台に上げようとしている。「定義しがたい知識」、「理解への前準備」→超世代的想起。例の「私に起こらなかったことを私は覚えている」、より正確には「私に起こらなかったことが私を思い出そうとしている」の類のものである。

こうした類推的定式の後に、仮定法による考察が続く。この叙法が、先行理解と本能的知識の間に最終的に等号を置くことを許さないでいるのだ。仮説はその仮説性を保っている。理論は**あたかも**解決されたかのようである。しかし、最終的解決 [Lösung] は**あたかも**ないかのようである。

「仮に人間にも本能的知識が存在するのだとしたら、その知識が主として性生活の過程に関わるものだということに、驚くべきことは何もないであろう。それだけに限定されるということは、いかなる形であれ、ないとしてもである。本能的なものが無意識の核、すなわち原始的精神活動をなすことになるであろうが、その活動はやがて、人間において発達してゆく理性により王座から引きずり下され、蔽われてしまう［…］。抑圧とはこのような本能的段階への回帰であり、このようにして人間は自分たちの偉大なる達成のつけを、神経症素質を持つということで払わされることになり、この神経症発症の可能性自体が、心的発展には本能的前準階が以前に存在していたということを証明することになるであろう」［21:239;243/128］。

こうして最後には、仮定法という叙法において、抑圧が「本能的段階」に置き換えられ、神経症は個体発生と系統発生間の葛藤という局面にあることになってしまう。しかしながらフロイトは、すでに自分がいつの間にか精神分析の彼岸、自分自身の彼岸にきてしまっていることを分かっているために、すぐさま我に返る。彼はあたかも、自分自身がすでに自分のものではなく〔動顚していて〕、「自分の」というよりは「横領〔我有化〕された」考え、「様々な方面から」示唆された考えに屈してしまっているということを分かっているかのようだ。彼は何かを訂正し、彼岸の神話の地層から抜け出ようと試みる。彼は次のように著作を締め括る。

「同様の考え、すなわち精神生活において遺伝され、系統発生的に獲得された契機［hereditäre, phylogenetisch erworbene Moment im Seelenleben］を強調するような考えが、様々な方面から言われてきたことを私は知っているし、また、**精神分析的観点の中にそうした考えの占めるべき場所が割り振られたのは、あまりに性急であったとさえ思っている**。そうした考えが許容されうるのは、ただ精神分析が、それにより得られた素材において、至って正確に種々の審級を逸脱することなく辿りつつ、個的に獲得されたもの［individuell Erworbenen］のあらゆる層を突き抜けた後で、遺伝されたものの痕跡に［auf die Spuren des Ererbten］行き当たるときのみであると、私には思われる」［21:239;243/128］。

痕跡、積層、層の系譜学は、遺伝という旗印のもと、まったく精神分析的でない響きを得ている。それはむしろ地質学的、ないしは考古学的なものだ。類推が大きな逸脱を招いたのだ。フロイトは、自分が系統発生的遺伝に「精神分析的観点の中の場所」を性急に割り振ってしまったことを、どうやら分かっているようだ。

二つの問題＝一つの問題ということでもってすべては締めくくられる。遺産問題である。遺伝〔相続〕問題である。この遺伝を前にしてフロイトは完全なる確信から完全なる疑いへ、またその逆へと揺れ動いているのだ。

P. S. 署名〔podpis〕、S・P

V－グルーシャと去勢威嚇との連関を、C・Πは「とりわけ意味深長な夢によって裏づけ、彼はその夢を自分で解釈してみせた」ということを再度、思い出してみよう。「ある人がEspeの羽をむしり取っている夢を見たと、彼は語ったのである」[21:219;218/99]。フロイトの結論はこうである。「Espeとは言うまでもなく、不具にされたWespeである。夢の意味するところは明らかだ。その夢は、グルーシャが去勢威嚇を行なったことに対し、彼女に復讐しているのである」[21:220;218/100]。

3・ΦとC・Πの間で次のような対話が繰り広げられる。

――Espeですって？　あなたがそれで何をおっしゃりたいのか、ぜひとも訊いておかねばなりません。

――体に黄色い縞があって刺す昆虫ですよ。

――Wespe――雀蜂だとおっしゃりたいのですね？――こう私は訂正をした。

――あれはWespeっていうんですか？　私はてっきりEspeなんだと思っていました[21:219;218/99-100]。

なぜ夢は「グルーシャが去勢威嚇を行なったことに対し、彼女に復讐している」のだろうか？――グルーシャは

Λの姿勢で床を拭く娘であるだけではない。グルーシャは黄色い縞のある果物〔梨〕でもある。黄色い縞のある果物→「体に黄色い縞があって刺す昆虫」。雀蜂とは**さらに**グルーシャ**でも**あるのだ。夢は、グルーシャが去勢威嚇を行なったことに対し、彼女に復讐する。夢はグルーシャの二重化されたW-針をむしり取る。狼男は**Wespe**から最初の大文字を奪う。フロイトはそれを無意識の作業ということによってのみならず、次のことによっても説明している。すなわち、**C・Π**は「他の多くの人々と同じように、症状〔兆候〕となる自分の行為を隠すために、自分の母語ではない言葉で話すことを利用するのである」[21:219;218/100]。

狼男の終わりなき分析について語りながら、ジェイムズ・ライスはこう主張する。フロイトにとって「**Espe**とは単なる音の連なり、**Wespe**が不具にされる結果の、無意味な音声的副産物にすぎなかった。ただ象徴的な〔意味での〕不具だけが重要だったのだ。彼はパンケーエフがドイツ語で犯した言い間違えの中に、特別にロシア的なものを何も見ることがなかった。この種の言語心理学的素材は二言語的分析を必要とするというのが、きわめて明白であるにもかかわらずである。ロシア語の知識がない以上、ロシア的素材に対するこのようなアプローチは、フロイトにとって当然のことながら閉ざされていた」[14:112]。この具体的な事例においては、いったい何が特別にロシア的なのだろうか? **Wespe**はドイツ語で雀蜂〔osa〕である。**Espe**は白楊〔osina〕である。「ドイツ語の」昆虫が、言い間違いの結果、「ドイツ語の」木に変わったのだ。白楊は「単なる音の連なり、**Wespe**が不具にされる結果の、無意味な音声的副産物」ではありえなかった。白楊からは羽をもぎ取ることができないというのは、別の話である。それゆえ、フロイトはパンケーエフに聞き返すのである。「あなたはそれで何がおっしゃりたいのですか?」

「特別にロシア的なもの」という観念は、まさしくフロイトを太古的文化、太古的遺産〔遺伝〕の方へと連れ去るものであった。フロイトと別の道を行くのはアブラハムとトロークである。この道〔方法〕には、フロイトが尊敬していたシャンポリオンの名を冠することもできるかもしれない。この道においては、暗号解読法《クリプトグラフィー》がドイツ語、ロシア語、英語間の翻訳、そして「一つの」言語内におけるアナセミック☆な翻訳を実現する。この道においては、狼男は夢の目撃者〔ochevidets sna〕であり、彼は眼〔oche〕**-window of the son**であり、彼の眼〔oko〕は夢の窓〔okno〕にして息子の［誕生の］目撃者なのだ。☆☆ 再出生幻想は「諸言語の間に追いやられた」無意識において芽生えるのだと、ヴラジーミル・グラーノフ☆☆☆ならば言うかもしれない。

☆「アナセミー anasémie」はアブラハムとトロークが用いた造語。ギリシア語で「反」、「逆」を表す ana-、および「意味」を表す -sémie からなり、通常の言葉の意味作用の方向性とは異なる、逆らう意味作用のあり方を示す。アブラハムとトロークはフロイトの精神分析における用語法にアナセミックな特質を見てとっていった。文献1の訳者解説（二八七―二九一頁）を参照。

☆☆ ロシア語の「窓 okno」と「眼 oko」は同語源の語。「目撃者 ochevidets」の oche- の部分も同様で、この語の原義は「眼で見る者」となる。

☆☆☆ フランスのロシア系精神分析家（一九二四―二〇〇〇）。一九七六年の著作『思考と女性的なるもの』で狼男の症例のアブラハムによる分析を論じている。

一方、マック・ブランスウィックは、パンケーエフがドイツ語で話しながら頻繁に行なうロシア語の挿入を自分は理解できないことを述べている。これは彼のロシア的抵抗であった。彼は意識的に自由連想の中にロシア語の詩句を挿入していたのだろうか？ 意識的に自分の狼‐分析家たちに挑戦していたのだろうか？ これは検閲だろうか？ 検閲の回避だろうか？

検閲も同様に、『夢解釈』の時代から知られている通り、ロシア的戦術である。テクストの抹消、その消去は、フロイトにとって抑圧なのである。これについてはラカンもまた、シニフィアンの消去について述べる際に想起している――「これも同じような鋏仕事、同じような『ロシア的検閲』なのです」［9:33/33］。

ジークムント・フロイトとの出会いから数十年を経て、セルゲイ・コンスタンチノヴィチ・パンケーエフは回想録を執筆する。当然ドイツ語で。その回想録に彼は署名をする。狼男とであり、C・П、ないしはS・Pとではない。これはセルゲイ・パンケーエフの回想録ではない。これは狼男の回想録なのだ。（抑圧された）（ロシアの）セルゲイ・パンケーエフの位置を占めているのは、（回帰した）（精神分析的な）狼男、ドイツ語ではヴォルフスマンという疑念を招くようなことのない普通の苗字の狼男なのである。セルゲイ・パンケーエフとは何者か？ セルゲイ・パンケーエフは自分がセルゲイ・パンケーエフとしては知られていないことを知っている。いったいこれが彼の固有名なのだろうか?! その名は狼男には及びもつかない! このような名声には及びもつかないのではないか?! 彼は WolfsMann, WM である。署名は反復され、二重化され、肥大し、分裂する。VV +ΛΛというように。

C・Π と 3・Φ との対話は次のように終わっている。

――しかし、Espe とは私自身、S・P《エス ペー》のことではないですか [21:220;218/100]。

イニシャルは主体を意味する〔主体のシニフィアンである〕。彼は自分が何者であったのかを想起したのだ。ついにこの想起が狼男によぎり、彼は C・Π の寝椅子の上から叫ぶのである――「これこそは私自身だ」、S・Pだ!!!

P. P. S. 心理内的神話の墓地にて

狼男の症例の全体は、二つのけっして一つにまとめることのできない説明の方向性の間で展開する。この症例は、フロイトにおいて、精神分析的解釈と系統発生的解釈の間を揺れ動いている。彼の言い方を借りて次のように言うことも可能だろう。**個体的経験と系統発生的図式との間の矛盾は、フロイトの理論的葛藤に豊富な素材を提供する**と。フロイトの心的現実において、系統発生的図式と個人的経験との戦いが行なわれているのである。

フロイトが原情景について書いた、精神分析の出産にとっての鍵の年、彼が早期誘惑理論を断念したその同じ年に、彼は心理内的神話についても語っている。一八九七年十二月、彼はフリース宛ての手紙の中で、meschugge な考え、すなわち時折、彼が襲われる馬鹿げた考えについてについて書いている。このイディッシュ語の単語の使用は、フロイトが自分の考えに対するアイロニーを表現するのを可能にしている。その考えは迷信と関連している――来世〔墓の向こうの生〕、永遠の魂、亡霊に対する信仰である。その考えは、物理的世界には存在しないものの存在に対する信仰に基づいている。体内化されたユング、ラマルク、ヘッケル、プラトンの亡霊たちは、狼男を相手にした仕事の時期に、この症例の執筆の時期に、フロイトの心的現実において活動することになろう。これらの亡霊たちは心理内的神話に住まわっているのである。

こうして一八九七年十二月十二日、フロイトはフリースに宛てて、この数ヶ月の間、彼の頭の中に meschugge な考えが這い込んでくるのだと書いている。フロイトがこの考えから解放され、それを追い出して、フリースに話してしまうために、至急ブレスラウで会わなくてはならない。この馬鹿げた考えとは心理内的神話に関わるものである。

『心理内的神話』とはどんなものか、君に想像がつくだろうか？　これが私の思考作業の最も最近の所産［**Ausgeburt meiner Denkarbeit**］なのだ。自身の心的装置の漠然とした内的知覚は、諸々の幻想思念［**Denkillusionen**］を刺激するが、その幻想思念はもちろん外に投影され、特徴的なことにそれは未来に、そして彼岸に［**in ein Jenseits**］投影されるのだ。不死、応報、彼岸〔来世〕の全体［**das ganze Jenseits**］は、我々の心の内部［**unseres psychischen Inneren**］の反映なのである。**Meschugge** だろうか？　精神神話学なのだ」［27:311/301］

不死、彼岸は、馬鹿げた考え、心理内的神話、精神神話学である。『日常生活の精神病理学』第十二章において、フロイトは迷信との関連で再度、神話的世界観について語っている。こうした世界観は

「**外界に投影された心理学に他ならない**。無意識の心的諸要因および諸関係についての漠然とした認識（いわば心理内知覚）が——他に表現するのが困難なので、パラノイアとの類推を用いざるをえないのだが——**超感覚的現実**の構成に反映されるのであり、科学がその現実を再度、無意識の心理学に転換しなければならないのだ。こうした方法によるならば、天国と原罪について、神について、善と悪について、不死について等々の神話を解消し、**形而上学**《メタフィジック》を**メタ心理学**《サイコロジー》に転換しようと試みることも可能かもしれない。パラノイア患者に起こる置換と、迷信深い人間に起こる置換との間の違いは、一見そう思われるほどは大きくないのである」［16:297;203/315-316］。

フロイトは、鼠男という名で知られるもう一人の患者の症例において、心理内知覚（今度は神話ではない）について書いている。鼠男は狼男と同様、強迫的傾向で際立っていた。これは、精神神話学が強迫的傾向の産物であることを意味していないだろうか？ 誰の強迫的傾向だろうか？ これは、フロイトが精神神話学に直面するときにはいつも、自分はいったい何と関わっているのかという疑念に彼が襲われることを意味していないだろうか？ またそればかりか、自分は誰と関わっているのかという疑念に？ 自分の中で返事をしているのは誰なのか？ どんな亡霊が地下墓所《クリプト》から現れ出ようとしているのか？ だからこそ『幼児神経症の病歴《イストリヤ》』は、「自分の」主張についての「自分の」疑いの歴史《イストリヤ》なのではないだろうか？ 誰が主張しているのだろうか？

　フロイトは鼠男について検討しつつ、「自分の考えは自分の両親に知れている、なぜなら自分はその考えを声に出して話したからで、しかし自分には聞こえなかったのだという、奇妙な内容を持つ子供のうわ言」［17:S. 63/188］が問題となる、まさにその箇所で心理内的神話について述べている。この箇所は精神分析にとって典型的で示唆的なものと見なすことができる。鼠男は話しているのに聞こえていない。自分が話しているのだろうか？ そうではない。話しているのは無意識なのだ。あるいはラカンならば、話しているのは大他者なのだと言うかもしれない。大他者は幼い鼠男には聞こえなかったことを知っている。「声に出して話したが聞こえなかった」という定式は、「外界への投影のように、［…］抑圧物の心理内知覚［eine endopsychische Wahrnehmung des Verdrängten］のように感じられる」［17:S. 63/188］。このようにして、ここでもう一つのニュアンスが付け加えられる。すなわち、「外に」投影されるのは「内に」抑圧されたものなのだ。投影され、そして外から回帰してくるのだ。不吉な［unheimlich］容貌で回帰してくるのだ。心理内的神話とは外在化された抑圧物である。不吉な亡霊はつねにすでに**あちら**側から回帰してくる。主体を分裂させる心理内知覚、これこそが精神分析の基礎にあるものなのだ。

文献

〔本章と次章では引用文献を以下の番号で頁数と共に本文中の〔　〕内に示す。邦訳がある場合にはその頁数を斜線の次に示す。〕

1. Abraham, N., Törok, M. (1976) *Le Verbier de l'Homme aux loups*, Paris, Aubier Flammarion, 1976.〔N・アブラハム、M・トローク『狼男の言語標本』（港道隆他訳）、法政大学出版局、二〇〇六年〕
2. Брюнсвик Р. М. (1928) Дополнение к статье Фрейда «Из истории одного детского невроза» // *Человек-Волк и Зигмунд Фрейд*. Киев, Port-Royal, 1996. С. 240-280.〔R・M・ブランスウィック『フロイトの「ある幼児期神経症の病歴より」への補遺』、M・ガーディナー編著『狼男による狼男』（馬場謙一訳）、みすず書房、二〇一四年所収〕
3. Гардинер М. (1964［1938-1949］) Человек-волк в поздние годы жизни // *Человек-Волк и Зигмунд Фрейд*. Киев, Port-Royal, 1996. С. 283-333.〔M・ガーディナー『後年の狼男』、M・ガーディナー編著『狼男による狼男』（馬場謙一訳）、みすず書房、二〇一四年所収〕
4. Гинзбург К. (1986) Фрейд, человек-волк и оборотни // Гинзбург К. *Мифы-эмблемы-приметы*. М., Новое издательство, 2004. С. 274-286.〔C・ギンズブルグ『フロイト、狼男、狼憑き』、『神話・寓意・徴候』（竹山博英訳）、せりか書房、一九八八年所収〕
5. Deleuze, G., Guattari, F. (1980) "1914—Un seul ou plusieurs loups?" // *Mille plateaux*, Paris, Minuit, 1980, pp. 38-52.〔G・ドゥルーズ、F・ガタリ『千のプラトー（上）』（宇野邦一他訳）、河出書房新社、二〇一〇年〕
6. Derrida, J. (1976) "Fors" // Abraham, N., Torok, M., *Le Verbier de l'homme aux loups*, Paris, Aubier Flammarion, 1976, pp. 7-73.〔J・デリダ『Fors』、N・アブラハム、M・トローク『狼男の言語標本』（港道隆他訳）、法政大学出版局、二〇〇六年所収〕
7. Davies, W. (1995) *Drawing the Dream of the Wolves*, Bloomington and Indianopolis, Indiana University Press, 1995.
8. Лакан Ж. (1953/1954) *Работы Фрейда по технике психоанализа* (*Семинары. Книга I*). М., Гнозис/Логос, 1998.〔J・ラカン『フロイトの技法論（上）』（小出浩之他訳）、岩波書店、一九九九年〕

8*. J・ラカン『フロイトの否定についてのジャン・イポリットの評釈に対する回答』、『エクリII』（佐々木孝次訳）、弘文堂、一九九七年。

9. Лакан Ж. (1964) *Четыре основные понятия психоанализа* (*Семинары: Книга XI*). М., Гнозис/Логос, 2004.〔J・

ラカン『精神分析の四基本概念』（小出浩之他訳）、岩波書店、二〇〇〇年〕
10. Лермонтов М. (1838-1840) Герой нашего времени // Лермонтов М. *Избранные произведения в двух томах*. Т. 2. М., ГИХЛ, 1963. С. 361-492. 〔M・レールモントフ『現代の英雄』（中村融訳）、岩波書店、一九八一年〕
11. Лущик С. З. (2003) *Одесские реалии Человека-Волка*. Одесса, Optimum, 2003. 〔S・ルシチク『狼男のオデッサに関わるレアリア』、オデッサ、Optimum、二〇〇三年〕
12. Мазин В. (1999) Переводы Фрейда // *Психоаналитический вестник*. No. 1 (7). С. 187-201. 〔V・マージン「フロイトの翻訳」、『精神分析通報』一九九九年一（七）号〕
13. Набоков В. (1958) Предисловие к «Герою нашего времени» // *Лекции по русской литературе*. М., Издательство Независимая Газета, 1998. С. 424-435. 〔V・ナボコフ『『現代の英雄』への序文』、『ロシア文学講義』、モスクワ、独立新聞出版、一九九八年所収〕
14. Rice, J. L. (1993) *Freud's Russia: National Identity in the Evolution of Psychoanalysis*, New Brunswick, London, Transaction Publishers, 2003.
15. Сновидения 1900-2000 (2000) *Dreams 1900-2000. Science, Art, and the Unconscious Mind*, ed. by L. Gamwell, Ithaca, Cornell University Press, 2000.
16. Фрейд З. (1901) Психопатология обыденной жизни // Фрейд З. *Психология бессознательного*. М., Просвещение, 1989; Freud, S., *Zur Psychopathologie des Alltagslebens*, Frankfurt am Main, S. Fischer Verlag, 1998. 〔S・フロイト『日常生活の精神病理学にむけて』（高田珠樹訳）、『フロイト全集七　一九〇一年』、岩波書店、二〇〇七年〕
17. Freud, S. (1909) "Bemerkungen über einen Fall von Zwangsneurose" ["Der Rattenmann"] // Freud, S., *Zwei Krankengeschichten*, Frankfurt am Main, S. Fischer Verlag, 1996, S. 53-130. 〔S・フロイト『強迫神経症の一例についての見解』（福田覚訳）、『フロイト全集十　一九〇九年』、岩波書店、二〇〇八年〕
18. Фрейд З. (1912) Тотем и табу // Фрейд З. *Я и оно. Труды разных лет. Книга 1*. Тбилиси, Мерани, 1991. С. 193-350; Freud, S., *Totem und Tabu*, Frankfurt am Main, S. Fischer Verlag, 1991. 〔S・フロイト『トーテムとタブー』（門脇健訳）、『フロイト全集十二　一九一二―一三年』、岩波書店、二〇〇九年〕
19. Фрейд З. (1914) Моисей Микеланджело // Фрейд З. *Художник и фантазирование*. М., Республика, 1995. С.

218-232.〔S・フロイト『ミケランジェロのモーセ像』（渡辺哲夫訳）、『フロイト全集十三　一九一三—一四年』、岩波書店、二〇一〇年〕
20. Фрейд З.（1915）Бессознательное // Фрейд З. *Основные психологические теории в психоанализе. Очерки истории психоанализа.* СПб., Алетейя, 1997. С. 151-193; Freud, S., “Das Unbewußte” // Freud, S., *Das Ich und das Es*, Frankfurt am Main, S. Fischer Verlag, 1992, S. 117-153.〔S・フロイト『無意識』（新宮一成訳）、『フロイト全集十四　一九一四—一五年』、岩波書店、二〇一〇年〕
21. Фрейд З.（1918［1914］）Из истории одного детского невроза（случай Человека-Волка）// *Человек-Волк и Зигмунд Фрейд.* Киев, Port-Royal, 1996. С. 156-239; Freud, S., “Aus der Geschichte einer infantilen Neurose”［“Der Wolfsmann”］// Freud, S., *Zwei Krankengeschichten*, Frankfurt am Main, S. Fischer Verlag, 1994, S. 131-244.〔S・フロイト『ある幼児期神経症の病歴より』（須藤訓任訳）、『フロイト全集十四　一九一四—一五年』、岩波書店、二〇一〇年〕
22. Freud, S.（1920）“Über die Psychogenese eines Falles von weiblicher Homosexualität” // Freud, S., *Schriften zur Krankheitslehre der Psychoanalyse*, Frankfurt am Main, S. Fischer Verlag, 1991, S. 221-250.〔S・フロイト『女性同性愛の一事例の心的成因について』（藤野寛訳）、『フロイト全集十七　一九一九—二二年』、岩波書店、二〇〇六年〕
23. Фрейд З.（1925）Отрицание // *Венера в мехах.* М., РИК «Культура», 1992. С. 365-371.〔S・フロイト『否定』（石田雄一訳）、『フロイト全集十九　一九二五—二八年』、岩波書店、二〇一〇年〕
24. Фрейд З.（1926）Проблема дилетантского анализа // Фрейд З. *Избранное.* Ростов-на-Дону, Феникс, 1998. С. 43-156; Freud, S., “Die Frage der Laienanalyse” // Freud, S., *Abriß der Psychoanalyse*, Frankfurt am Main, S. Fischer Verlag, 1994, S. 195-275.〔S・フロイト『素人分析の問題』（石田雄一、加藤敏訳）、『フロイト全集十九　一九二五—二八年』、岩波書店、二〇一〇年〕
25. Фрейд З.（1927）Фетишизм // *Венера в мехах.* М., РИК «Культура», 1992. С. 372-379.〔S・フロイト『フェティシズム』（石田雄一訳）、『フロイト全集十九　一九二五—二八年』、岩波書店、二〇一〇年〕
26. Фрейд З.（1937）Анализ конечный и бесконечный // *«Конечный и бесконечный анализ» Зигмунда Фрейда.* М., MGM-Interna, 1998. С. 15-59; Freud, S., “Die endliche und die unendliche Analyse” // Freud, S., *Zur Dynamik*

der Übertragung, Frankfurt am Main, S. Fischer Verlag, 1987, S. 129-168.〔S・フロイト『終わりのある分析と終わりのない分析』（渡邊俊之訳）、『フロイト全集二十一　一九三二―三七年』、岩波書店、二〇一一年〕
27. Freud, S.（1986）*Briefe an Wilhelm Fließ 1887-1904*, Frankfurt am Main, S. Fischer Verlag, 1986.〔『フロイト　フリースへの手紙　一八八七―一九〇四』（河田晃訳）、誠信書房、二〇〇一年〕
28. Человек-Волк（1971）Воспоминания Человека-Волка // *Человек-Волк и Зигмунд Фрейд*. Киев, Port-Royal, 1996. С. 15-136.〔狼男『狼男の回想録』、M・ガーディナー編著『狼男による狼男』（馬場謙一訳）、みすず書房、二〇一四年所収〕
29. Человек-Волк（1971）Мои воспоминания о Зигмунде Фрейде // *Человек-Волк и Зигмунд Фрейд*. Киев, Port-Royal, 1996. С. 139-155.〔狼男『ジグムント・フロイトの思い出』、M・ガーディナー編著『狼男による狼男』（馬場謙一訳）、みすず書房、二〇一四年所収〕

4
精神分析は複数形で綴られる
あるいは、精神分析への関心
あるいは、精神分析的ディスクール

0　前口上　テクストのトポロジー

このテクストの三つの題名は、その三つの宛名人たちの痕跡をなしている。三つの題名は、このテクストが様々に変形されて読まれた三つの学会の刻印を有している。エクリチュール〔手紙〕は**つねにすでに、ヴァーチャルな**〔大文字の〕**〈他者〉**に宛てられている。最も孤独な孤絶の中で書かれたテクストにさえ、呼びかけが含まれている。エクリチュール〔手紙〕の性格は、ディスクール的空間において〈他者〉が占める位置いかんによって変わる。こうしたテクストの傾向《ディスポジション》〔布置〕は、それが二つの定式によって規定されているかぎりで、**すでに**自らのうちに精神分析的アプローチを含んでいる。それらの定式の一方はフロイトにより、一方はラカンにより言われたものである。

人間の心的生活においては、つねに他者が現前している。

ディスクールとは社会的位置《ポジション》のことである。

最初の報告は、〈他者〉の不明確な場というよりは、むしろ学会の**題名**、およびそのポスターに提示されていた図案《イメージ》に規定されていた。そのポスターでは美術館《ミュージアム》内の一画が精神分析の場として割り当てられていたのである。学

会の題名、「現代の諸精神分析」（サンクト・ペテルブルグ、二〇〇六年六月三十日―七月二日）は、そこでの考察の二つの流れに基調を与えていた。第一に、「現代の精神分析」という奇妙な語結合のことが、例によってまた問題になった。第二に、精神分析は単数形では不可能であり、したがってそれをトーマス・クーンが言うところの「通常科学」という公分母に通分することはできないのだ、ということを示すよりはむしろ、精神分析の様々な形態はそれでもやはり、ディスクール的トポロジーのいくつかの共通の結節点、いくつかのほどけ目を有しているのだ、ということを示すことが求められていた。学会のポスターには、美術館で精神分析家と女性患者を描いた絵画を前にしている小さな女の子が描かれていたが、それは精神分析の未来について、そして精神分析を博物館《ミュージアム》化しようという欲望についての問題を提起した。ポスターでは開催者たちの名――ヨーロッパ精神分析的精神療法同盟、および国立精神分析連盟（ロシア）――が絵画上に、すなわち美術館の展示品上に配置されていたということを指摘しておくのは、興味あることだろう。

　テクストの二つめのヴァージョンは、〈精神分析家〉が占めていた〈他者〉の場へ向けられたものだった。〈他者〉は内輪《インナー・サークル》に属していたのだ。この輪〔円〕を多数の弧《セグメント》に細分化する、ディスクール上の異種性にもかかわらずである。こうした細分化は、「内輪」というものについての、そしてただ一つの〈他者〉の場というものについての観念それ自体を脱構築にさらすことになった。このヴァージョンは二〇〇七年三月、国際深層心理学学院の後援によりキエフで行なわれた学会、「精神分析への関心」のために準備され、フロイトの一九一三年の同名論文を扱ったものである。この発表の力点は、精神分析家たる者ならば誰もが新たに繰り返し自らの課題とするだろう問いに置かれていた。すなわち、我々は自分たちが精神分析と呼ぶものに携わっているとき、何に携わっているのか、という問いである。この問いはかつてラカンが立てたものであるが、それ以来、その響きはますます切迫したものとなったように、私には思える。

　三つめのヴァージョンは、本来の意味での近しい〈他者〉、相似ているが、それでいながら**ラディカルに異なっている**〈他者〉に向けられていた。テクストのこのヴァリアントは学者会館での学会、「物理的現実と意識の現実」（サンクト・ペテルブルグ、二〇〇七年五月十四日）のために準備された。この学会には四人の基調報告者がおり、それぞれが広い聴衆に向けて自らの学問分野《ディシプリン》――量子物理学、哲学、数学、そして精神分析学を紹介したのだった。私の発表は、精神分析的ディスクールを、関心を抱いている〈他者〉〔Drugoi〕に向けてパフォーマティヴな形で示そうという欲望により規定されていた。私はそれを、メビウスの輪のどこかで隣あっている三人の見知らぬ、すなわちまったく異なる〔他なる〕友人たち〔drugie druz'ya〕に向けて呈示しなければならなかったのだ。

1　諸々の場の間の精神分析の場

精神分析的知は、音声－ロゴス中心主義的な西洋の思考、声〔golos〕とロゴス〔logos〕と真理の同一性への信仰により支えられている思考からの、ラディカルな離反の結果、生まれた。フロイトによる無意識の作業の意味づけは、こうした少なくともプラトンの時代から作用している同一性を疑問に付した。それだけでなく、精神分析の出現に伴い、声の地位《ステイタス》がラディカルな形で変化した。そして最後に、真理の理解ということ自体がまったく別のものとなった。精神分析は、ある分野における知の蓄積の結果ではない。精神分析は、なんらかの伝統の継続ではない。精神分析の痕跡が、きわめて異なる思想家たちにおいて事後的に見いだされることがあるにしても。精神分析は特殊事例［Zwischenfall］なのであり、人間に関する諸科学の伝統的状況〔位置〕に生じた断絶を示しているのである。

一九一三年、『精神分析への関心』という著作において、フロイトは科学的知の領域における**精神分析の位置について**の問題に、このうえなく慎重にアプローチしている。この論文の最初の文で彼はこう宣言する。「精神分析とは、心理学的技法という手段による、一定の形態の神経過敏（神経症）の治療へと向けられた、医学的方法である」［25:5/203］。心理学的技法は生理学的、器質的、医学的技法と対立する。こうして、すでに最初の文にしてからが逆説的なのである。精神分析は医学的方法、文字通りには医療活動［ärztliches Verfahren］であるとフロイトは言うのだが、そうでありながら医療的技法に訴えることはしない。あるいは別の言い方をするなら、精神分析は医学的方法であるが、そうでありながら医学的方法は用いない。しかもフロイトが心理学的技法について語るとき、彼は科学としての心理学に関連する技法を念頭に置いているのではない。というのも、当時の心理学は明確に哲学的なものであり、自然科学の学問分野《ディシプリン》ではなかったからである。精神分析は心理学的技法を用いるというのは、それは薬理学的、電気的、水浴マッサージ的等々の、身体に対し物質的作用を与える手段に訴えるのではなく、思考、言表行為、言語を対象に作業を行なうということである。精神分析的作業の場となるのは精神界――表象、想起、判断の世界であると、フロイトならば言うであろう。それについては論文『精神分析への関心』第二部冒頭の章、「言語学的関心」が証言している。「精神分析の解釈とはなによりもまず、我々には異質な思考の表現方法を、我々の思考にとってなじみの表現方法へと翻訳することである」[25:20/216]。精神分析家とは、こうして一種の翻訳家、言語学者である。この点で、ジョン・フォレスターが精神分析家を「言語学の理論的問題にも、実践的問題にも通じた専門家」[24:142]と呼んでいるのには、驚くべきことは何もない。またジャック・ラカンが一九五三年の「ローマ講演」で「フロイトへの回帰」の喫緊の必要性を宣言し、こうした必要性が起こっているのは精神分析の基礎が忘却されているから、「言表行為《パロール》の機能、および言語活動《ランガージュ》の領野への関心」[10:12/9]が低下しているからであると、まず第一に語っているのにも、驚くべきことは何もない。精神分析の独自性が言表行為を対象にした作業に存することについては、一九二五年にフロイトの最初の伝記作者であるフリッツ・ウィッテルスが書いている。「人間は自分の考えを隠すために言語を発明したのだということを、精神分析家たちは他の誰よりもよく知っている。それゆえ、我々は患者が話すことよりも、患者が話さないこと、患者が二度話すこと、あるいは患者が特別な表現を使って述べることに耳を傾けるのだ」[1:82]。精神分析家は言語にアプローチする際、語りつつ欲望する主体が統合され、また分解されるシニフィアンの動的《ダイナミック》なシステムとして、それを捉える。フロイトにとって、精神分析に到る道のりは、とりわけ言語学的諸問題の検討、発話器官の機能の研究の中にあったということも、忘れないでおきたい。一八九四年に彼の著作『失語症について』が世に出たが、そこでは心的失調が様々な精神生理学的システム間の翻訳の乱れと見なされていたのだった。

　フロイトは『精神分析への関心』の第一段落で、精神分析は「医療的手続きである」と主張する一方で、第三段落を、精神分析はそれだけではないということから始めている。「しかしながら、精神分析の医学的意義を言うだけでは、諸科学の綜合に関心を抱く学者たちの面々に精神分析を紹介する根拠とはなりえないであろう」[25:6/203]。精神分析は、たとえなんらかの特殊な意味では医療的手続きであったとしても、明らかにそれだけには限定されない。精神分析の中には、諸科学の綜合に関心を持つ人たちの関心を惹きうるような何かがあるのだ。フロイトは他の学者たちを精神分析に惹きつけようと試みているのだが、彼自身は綜合ということに関心を抱いているのだろうか？ 必ずしも諸科学の綜合でなくとも、まずは単なる綜合であってもよい、どうなのだろうか？ 綜合、統一性はフロイトにとって、理性の介入を必要としない「自明なもの」であった。それについてフロイトは『精神分析への関心』が世に出た二年後、一九一五年七月三十日付けのルー・アンドレアス・ザロメ宛ての手紙で次のように書いている。「綜合が私の関心を惹くことは、きわめて稀にしかありませんでした。世界の統一性は自明なもの、特別な注意を必要としないものであるように、私には思えます。あるものをあるものから分離すること、原初的塊となって溶けあっているものを諸部分に区分すること——これこそが私を惹きつけることなのです……大体において私は熱心な分析家なのであり、まず分析《アナリーゼ》を行なうのであれば、綜合《ジンテーゼ》などなんの困難にもならないと考えています」[33:310/316]。フロイトのこうした気質《ディスポジション》は、精神分析的臨床の理解にとって原理的なものである。つまり、精神分析的過程とは差異化の過程なのである。理論的な点でフロイトは一貫している。綜合の虜になる人もいるかもしれないが、しかしフロイトの思考は差異によって動かされるのだ。

『精神分析への関心』の第三段落が精神分析を医学的役割の枠外へ連れ出しているとするなら、第四段落、および論文の一種の導入部を締めくくる次の段落は、(「綜合的」な)第一段落をそもそも用済みにしている。「そういうわけで、私は精神分析への医学的な関心は脇へ置いておくことにして、このまったく若い科学について私が今しがた主張したことを、一連の例を挙げつつ説明することにしよう」[25:6/204]。医療的な関心は脇へ退けられている。フロイトは検討を行なうために、精神分析が適用されうる八つの分野を提案する。しかし、このような適用はいずれも、適用が行なわれる分野自体の変形を前提とするのである。

いかなる関心について彼は語っているのか？ 二つの関心——ありうべき心理学的関心と、非心理学的関心についてである。フロイトはこの著作で、精神分析が適用される八つの領域、ありうべき「外的」綜合の八つの中枢を提示してみせているのだと言うことができる。精神分析にとって、こうした関心において問題になりうるのは、それが自己をどのように識別〔差異化〕するかということだけではない。それが他とどのような関係をとるのかということもまた、問題となりうるのである。

新たなパラダイムとしての精神分析は、すでに出来あがった知——医学的、精神医学的、哲学的、心理学的知との断絶において現われるということを、フロイトは自覚している［40］。彼自身、精神分析に一種、中間的位置を、すなわち医学と哲学の間の位置を割り当てるときに、この断絶を指し示している。この位置づけは文字通りに理解してみるべきだろう。精神分析は医学と哲学の混合でも、綜合でもない。そうではなく、医学でも、哲学でもないのだ。精神分析には、実証主義的思考にとっては耐えがたい、断絶の地位《ステイタス》、間《インター》-地位《ステイタス》があるのだ。それはすでに占められている諸々の場の間にあるのであり、ナルシスティックな衝動に駆られて誰かの場につこうと狙ったりはしない。それは間-場、あるいはフロイトならそう言ったであろうが、中間界［Zwischenreich］にあるのだ。「精神分析は、医学と哲学の間に位置することになったということで、ただ損をするだけである」［31:199-200/330］としても、驚くべきことではない。医学者たちは、精神分析は哲学の分野に由来する何かであると考え、哲学者たちは、医学に由来する何かであると考える。それは（「哲学的」）抽象と（「医学的」）具体の間にあるのだ。「同時代の医者たちには、このような研究対象の選択が気に入らなかった」のも無理はない。「医学者たちは、ただ解剖学的、物理学的、化学的要因のみに意義を与えるよう教わっていたのだ。彼らには心理というものを真面目に受け取る準備ができておらず、そのためこのような研究には無関心で、懐疑的な態度をとることになった」［31:197/328］。フロイトは精神分析に到る以前の時期には、まさに解剖学的、物理学的、化学的要因に意義を与えていた。まさにこうした要因から彼は決別したのだ。

フロイトは古典的な精神医学による、諸々の失調の病因の器質的モデルから離れるだけでなく、シャルコーによる心因的モデルからも離れて、主体性、記憶、抑圧という不安定な土壌の上に精神分析を打ち立てた。彼の革命は、心的なものを器質的なものの支配から解放したことにあった。一九一八年、ブダペストでの第五回精神分析会議で行なわれた、『精神分析療法の道』として知られる発表でフロイトはこう語っている。「心的なものは非常に特殊なものであるので、どのような比喩をもってしても、十全にはその本性を描写することができない」〔30:203/129/96〕。**心的諸過程の、物理的世界からの自律性、およびそれら諸過程の連続性**——フロイトの革命の「嚆矢」はまさにここにあったのだと言うことができよう。一八九五年の『心理学草稿』執筆に伴って起こった革命、科学性〔科学的であるということ〕の諸理想を疑問に付すことになった革命である。もちろん、だからといってフロイトがおのれの過去から、精密科学、および科学性の諸理想への信仰から、最終的に断絶したわけではない。それればかりか、この信仰、精神分析を科学的パラダイムの枠内で設立しようとするこの欲望は、フェリックス・ガタリが精神分析の「本来的欠陥」と呼んでいるものをなしている。まさにこの欲望にこそ、「心の普遍的な構造を明るみに出そう」とする渇望は根をもつからである〔2:205〕。とはいえ、やはりフロイトが支配的な実証主義的ディスクール からの脱出を模索しなかったならば、精神分析的革命は成し遂げられえなかっただろう。新たなディスクール的空間への脱出が、その空間自体を構成するということには、驚くべきことは何もない。学界〔科学の世界〕とのさらなる相互理解の不可能性へと導いたのは、まさにこの脱出だったのであり、男性ヒステリーや、神経症の性的病因についての講演など☆ではなかったのだ。

―☆ フロイトの一八八六年の講演『男性ヒステリーについて』、および一八九八年の論文『神経症の病因論における性』。

2 白熊は鯨と出会わない

『狼男の症例』の中でフロイトは、こうした不可能性を次のような動物界からのメタファーを援用しながら記述している。

「よく言われるように、白熊は鯨との喧嘩をたくらんだりはしない。それぞれにはそれぞれの生息地があり、彼らが一緒に出会うことはないからだ。同様に、心理学や神経病理学の場で働いている人々が、精神分析の基本的立場を認めず、精神分析的研究の諸結果を作り話とみなすというのなら、私には彼らと議論すべきことは何もないのである」[29:173/48]。

しかしながら、精神分析の基本的立場を認めるか、認めないかということに問題があるのではない。問題は生息地が異なること、互いに出会うのが不可能なことにある。問題はディスクール上の差異にある。というのも、まさにディスクールこそは人間が棲む生息地《エレメント》、より正確に言えば、主体が新たに繰り返し構成される境位《エレメント》であるからだ。そして、ディスクールは一つではない。「一つの」言語、例えばロシア語の範囲内においてさえ、一つではない。一つの唯一のロシア語などというものはない。そればかりか、ある言語、例えば「精神分析的ロシア」語から、別の言語、例えば「心理学的ロシア」語への翻訳は、白熊と鯨の喧嘩と同程度にしか可能ではない。

ディスクールは、一つの主体の「範囲内」においてさえ複数形である。もちろんフロイトがこの複数性について語る際に用いているのは、ディスクール上の差異という術語ではない。彼は異なる集団《マス》という術語を用いている。「同一の」主体が一度にいくつかの集団に属しているというのだ〔『集団心理学と自我の分析』参照〕。

ディスクールとは単なる言表行為《パロール》、単なる判断のシステムではなく、周囲の世界とコミュニケーションし、それを理解する特別な方法なのであり、また何よりもまず、それは周囲の世界を創造し、変化させる方法なのだ。フロイトはそのことを見事に理解していた。早くも一九一五年に論文『欲動とその運命』の導入部において、彼は経験的知と理論的知のパラドックスを指摘している。現象を記述する際にはすでに「なんらかの抽象的観念を素材に適用しないわけにはゆかないが、そうした観念は当然、新たな体験だけから得られるわけではない」[28:86/167]。ディスクール的境位の彼岸に経験的《エンピリカル》世界があるのではない。彼岸にあるのは想像的な最高天《エンピリアン》だ。フロイトは次のように言う。学者たちは自分たちの理論的諸概念は経験的素材から引き出されるものだと思っているが、この素材のほうが諸概念に隷属しているのだ。監禁されている〔v zaklyuchenii〕、演繹されている〔v umozaklyuchenii〕とすら言ってもよいかもしれない。その七十年後、意外に思われるかもしれないが、神経生理学者たちはフロイトに倣いつつ、古典的科学に反して次のように繰り返している。「認識という現象に対しては、我々が捉え、頭の中にしまっておくような何らかの『事実』、ないしは対象が、あたかも外界に存在するかのようにアプローチしてはならない。体験から得られた、世界についての与件は特別な仕方で、人間の構造によって裏づけられるのであり、その結果、我々は『物』についての観念、そしてそれを記述する可能性を得るのだ」。ここからくる結論はこうである。「**それぞれの認識行為は、ある世界を生みだす**」[23:23/28]。ディスクールは意味の助けを借りて世界を形成するが、その際、そのディスクール自体、透明でもなく、完結してもおらず、安定してもいない。精神分析的ディスクールは、まさしく**不透明性**、**開放性**、**可動性**を（おのれ自身のそれを含めて）主張することで際だっている。あらかじめ定まったアプリオリな意味など何もない。意味は主観的連想において獲得される。そして、意味はけっして一つではなく、つねにすでに複数形をとる。この点に**もう一つのフロイトの革命**がある。彼は、精神分析そのものが、それ自体で完成され、欠けるところなく、一貫し、完璧であるなど不可能であることを主張するのである。

　とはいえ、問題なのは白熊と鯨の不可能な出会いだけではなく、単なるディスクール上の差異だけでさえない。問題なのは、大学的（心理学的、医学的）ディスクールと精神分析のディスクールのラディカルな対立だけではない[15:21]。問題なのは、精神分析と心理学が、あたかも同じ一つの対象――人間、個人、主体をめぐって構成されているかのように見えることなのだ。

　このような、対象の見せかけの同一性から、精神分析と心理学は同じ一つのこと、すなわち人間について語っている、したがって両者の出会いは可能である、という幻想も生じる。さらに悪いことには、実験室での白熊と鯨の合成《ジンテーゼ》、両者の奇怪な雑種が可能であると思われているのだ。こうした幻想の基盤をなしているのは、抽象的諸観念には従属しない、同じ一つの経験的対象が存在するという信仰、意味の透明性への表象主義的信仰である。彼岸にある経験的対象への信仰は、諸言語のディスクール上の同種性、したがってそれらの翻訳可能性への、全体主義的信仰によって補完される。こうした信仰は、精神分析的解釈を心理学的言語に翻訳することの可能性ばかりか、その必要性についてまでも人に語らせることになる。この種の諸観念は、アカデミックな学問と通ずる国家官僚の水準では規範的な要求と化しているのだが、それらは言うまでもなく言語ゲームに関するウィトゲンシュタインの分析哲学の立場と相容れることはなく、「あたかも経験的素材から抽象的諸概念が得られるかのように見えるが、実際は経験的素材のほうがそれらに従属しているのであり、そうした経験的素材がたえず引きあいに出される中で、抽象的諸概念について合意がなされているのだ」[28:86/167]という、抽象的諸概念の意義に関するフロイトの観念とも相容れることはなく、ましてや異意義素《アローセム》、すなわち、いわゆる「一つの言語」の枠内における意味の分散、および主体のディスクールの固有語法《イディオマティック》に関するシャーンドル・フェレンツィとニコラ・アブラハムの諸理念とも相容れることはない。

一方でフロイトは、つねにすでに従属的である、経験的なものの位置について語ることで、**ディスクールは再現的ではなく、創造的な性格を持つこと**を主張している。社会的位置としてのディスクール、間主体的な位置としてのディスクールは、主体が創造される条件、精神分析的臨床が存在する可能性をなすのだ。

3　主体の効果

主体の位置それ自体が、精神分析を心理学と対置し、また心理学の土台として精神分析を設立することの不可能性について物語っている。「精神分析的経験により確立された主体の機能は、心理学という名によって取り繕われているにすぎないものすべて、その心理学の諸立場がいかなる衣服を纏おうとも、結局は専らアカデミックな学問の枠内にとどまっているものすべてを、根本的に無価値化する」[13:150/299]。『精神分析への関心』においてフロイトは、精神分析が到った諸結論は「一般心理学にとって大きな意義を持つはずである」と考えている[25:19/215]。彼は、いつしか精神分析は心理学の基礎となりうるだろうと夢みてさえいる。フロイトは夢みているが、しかし、このような不可能性を、彼自身信じているのだろうか？というのも、数ページ前でフロイトは、精神分析は主観《サブジェクティヴ》的世界の中への沈潜から始まると書いているからである。夢の解釈においてこそ「公式的学問に自らを対置する精神分析の歴史が始まる」［25:11/208］というのだ。精神分析は単に公式的学問のみならず、プラトンに発する幾世紀にもわたる形而上学的伝統にも、自らを対置する。プラトンによれば、声、ロゴス、真理は同一である。夢の解釈においては、確立すべきアプリオリな真理も、声／ロゴスの意識的な支配も、揺るぎない経験的実体もない。

心理学が自らを学問のうちに数え入れるのだとするならば、心理学は（精神分析的な）主体《サブジェクト》に携わることはない。いわゆる近代科学、すなわち十七世紀に形成された科学的パラダイムは、客観《オブジェクト》性の諸理念、自らのディスクールからの主観《サブジェクト》の排除に立脚している。客観性は主観性の除外の上に打ち立てられる。ただ客観性のみ、その対象《オブジェクト》がつねに同一の場に見いだされる精密科学のみが、人間的存在様態の方向性を示すことができる。「我々は、確信、疑いのなさ、石のごとく固い表象の世界に住むことを目指している。物はそれが我々に見える通りのものであると我々は信じているのだ」［23:13］。アカデミックな学問は自らへの信仰を植えつけるが、精神分析はけっしてそうではない。精神分析とは、「主体についての科学」と呼ぶのは理に適っているとは言い難いが、「主体の科学」と呼ぶのは至極まっとうである、そのようなものなのだ。

精神分析的企図は、主体に向けられるのみならず、自らの構成から主体を除外するアカデミックな科学に対しても向けられうるし、そうされるべきですらある。精神分析は、同時に主体にも、近代科学からの主体の排除、除外にも向けられている。科学的－パラノイア的衝動に駆られて行なわれる、主体の拒否、放擲［Verwerfung］〔第3章一四一ページの訳註☆を参照〕に向けられているとすら言ってもよいだろう。精神分析は、ラカン的定式に従うなら、「自分自身のあらゆる発話から除外された主体、解体された主体は現実的なもの〔現実界〕において回帰する。別の言い方をするなら、主体は自身の抹消そのものの中に、自分自身の近代墓地の中に見いだされる」［8:XI］ということを主張する。こうした、近代墓地の中への主体の監禁、こうした、いわゆる厳密な科学的ディスクールの枠外への主体の放擲のメカニズムにこそ、精神分析を博物館に納めよう、**それを安全な場に保管しておこう**という、今日の逆説的な欲望も関係しているのではないだろうか？　まさにこのようにして、今日我々の眼の前で、精神分析は同時に**保管され、かつ根絶され**ようとしているのだ。単に精神分析をネオ実証主義的現代の汽船から解雇するだけでなく、☆それを博物館に納めること、これが「真に科学的な」決定だというのだ。後世の人々が驚きを求めてこの奇妙な展示物《オブジェクト》を見にくるかもしれないということか!?　しかし、それをどのように呈示すればよいのだろうか？　どのようにして精神分析的主体を目に見える形で展示すればよいのだろうか？

☆　一九一二年に出されたロシア未来主義の宣言文『社会の趣味への平手打ち』中の有名な一節、「現代の汽船からプーシュキン、ドストエフスキイ、トルストイその他その他を放り出せ」への暗示。

まさか、女の子がびっくりして見つめている、男と女を描いた絵画のようにだろうか?!　女の子の驚き、その〔精神分析への〕関心は、ふさふさした鼠が彼女の手から今にも滑り落ちんとしていることによって強調されている。もしかしたら彼女の関心は、置き換えられた原光景を目にしたためにエディプス化が覚醒したことによって、呼び起こされたのかもしれない。もしかしたら彼女の関心は、この情景をモデルを見ながら描くことのできなかった画家の幻想によって、呼び起こされたのかもしれない。もしかしたら女の子は、絵の中に女性患者の顔が〔倫理的な配慮により〕見えないということよりは、むしろ精神分析家にそもそも頭がないということに、驚いているのかもしれない。しかも女の子自身、その顔がこちらからは見えないような姿勢で立っているのだ。精神分析の主体は、こうした具象《オブジェクト》化を行なう表現様態《リプリゼンテイション》においては、曖昧な〔顔のない〕ものとなるのである。

まさに主体の理解こそが、フロイト自身にとって、人間が占める場についての知の歴史における三番目の——コペルニクスとダーウィンに続く——革命として精神分析を主張する根拠となる。この革命は、まさに主体の理解、主体化の諸条件の理解において遂行される。フロイトは、かつて支配的であり、今日でも相変わらず支配的であるデカルト的伝統と断絶するのだ。中心化された、思考する主体の場を占めているのは、**分裂した、ありうべき**〔思考されうる〕主体なのだ。
フロイトによって遂行された革命と言っても、彼に先駆者がいなかったことを意味するわけではない。アルテミドロスも、ソクラテスも、エンペドクレスも、スピノザも、ゲーテも、カントも精神分析に「手をつけた」というのは、確かである。しかしながら、革命は先行する思考のパラダイムとのラディカルな差異にこそ存する。革命は、**新たに形成されるシステムが**、**いかなる形でも**、**先行する諸システムに還元されない**ということにある。フロイトは、アルテミドロスでも、ソクラテスでも、エンペドクレスでも、スピノザでも、ゲーテでも、カントでもないのだ。

フロイト的主体は自ら自身に向けられており、この点で、そうした主体の基盤は、認識行為自体を認識するプロセスとしての自省《リフレクション》である。この点に、現代心理学のナルシスティックな迷妄《イリュジョニズム》説からの脱出の可能性、そして差異化を旨とする精神分析的臨床の条件がある。ラカン的術語で言うなら、精神分析的臨床は、**自我**《モワ》と**他者**との想像的葛藤を脱せしめ、自らの**私**《ジュ》が欲望し思考する主体として歴史化される次元、すなわち象徴的次元へと導いてゆく使命を持つのだ〔第3章一六一ページの訳註☆を参照〕。こうした行為の中に、「我々の盲目を暴きだし、他者たちの確信と知も、我々の確信と知と同様に、圧倒的かつ幻覚的なのだということを意識するために、我々に差し出された唯一のチャンスがある。我々がいかに認識するかを認識するという、この特別な行為こそは、伝統的に我々の西洋文化から抜け落ちてきたものなのだ。我々には思索へではなく、行動へと向かう性向があり、そのために、我々の生は概して自分自身に対して盲目なのだ。まるで何かのタブーが我々にこう語っているかのように。『知ることについて知ることは禁じられている』と」［23:21］。今日このタブーはますます顕著なものとなってきている。マス・メディア社会による消費の再生産自体、消費において主体が構成されるがゆえに、主体の画一化、規格化、産業化に導くが、いかなる場合であれ自省に導いたりはしない。まさにこのタブーにこそ、今日の主体の運命がある。まさにこのタブーにこそ、フロイトの主体の排除がある。

フロイト的主体は、分裂を引き起こす抑圧というものを概念化する中で構成される。それは実体的なものではない。それはアカデミックな学問的パラダイムにおいて客観《オブジェクト》〔客体〕化されるものではない。それは現前の形而上学の枠内では自らを見いだしはしない。精神分析的な「主体は実体化《ハイポスタタイズ》されたものではなく、仮定《ハイポテサイズ》されたものなのであり、それはつねにただ予想されるものにすぎない。我々はけっして主体と顔を突き合わせることはない」[8:XI]。主体とは無意識的な主体、より正確には無意識の主体である。主体とはヴァーチャルな、可能的な主体である。主体とはむしろ、デリダの言葉を借りるなら**主体性の効果**である。

この効果は何を生みだすのだろうか？

——自我《モワ》の構成に際して起こる、自己からの**疎外**。この疎外こそが、**前に置かれたもの**〔表象〕、外から回帰してくる幻覚的投射としての主体を生じさせる。

——他者との**関係**。自我は**他者**なしにはありえず、他者のうちに、私が生まれる諸条件も、私の生存が認められる可能性も、私の死の既定性もある。他者のうちに、欲望する存在として私が生じる可能性がある。というのも、欲望とは他者の欲望として構成されるものなのだから。他者との同一化のうちに「自らの」諸特徴、すなわち我有化〔割り当て〕の諸目印《タグ》があるのだ。

——**抑圧**。それは主体を脱中心化し、意識的現前という幻覚的軌道から主体を逸らし、種々の心的審級の間の余白に主体を「配置」し、つねにすでに他なる舞台の上で主体の運命を上演する。

——**記憶痕跡**。それは逆説的な形で、それを残す者に先行する。その結果、この舞台上では「古典的主体の点としての単純さを見いだすことはできない」[5:287-8/456]。主体の歴史化されえない歴史を書く記憶的エクリチュールは、「精神分析を単なる心理学にはせず、また単なる精神分析にしさえしない」[5:290/459]。

——抑圧の象徴的な代替としての、すなわち抑圧されたものの回帰、置き換え、代理の形式としての**否定**。それはフロイトのディスクールにおいては、ディスクールの条件そのもの、そして精神分析の可能性である。

——自らとは異種のディスクール的（象徴的、イデオロギー的）空間における、**同時に疎外でもある自己開示**。しかも、逆説的なことにこの自己開示は、十全な、徹底的な、最終的なものとしてはけっして可能ではない。というのもイデオロギー的な主体は、識別の仕損じ《エラー》により構成されるものだからである。こうして、脱中心化された主体は自己の外にあり、自分のためにあらかじめ用意された象徴的洗礼盤の中に寝かされていることになる。

　精神分析的主体は、自己同一性というナルシスティックな幻覚から弾き出されている。このような主体が、自己自身と同一である心理学的個体と出会うことがないのは、もっともなことだろう。こうした非同一性は、まさに今日、メディア的主体というものとの関わりにおいて、歴然たるものになっている。「精神分析は心理学ではない［…］。最も秘められた思いでさえ、最も秘められた感情——同情、涙、悲哀、笑い——でさえ、その真摯さを失うことなしに、他者に転移され、委託されうるのだから」［7:42/56］。文化の主体としての精神分析的主体は、自己の外に、かつ文化の外にある。それは余白に、自己と文化との間にあるのだ。それはけっして文化に順応させられえない、少なくとも、鯨や白熊が自らの生息環境に順応するようには。それは文化の中での居心地の悪さ［**das Unbehagen in der Kultur**］を経験する。文化の主体は文化の中では居心地が悪く、不快で、不気味［**unbehaglich**］でさえある。文化とは、不気味な怪物〔urodina〕［**Unheimliche**］として**つねにすでに**回帰してくる故郷〔rodina〕［**Heimat**］なのだ。文化とはアプリオリな標準《ノーマル》化、病的なものを区別するための正常《ノーマル》化なのである。

　ディスクール的空間における主体の開示が主体の単一性を前提としないのは、ディスクールの異種性のためだけではない。この空間自体が**多種的**なのである。**主体は幾重にも分裂しており、多元決定されている**。主体は、フロイトが言うように、種々の集団《マス》に属している。主体は、ウィトゲンシュタインが言うように、様々な言語ゲームに巻き込まれている。主体は、ラクラウとムフが言うように、主体がその一部をなすディスクールに従って、様々な同一性《アイデンティティ》を持つ。主体《サブジェクト》という概念自体、すでに（文法的な）主語〔podlezhashchee 属するもの、従うもの〕なのだ。主体は、それが占めるディスクール上の位置によって、輪郭を得るのである。

　精神分析の基盤にあるのは、断絶、分裂、欠落に基づく主体性である。精神分析には「本当の私」、「真の自己性」、「統一ある人格」といった類の語構成のための場はない。精神分析の主体は分裂している。それはけっして「自ら自身」となることがない。それは自ら自身と一致しない主体なのである。主体の主体性は、主体性の絶えざる我有化

〔収奪〕にある。精神分析的主体は、生物学的個体でも、実証主義的科学主義《サイエンティズム》の対象でも、神経体液システムでも、認知行動的機械でも、まったくない。精神分析的主体を実証主義的博物館の中に置くことはできない。それを心理学化された対象のようなものに見せかけて、どこに置こうとも、それはつねにすでにどこか別の場、別の展示室、展示室の境界外にあることだろう。いくらマクシム・ゴーリキイに倣って主体に大文字の〈私〉でもって署名したところで、精神分析的音域《レジスター》では主体は誇らしげに響くことなく、その代わりに博物館的アーカイヴ化を経験し〔生き延び〕、この経験において主体の効果が再びさらにどこかで生じることだろう。

　精神分析は、デカルト以来、哲学において揺るぎないままである主体の位置を再検討する。西洋的ロゴスにおける主体は「あらゆる認識の中心点であり、そこにおいて、それを基礎に、自由が獲得され、また真理も現われうるのである」。こうして精神分析は、ミシェル・フーコーの言葉によれば「デカルト以来、西洋の思想においてどこか神聖な性格を有していた主体というものの優先権の、最も意義深い再解釈を可能にした理論と実践になった」。精神分析は「主体の絶対的な位置を疑問に付したのだ」[37:42/96-97]。精神分析はナルシスティックに主体を大文字で書きあげることを止めたのである。

　精神分析の歴史、それはさらにまた、自らの諸起源、自らの基礎なき基礎の、自己忘却、抑圧の歴史でもある。精神分析の歴史、それはさらにまた、最終的には歴史化されえない、主体自体の歴史の忘却の歴史でもある。フェリックス・ガタリは次のように語っている。「フロイトの天才、あるいは、おそらくはフロイトの狂気は、主体という大陸の出現に突き当たり、それを見いだしたのだった。この大陸は、哲学、宗教の歴史、文学がただ遠まきにしか開発して〔練りあげて〕こなかったものだ。その後、フロイトは理論的道具、分析的技術を練りあげ、諸々の学派、および国際的研究機関の創設を支援し、それゆえ、最初に見いだされた諸問題はすぐに姿を隠してしまった。私にとって問題なのは、フロイトを『保管』することではなく、彼が事実上は偶然に発見した大陸を開発し、利用する諸手段を得ることである」[4:48]。この大陸は実体的なものではなく、場を占めることなく、博物館化されえない。この大陸は歴史を持たず、年表《クロノロジー》の中に取り集められることはない。この大陸は現代〔sovremennost'〕時間〔vremja〕を共に

〔so-〕すること、同時代〕という論理の彼岸にある。フロイトは、近代的〔sovremennyj〕なデカルトと断絶することで、現代〔sovremennyj〕［modern］ではなく、現代以後〔postsovremennyj〕［postmodern］のものとなる。

4 中間期〔mezhvremen'e 時代の狭間〕 かくも時代遅れな〔nesovremennyj 現代＝同時代的でない〕、現代以後的な精神分析

現代以後という様態は、メディア的主体を規定する《プレスクライブ》とは言わないまでも、そのありようを示す《ディスクライブ》ものである。そして、ヴァーチャルな、サイバネティクス的、マス・メディア的現実《リアリティ》の時代にあって、間‐場的な様態〔mezhdu-mestnost'〕をとる精神分析は今日、いかなる時代よりもはるかに当を得たものである。精神分析は、場に‐納まら‐ない〔nezhdu-mestnyj 当を得ない〕、局所解剖学的《トポグラフィック》でない、解剖学的でない、器質的でない心的現実についての観念のために、はるかに当を得た〔umestnee〕ものなのだ。メディア的主体は、空間的な意味でも、時間的な意味でも、余白に、中間に、間隔［Zwischenraum］にある。「間」〔mezhdu〕という精神分析の傾向《ディスポジション》、「間」という主体の傾向、支配的な主人の（ラカン的な意味で）ディスクールとの断絶は、精神分析の現代以後的な傾向を規定している。

現代以後〔ポストモダン〕という概念は、周知の通りジャン＝フランソワ・リオタールによって練りあげられたものである。現代以後とは現代に続いてやってくる歴史的期間ではないのだと、リオタールがいくら語ったところで、大抵はまさにそのように解されてしまっているというのは逆説的である。これはアカデミックで官僚主義的なディスクールによる思考の私的利用《エクスプロイテイション》の典型的な結果である。時間についての線的な古典的観念の枠内で現代以後を解することは、少なくとも二つの理由から馬鹿げている。第一に、我々はつねにすでに我々と同時代〔現代〕の時代に生きている。第二に、もし我々が現代の次に現代以後を置くのだとしたら、もし我々が編年的《クロノロジカル》な秩序で歴史を組み立てるのだとしたら、我々は、順次的、歴史的な時代区分への欲求という点で、近代〔現代〕の精神に従っていることになる［19:20］。「現代以後」という概念を概念化するにあたりリオタールは、フロイトの時間に関する観念、なかでもまず事後性［Nachträglichkeit］のメカニズムを基礎としている。まさにこの精神分析的カテゴリーこそは、同時代自体のアプリオリな非同時代性を示している。フロイトを現代の汽船から解雇しようとする欲求自体が、こ

うして、客観化と分類化のみならず、時間についての線的で意識的な観念に基づく近代のアカデミックな科学の立場からの、フロイトに対する態度を示しているのだ。時間、歴史、知についての殊更に精神分析外的で日常的な観念が、「フロイトは古い」、「博物館における精神分析の場」等々の発言のアプリオリな条件をなしているのである。

アーカイヴ化しよう、博物館化しよう、保管しようという欲望自体には、言うまでもなく何も悪いところはない。博物館はよいものである。そこには希少で価値ある展示品が保管されている。博物館では美的な展示物《オブジェクト》を味わい、その運命について思いに耽ることができる。しかしながら、問題は別のところにある。なによりまず博物館の展示品は非機能的であるということに。それは美的、ないしは歴史的な関心はもたらすが、実際的な関心〔利益〕はまったくもたらさない。精神分析を博物館に納める根拠は、それが働いていない、役に立つことを拒否しているということにある。それは正常《ノーマル》な社会における異常なものの位置にある。別の言い方をするなら、今日のサービス市場において、機能していない商品を売ることはできないのだ。精神分析は、働いていないがゆえに、もはや売ることができない。それは警報装置のもとで安全に保管される、過去の対象《オブジェクト》である。精神分析がアカデミックなディスクールにおいては価値〔価格〕決定できないということ、それは市場に対する脅威なのだ。

だが精神分析が働いているのだとしたら、効率性、成果の達成、生産性を要求する文化において、あまりによく働いているのだとしたら、どうだろうか？　より正確には、精神分析がこの文化自体のために働いているのだとしたら、どうだろうか？　そうであるならば、この問いに対する答えはこうであろう。「精神分析はあまりによく働きすぎており、そのことが精神分析をこんなにも危険なものにしているのだ！　精神分析は最良の資本主義的麻薬である！」[3:216]。そうであるならば、精神分析は自ら自身にとって危険なものである。

精神分析の危険から逃れようという欲望、精神分析を博物館に保管しようという、もっともなようにも見える欲望は、一方で相も変わらぬ同じ問いを呼び起こす。精神分析が実証主義的な分類化を受けないとするなら、それをどの部門に納めればよいのだろうか？　精神分析を体系化しよう、それをデータの分類学的な集大成に変えようという諸々の試みは、今にいたるまで何の結果ももたらしていない。この点で、自我心理学者（今日のロシアにおける分類では「現代の精神分析家」［22］）デイヴィド・ラパポートの話は示唆的である。彼は生涯、精神分析を体系化し、分類化し、整備することを目指してきたのだが、人生の道の終わりに、自分は虚偽の足跡に沿って歩んでいたという結論に到ったのだった。彼は生涯にわたり、精神分析を厳密な心理学的科学に変えることに取り組んでいた。精神分析はつねに主体において書かれるであろうこと、それはつねにフロイトの身体に、彼のテクストのコーパスに帰するであろうということを理解するまでは。彼が出した結論は相当の尊敬に値する。しかしながら、ラパポートの教訓はもちろん、ラパポート本人を除いては誰の教訓にもなりえないのである。

同時に、フロイトを現代科学のいかなる官僚主義的な規格にも帰することができないということの、さらにもう一つの証言となるのは、精神分析を包括的な解釈装置、メタディスクールに変え**ない**、リオタールが〈大きな物語〉［**Grand Récit**］と名づけたもの、すなわち大部分の人が信じている〈歴史〉（〈キリスト教〉や〈共産主義〉の類の）に変え**ない**という、フロイトの確固たる欲望である。リオタールは一九八〇年代には、メタディスクールの役割を引き受けようとする、この類の包括的で全体主義的な歴史は不可能であることを予想していた。そして、なおかつ彼は、資本主義的科学技術のイデオロギーが、今日我々がその証言者であるように、いかにメタディスクールとなろうとするかをも記述している。一方で、フロイトは逆説的な仕方で、メタディスクール的な位置に立とうとする精神分析の要求を逃れようとしながら、精神分析をそのような位置に置こうとしていた。フロイトは、こうした点で対立する二つの欲望の戦いの場だったのである。

精神分析を制度《インスティテューション》化しないというフロイトの欲望、精神分析の自律性、その中間的地位《ステイタス》を、彼自身の表現によれば **splendid solitude**〔光栄ある孤立〕のうちに保っておこうという欲望は、正反対の欲望とぶつかりあう——いたるところに精神分析を広めよう、国際的機関《インスティテューション》を設立しよう等の欲望である。フロイトは精神分析の帝国主義的拡張に手を貸しつつ、同時にそれに逆らっていた。こうした内なる対立には、次のごとき二つの兆候がある。第一に、フロイトは精神分析を世界観に変えてしまうことを欲していなかった（一九〇一年）。第二に、彼は精神分析の体系化に抵抗していた（一九一四年）。官僚主義的体系化は、主体の排斥［**Verwerfung**］、主体を統計学的に算定された個体に変えてしまうということに加え、他にどこが危険なのだろうか？ その危険は、精神分析自体を神話に変えてしまうことにある。これが現代〔同時代性〕の逆説である。すなわち科学化が神話化に転ずるということだ。この神話が宇宙全体を包括しつつ狙いとするのは、もはや把握、分析ではなく、「社会集団全体に安全という感覚を与える」ことだ。「精神分析において第一の地位に浮上するのは民間的神話体系であり、そうした体系に従い、そうした神話を基礎として、社会集団の世界全体も再編されることになるわけである」[18:163/202]。このようにしてナルシスティックな転換《コンヴァージョン》のうちの一つが遂行される。自らの安全が無意識的目的になるということだ。仮定される外部からの攻撃からの防衛が、精神分析的ディスクールからの防衛に転じるのである。精神分析的共同体は、ラカンが国際精神分析協会の活動との関わりでSAMDAと名づけたものに急変する——その意味は「反精神分析的ディスクール互助会」である。「いいですか、彼らは自分たちの存在自体を条件づけているディスクールそのものを知ろうとしないのです」[16:27/41-42]。この種の否定は、精神分析的ディスクールの抑圧の過程を示している。

実証主義のナルシスティックな諸理想へ後退しようとする動きは、現代的であろうとする科学主義的欲望と逆説的な仕方で呼応している。この欲望の抑鬱的性格は、それが欲望の欲望でしかありえず、それ以上ではありえないということに存する。ここから次のようなことも帰結する。すなわち、つねにすでにマス・メディア的孔の中で姿を消してゆく現代性に追いつこうとするならば、その現代性自体の危機を認める必要性に直面させられるのだ。このようにして、ナルシスティックな仕方で、自らの死と自らの現代性とを、事実上、同時に宣言しなければならなくなる。精神分析は死んだ！ 現代の精神分析万歳！と。精神分析を現代化しようという欲望に関連して、ラカンは科学の欲望についてラディカルな問いかけを行なっている。「分析家の欲望に由来する、原理的でありながら、いまだ十分な形では表れていない諸帰結にもかかわらず、それでも我々は現代科学という列車に精神分析を連結しうるのだとするなら、どうして、現代科学の背後にはいかなる欲望があるのかと問うていけないだろうか？」[14:171/210]。

今日の科学技術の背後にあるのがいかなる欲望であれ、精神分析の欲望は定義からして、そうした支配的な、科学技術の領野にはありえない。フロイトのディスクールはつねに自らに向けられていたのであり、外在的な科学的対象とやらに向けられていたのではない。内的自省《リフレクション》、不断に自らへ向けられたディスクールの志向性、言語の諸逆説の分析といったことが、現代以後的な思想家としてのフロイトを性格づけている。まさにジークムント・フロイトを、マルセル・デュシャン（美的パラダイムにおいて）、ニールス・ボーア（科学的パラダイムにおいて）と並んで、ジャン＝フランソワ・リオタールは現代以後という様態の例として挙げているのだった。

執拗な問いの一つ、精神分析的言語様態《レジスター》においては逃れることができない問いの一つが、分析家の欲望とはいかなるものなのか、というものであるのも、驚くべきことではない。分析家の欲望と、現代の学者、今日の現代科学技術の信奉者の欲望との相違は、どこにあるのだろうか？分析家の欲望は分析的ディスクールにおいて定式化される。このディスクールの特殊性は、いったいどこにあるのだろうか？

5　ディスクール性の創始者が複数形であることを規定する

この問いに対するありうべき答えの一つをミシェル・フーコーが、一九六九年二月二十二日にコレージュ・ド・フランスで行なわれたフランス哲学会の集まりでの発表において提出している。この講演でフーコーは、自らの知の考古学において総じてそうであるように、フロイトに「ディスクール性の創始者」という役を割り当てている。フロイトは、単に何らかの理論を作りあげた人なのではなく、単に本の著者なのではなく、単に自分自身のテクストの作者なのではなく、ディスクール性〔個々の具体的な言説《ディスクール》ではなく、そうした言説全体のあり方〕の創始者、すなわち、精神分析という枠内での「諸ディスクールの限りない可能性」を確立した人なのである［34:31/245］。

しかも、ディスクール性の創始者の気質《ディスポジション》は、小説の「作者《オーサー》」や科学的理論の「発案者《オーサー》」のそれとは異なっている。文学作品の「作者」は模倣、類似《アナロジー》を惹き起こし、科学理論の「発案者」は新たな概念を作りあげ、「それを基礎づける行為は、それが未来に被ることになる変形と同じ平面に属している。その行為は、ある意味では、それ自身が可能にさせる諸変更の総体の一部をなしているのである」［34:33/244］。例えばガリレオのテクストを再検討することは、力学の歴史についての我々の観念を変えうるが、力学それ自体を変えるわけではない。フロイトのテクストの再検討は、精神分析それ自体を変えてしまう。こうして、『心理学草稿』は「精神分析についての認識の歴史的領域ではなく、その理論的領域自体を変えてしまう危険をつねに孕んでいる」［34:38/248］。

　ディスクール性の創立者と諸学問の創始者との混同を避けるため、フーコーはそれらを記述する際に、二つの異なる概念を用いている。**fondateur** が学問における始祖であり、**instaurateur** がディスクールの創立者である。ディスクールの創立は「自身の」ディスクール内における諸差異の**可能性**を前提とする。フーコーが言うように、「**ディスクール性の確立**は、それに続くその変形とはつねに異質である。ディスクール性の何らかのタイプ——フロイトが確立した精神分析のような——を拡張することは、そのディスクール性が最初は許容しなかったかに見える形式的一般性を、ディスクール性に与えることを意味するのではない。それは単にディスクール性の応用の一連の可能性を、そのディスクール性のために開くことを意味するのだ」［34:34/245］。ディスクール性の創設が問題になっているとき、重要なのは、このディスクール性が可能にするのが模倣というよりは、相似というよりは、むしろ差異であるということだ。フロイトが可能にしたのは、彼の諸テクスト、彼の諸概念、彼の諸仮説に対する一連の差異なのである。逆説的なのは、こうした諸差異が、当の精神分析的ディスクールにおいてこそ当を得た〔場所に納まる〕ものになるということだ。別な言い方をするなら、**精神分析とは**つねにすでに**フロイトなのであるが、しかしフロイトだけが精神分析なのではない。**これが**精神分析が複数形で綴られる**ことの理由の一つである。こうして**第一の逆説**が現われる。「フロイトが精神分析を基礎づけたということは、リビドーの概念や夢分析の技法がアブラハム、ないしメラニー・クラインにも見られると言うことを——単に言うことだけを——意味するのではない。それが意味するのは、フロイトが可能にさせたのは彼の諸テクスト、彼の諸概念、彼の諸仮説に対する一連の差異であると言うことなのだ——とはいえ、その諸差異はすべて当の精神分析的ディスクール自体に関与的《レレヴァント》なのであるが」［34:32/243-244］。

　ディスクール性の創設の機能について語ることで、フーコーはフロイトへの、彼のテクストへの回帰がすでに不可避であることを示している。フロイトのテクストとの同一化こそが、精神分析家となることの条件なのだ。フロイトのディスクールは精神分析家の出生地である。参照点、たとえ明示的な点ではなくとも、そうした参照点としてのフロイトのテクストがなければ、精神分析はありえない。「フロイトへの回帰」なしに、彼のテクストのコーパスを通過〔修養〕し、それにより変容を被ることなしには、精神分析はない。このフーコーの発表にはラカンも出席していた。報告の後の議論で、彼は自身の綱領《プログラム》を引き合いにだしている。「……フロイトへの回帰、それは結局のところ、私が一種の旗として掲げたものなのです」[34:45/262]。ラカンが企図しているのは、こうして、ディスクール性の創始者というものの機能の解釈なのである。精神分析的ディスクールの枠内で**第二の逆説**が現われる。フロイトよりもラディカルなフロイト主義者になることも可能であるということだ。ラカンをフロイト自身よりもラディカルなフロイト主義者と呼んでも、まったく差し支えはないだろう。ラカンが死にいたるまで自分のことを、新たな学派の創始者としてではなく、フロイト主義者として執拗に主張していたのは、ゆえなきことではないのだ。

精神分析的ディスクールの**第三の逆説**を生じせしめるのは、真理の探究の方向性である。少なくとも一八九七年以来、精神分析は自己認識という企図と結びついている。精神分析のディスクールは主体のディスクールにおいて分節化されるのだ。この逆説は、精神分析における主体と客体の一致として知られているものだ。しかも、この一致が含意しているのは、それら形而上学的対概念の脱構築なのであって、主体が客体になるということではない。こうした、脱構築された主体のディスクールにおける精神分析のディスクールの分節は、欲望をめぐってなされる。フーコーは原理的な契機《モメント》を指摘している。まさに精神分析が示しているのは、**ディスクール**とは「単に欲望を現わす（ないしは隠す）ものではなく、欲望の対象となるものでもある」[35:52/13]、ということなのだ。このようにして、欲望は、それと結びついている真理と同様、ディスクール性の領分なのである。分析家《アナリスト》と分析主体《アナリザン》の欲望において、精神分析の意味は構成されるのだ。

精神分析の目的は欲望と結びついている。分析家の欲望、および分析主体の欲望とである。フロイトがやはり一九一五年の論文の、例の導入部で書いているように、ディスクールはけっして固定化されえず、文化とその主体は歴史的、可変的であるということからすれば、精神分析の目的というのは意外である。その目的は、何らかの顕在的な上部構造を分析し、その下に幽閉の憂き目にあっている潜在的な秘密を明るみにだすことにあるのではない。その目的は、客観的現実がどう「現象して」いるかを開示することにではなく、「すべては実際どうだったのか」を探しだすことにでもなく、客観的であるように**見える**、この現実自体がどのように作りあげられるのかを明るみにだすことにあるのだ。精神分析的世界像が自らの形而上学的基礎（客観性、与件性、編年性、等々）を喪失するのだとしたら、それは、この世界像を生みだすディスクールにおいて、どういった現われ方をするのだろうか？

6　フロイトのディスクール

フロイトのディスクールは、形而上学的諸概念の中で構築されざるをえなかった。各人は自らの時代に属している（同‐時代的である）ものなのだ。しかしながら、精神分析的ディスクールに組み込まれる際、形而上学的響きを喪失するというのが、それら諸概念の運命であった。まさにこの点において、フロイトは自らの実証主義的時代から脱落するのである（彼は同‐時代〔現代〕‐以後的なのだ）。結果として、例えばフロイトの無意識は、ブレンターノやハルトマンの無意識と共通するものを事実上は何も有していない。ただ形而上学的ディスクールの枠内でのみ、例えば無意識を認めることは精神分析を認めることであるとか、フロイトと、例えばユングは、無意識に訴えたということにおいて同じパラダイムに属しているとか、言うことができるのである。ただ他の諸シニフィアンとの関係においてのみ、「無意識」というカテゴリーはその意味を獲得する。精神分析的流儀においては、あれこれの象徴の、いかなるアプリオリな意味についても語ることができない。精神分析的ディスクールは、諸概念間の関係において形成されるのであり、ディスクール内にそれら諸概念が「見られる」〔現前している〕ことにおいてではない。単純に言えば、「無意識」、「抵抗」、「転移」といった概念が用いられているからといって、精神分析的ディスクールが働いていると示すことには、いかなる形でもならないし、ましてやその保証にもならない。逆に「無意識」、「抵抗」、「転移」が形而上学的意味を獲得することも、十分にありえるのだ。そのためには、例えばそれらの概念に厳密な定義を与えてみれば十分だろう。概念とは完結したものではない。それらは自らの内には意味を有しておらず、コンテクスト、他の概念との関係、それらの間の余白において、意味を獲得するのである。

フロイトは論文『無意識』の第一章を、精神分析の主体について、そのディスクール的多元性を十分に汲みつつ触れている、次のような原理的な意見で締めくくっている。フロイトは、意味の透明性、無意識的内容へ直接達することの可能性といったテーマについて、いかなる幻想も抱いていない。「無意識的な心的活動があるという精神分析的仮説は、一方では、我々の意識との類似をいたるところで示している原始的アニミズムのさらなる発展であるように我々には思われるし、他方では、外界の知覚についての我々の理解の、カントにより着手された修正の継続であるように思われる。我々の知覚が主観的に条件づけられている点を考慮しないわけにはゆかないこと、だから我々の知覚は、知覚されているが識別されていないものと同一であると見なすことはできないことを、カントは我々に警告したのだが、それとまったく同様に、意識の助けによる知覚を、その対象である無意識的な心的過程と混同することはできないと、精神分析は我々に注意を促している。物質的なものも、心的なものも、実際には必ずしもそれが我々に見えているように存在するわけではないのだ」[27:140-141/218]。こうして、無意識とは〔フロイトの第一局所論における〕知覚‐意識系の対象ではない。このように、精神分析的ディスクールは可能なもの、蓋然的なもの、仮定的なもののディスクールなのである。この点で、一九五〇年代にラカンが新たな学問分野——サイバネティクスに惹かれていたというのも、驚くべきことではない。一九五五年六月二十二日の講演で彼は厳密科学に対し、**仮定の上に構築される科学**、蓋然的な科学、**sciences conjecturaux**〔推測科学〕について語っている。「同一の場所に見いだされるものについての科学に、場所それ自体の組み合わせについての科学がとって替わる」[12:424/213]。このような仮定的科学に精神分析も属しうるのである。

精神分析的ディスクールは、蓋然的のみならず、弁証法的な性格も持つ。その弁証法的なあり方は絶え間ない問いかけに現われている。アカデミックなディスクールが答えに向けて方向づけられているとするなら、弁証法的ディスクールは問いを立てることに向けられている。弁証法は諸対立を印づけ、それらを解体する。精神分析的ディスクールは、この点で脱構築的ディスクールに近い。そして、それはもちろん抽象的傾向《ディスポジション》のようなものではなく、精神分析的臨床の条件そのものなのだ。フェレンツィは、一般に患者の問いに対しては「どのようにしてその問いが頭に浮かんだのか」という問い返しによって答えることにしていると語っている。断定的な答えは、患者を問いへと導いた欲望を塞いでしまうからである。答えは精神分析の分界である。答えに対する満足は、分析家を〈学識ある者〉〔知っている者〕の名において語る者の位置に置いてしまう（ラカンの四つのディスクールの形式化においてS_2がS_1の位置にくることになる）☆。すなわち、精神分析的ディスクールを大学的ディスクールに転換するだけでなく、差異化を旨とする臨床としての精神分析を塞いでしまうのである。

☆ラカンがセミネール第十七巻『精神分析の裏面』（一九六九―七〇）で取り上げている四つのディスクールの定式のうち、主人のディスクールにおいて、「主人の＝主たるシニフィアン（signifiant maître）」であるS_1に対し、もう一つのシニフィアンS_2は、ヘーゲル的な意味での主人に対する奴隷のポジションにあり、主人のもとで労働を行なうことにより「知」を手にすることになる。したがって、S_2は「知（savoir）」をも表すが、その知が主人に奪われること（S_2がS_1の位置にくること）により、主人のディスクールは大学的ディスクールに転換する。

フロイトのディスクールにおいては形而上学的な諸対立が脱構築に曝されているが、そうした脱構築の中にも問いかけの弁証法が現われている。このときフロイトのディスクールはフロイト自身に対して抵抗を示すのであるが、それも驚くべきことではない。このディスクールが脱構築に曝すのは、西洋的思考の最も根本的な諸対立――主体／客体、現前／不在、声／書字だからである。同時に、精神医学の医学的教説の基礎となっている諸対立――常態《ノーム》／病変《パトロジー》、病気／健康、医師／患者といった対立もまた、ラディカルな再検討を受けなければならない。

7　精神医学の脱構築としての精神分析

『素人分析の問題』の中でフロイトは、精神分析的ディスクール特有の弁証法的にして仮定的な仕方で次のように書いている。「おそらく……我々の場合の病人は普通の病人とはわけが違い、素人は実のところ素人ではなく、一方、医者たちは、自分たちに期待されており、また自分たちの自負の根拠ともしうるものを、まさに提供することができないのである」[32:46/106]。医者はそれほど医者ではなく、病人はそれほど病人ではなく、病気はそれほど病気ではなく、治療はそれほど治療ではない。フロイトは従来通り「医者」と「病人」という医学的概念を用いているのだが、しかし、テクストにおいては、それらは形而上学的な響きを喪失している。それらはフロイトのディスクールの中に場を占め続けながら、まったく別の意味を獲得しているのだ。この意味をそれらに付与しているのが、ディスクール上の位置《ポジション》である。

精神分析家はそれほど医者ではない。というのも「彼らに期待されていること」、「自分たちの自負の根拠としうるもの」を「提供することができない」からである。別な言い方をするなら、精神分析家は医者ではまったくないのだ。これは何を意味するのだろうか? それが意味するのは、精神分析家は知っている者の位置を占めないということだ。精神分析家は、診断を下し、治療法を処方するエキスパート、スペシャリストではない。精神分析家は能動的《アクティヴ》な位置を占めない。私は病人です、医療の規範に従って、然るべきことを私にしてくださいと言って、受動的に自らを専門家の手に委ねる、そのような患者を精神分析家は治療するのではない。同様に、患者は受動的《パッシヴ》な位置を占めない。彼は一般的に受け入れられている意味での患者ではない。彼は患者[Patient]ではない。フロイトは当然この医学概念も使い続けているのにもかかわらずである。「患者」こそがディスクール上の能動的な位置を占めるのであり、すなわち、その語本来の意味での患者であることを止めるのだ。彼こそが頭に浮かぶすべてを語らなければならない。そればかりか彼はそれほど病人[Kranke]ではない。この概念もフロイトはいたるところで用いているのであるが。「おそらく……我々の場合の病人は普通の病人とはわけが違う」。病人は普通の病人ではないのだ。それには少なくとも二つの理由がある。第一に、「病人」という概念は、「健康」という概念が確立している場合に当を得たものとなる。「肉体的な健康」、「健康な心臓」、「健康な肝臓」といった語結合はとりたてて疑問を呼び起こさないが、「心的に健康な」人とは、精神分析的観点からしてどうなるのだろうか……抑圧の過程が首尾よく行なわれた人、無意識が「正常《ノーマル》」に「機能して」いる人のことだろうか？ 言い換えるなら、「心的に健康な」人とは神経症者なのだろうか？ あるいは「心的に健康な」人とは、自らの欲動を直接に満足させる人、すなわち倒錯者なのだろうか？ あるいは「心的に健康な」人とは、無意識はあるが、それが機能していない人、すなわち抑圧物が外部から集中的に回帰する傾向を持っている人なのだろうか？ 言い換えるなら、「心的に健康な」人とは精神病者なのだろうか？

第二に、精神分析的ディスクールにおいて、病気とは妥協形成である。病気は一種の治癒であると、シュレーバーの精神病に関連してフロイトは言っている。いかなる意味でだろうか？ 無意識的欲望からの防衛という意味である。シュレーバーは性行為において女性的快楽を味わいたいという無意識的欲望に直面していた。この欲望は堪え難いものだった。彼の入念に練り上げられた、いわゆる妄想体系も、この欲望の上に組み立てられているのだ。精神科医にとって、迫害妄想、またそれに続く誇大妄想はパラノイアの症状である。フロイトにとっては、それらは単なる症状《シンプトム》ではなく、防衛の兆候《シンプトム》である。自身の欲望の現実〔現実的なもの〕との出会いから、この欲望をフレヒジッヒ〔シュレーバーの主治医〕のせいにすることへの移行が、防衛の第一手である。「私が女性になりたいのではなく、彼が私を女性として欲しているのだ」という考えは、欲望に対する耐え難い責任を主体から免除する。シュレーバーの欲望は、フレヒジッヒという他者の欲望なのだ。そして、最終的にフレヒジッヒを神に交替することで、シュレーバーの欲望は単に合法的となるばかりでなく、世界秩序の崩壊の時代にあって要求されたメシア主義と結びつくことになる。今やシュレーバーには女性への変身の覚悟ができている。その変身は〈世界秩序〉によって認可されたものなのだから。誇大妄想は、受け入れ難い欲望からの救済的解放なのである。病気が欲望同士の衝突を解決する。欲望とは一種の治療なのだ。病気／健康という精神医学の根本的対立は脱構築されている。病気が欲望同士の悪夢のような衝突からの救済的脱出であるとするなら、どうして病気を健康と対置することができようか？ 常態／病状という医学にとって根本的な対立は、精神分析においては非関与的なのである。

ミシェル・フーコーは『異常者たち』と題した講義の中で、十九世紀に古典医学は臨床医学に替ったのだと書いている。かつては病気から解放され、健康を取り戻すことが目的であったとするなら、今や病んだ身体それ自体が医学的治療の対象となる。その目的は患者を正常な状態に戻すことである。「正常性」〔正常である〕という概念は「狂気が拘禁された後に」現れた。正常化——これこそが最重要事となったのである。臨床医学は、今後は正常《ノーマル》な体温、正常な脈拍、正常な血圧といった概念を用いることになる。

いったい何が心的なものにとっては常態《ノーム》なのだろうか？ 精神病と相同的な状態としての夢だろうか？ 実質的にはあらゆる人に固有であるとはいえ、記憶の「不調」であるところの忘却だろうか？ 人間の口から自分が言いたかったはずのものとは違うことを洩らす、言い間違えだろうか？ その自体愛的基礎の上に欲望する主体が構成されるところの、子供の幼児性欲、多形倒錯的性欲の現れとしての倒錯だろうか？ 他者に対する攻撃的反応だろうか？ マス・メディア的スターの幻想への愛だろうか？

フロイトがいまだに常態と病変といった概念を用いているのだとしても、それらの概念は対立するものとしては、どのようにも主張されていない。フロイトが「常態」と「病変」について語ってすらいるとしても、精神分析的臨床はけっしてそれらによっては規定されない。それは正常〔常態〕にすることを、**つねにすでに**居心地の悪い文化に則って、前提としたりはしない。フロイトがいまだ形而上学的遺産を用いているとしても、ラカンはありうべき心理構造を検討してゆく際、当然のことながら、いかなる「正常な」構造にも、そもそも言及したりはしない。狂気は排除を通して定式化されるのだということを、フーコーは執拗に指摘している。狂人は人間的活動の四つのすべての領域——労働、性と家庭、言語活動と発話、遊戯から排除されており、それゆえ「フロイトが狂人とは[……]愛することも、働くこともできない者だと結論づけたのも、正当だったのである」[36:10/470]。「異常者たち」とは「正常な」文化がそのようなものとして定義して、愛し、働く権利を奪った者のことである。社会において支配的なイデオロギー素、迷信、ステレオタイプへの信仰が、いったい正常であるだろうか？ ちなみに著名なパラノイア患者ダニエル・パウル・シュレーバーも、百余年前、自らの手記の中でそのように問いかけたのだった。その手記は『人間はいかなる条件のもとで精神的に病んでいると見なされ、その意思に反して精神病院に容れられるのか？』と題されていた。

精神分析的ディスクールがフロイトによって形づくられたのは、啓蒙主義の諸理念、ロマン主義、弁証法の影響のもとでだった。「標準《スタンダード》を受け入れよ」でも、「主人の前ではおのれの欲望を鎮めよ」でも、「すべての人と同じようになれ」でもなく、「おのれ自身を知れ」、「他人とは異なる、おのれの歴史を作りだせ」——これこそが、フロイトがそれに沿って歩んだ轍である。おのれの欲望に固執せよ！——これこそが、ラカンが精神分析的倫理を主張する基礎としたものである。これらの観念が現代の「精神」に対応していないとしても、ヘーゲルの言葉を借りるなら、それで分が悪くなるのは現代のほうなのだ。☆

☆　ヘーゲルは「もし事実が私の理論と矛盾するならば、それで分が悪くなるのは事実のほうだ」と語ったと言われる。

医学は臨床の誕生と共に科学となり、こうして発展途上の他の諸科学——解剖学、心理学、化学、生物学と境を接することになった。諸々の社会的制度の中に自らの位置を占めることで、医学は政治的、そして社会的構造と結びつくことになった。「正常性」は政治的、そして社会的な色彩を獲得したのだ。精神分析は精神医学の基礎的な諸立場を疑問に付すことで、それ自体、異常なものの位置に置かれることになった。主体を標準化すること、つまりは主体を無化することへのイデオロギー的な要求は、精神分析自体にも正常化するよう要請せざるをえない。科学技術的な科学至上主義《サイエンティズム》に従うなら、精神分析は正常な、価値〔価格〕決定されうる市場製品となるべきである。そうでなければ、それは博物館行きとなるしかない。

8　精神分析を正常化せよ！

精神分析を正常化することは、すなわち、それを科学化することである。現代が求める要求は次のようなものだ。精神分析は結局のところ科学的になり、「自らの」「相応しい」場所を占めねばならない。精神分析のディスクールは大学のディスクール、アカデミックなディスクールに転換しなければならない。精神分析を正常化することは、すなわち、それを規格化し、公分母に通分し、トーマス・クーンの用語でいうところの通常科学《ノーマル・サイエンス》に変えることである。現代が求める要求は次のようなものだ。精神分析は複数形というおのれの存在様態を止めねばならない。こうした標準化は、精神分析が単数形というあり方を獲得することを目指している。別な言い方をするなら、精神分析はおのれのディスクール性の不均質化に拒否権を発動し、それによっておのれの存在を止めねばならないのだ。

精神分析の科学化は、精神分析以前の時代への、精神分析の逆説的な回帰を命じる。精神分析は、それが世に現れる以前にそうであったものにならねばならないのだ。精神分析の科学化は、それが一八九五年に決別したものに変わってしまうことを前提とする——心的過程を「精密」で「客観的」な科学の用語で記述しようという試みにである。精神分析が事実、統計的算定、実験的指標を操作する客観的科学に変わることが、今や要求されているとするならば、何よりもまず次のような疑問が起こる。すなわち、客観性とはいったい何なのか？ というものだ。エルネスト・ラクラウは、あまりに強固に確立されているために、その可変性が忘れられているようなディスクールを、客観的ディスクールと呼んでいる。問題なのはまたしてもナルシスティックな識別不可能性、支配的イデオロギーの中で自らを識別することの不可能性である。客観性とはイデオロギーである。客観性とは、権力の諸痕跡が消えてしまったとき、世界が政治的に構成されているということが忘れ去られたとき、底に沈澱するようにして生じる権力である［17］。そんなわけで、精神分析についての問いが政治的問いであったとしても、驚くべきことではないのだ。客観科学の庇護のもとでの精神分析の科学化は、間違いなく政治的色彩を有している。今日精神分析に対して突きつけられる要求が、主体に対して突きつけられるのと同じ要求であるというのも、もっともなことだろう。精神分析は場を占めねばならない、その生は独自の価値を持たねばならない、それは効果的、生産的でなければならず、利益をもたらさねばならない。

精神分析を正常化することは、すなわち、それを支配的な市場イデオロギーと合致させ、神経学・行動主義的個人という現代的概念に適応させ、自律的で意識的な市民という政治的幻覚法《イリュジョニズム》に順応させることである。

社会のディスクール的空間における精神分析の場の変化に伴い、その役割も変化する。ミシェル・フーコーはその諸研究において、精神分析は解放的学問分野として働きうることを示している。こうして、ブラジルでは「精神分析は、精神医学と権力との間の共謀を暴露するという、肯定的な役割を果たしている」[39:168/379]。しかしながら、精神分析が権力を獲得し、主人の位置《ポジション》を占めると、一見したところ驚くべき運命が精神分析を待ち受けることになる。例えば、アメリカ合衆国では一九六〇年代、激しい反精神医学的運動が精神分析の立場《ポジション》に対して影響を与え、その結果、精神分析は部分的に精神医学の場を占めることになった。主人の場に置かれ、精神医学と同化することで、精神分析は自ら自身の存在を脅かすことになったのである。

精神分析の正常化には、それを主人のディスクールによる操縦手段に変えてしまうという脅威が潜んでいる。正常化は管理と制御に向けられている。精神分析家は「真のプロフェッショナル」、「スペシャリスト」、「エキスパート」にならねばならない。ラカン的用語で言うなら、精神分析家は自らのディスクール上の位置を裏切り、主人の位置を占めねばならない、というわけだ。別の言い方をするなら、精神分析家には精神分析家であることを止めることが要求されているのだ。

9 転移におけるディスクール

精神分析的ディスクールはヒステリー的ディスクールと共に生じる。ヒステリー的ディスクールは、欲望について、自身の欲望と〔大文字の〕〈他者〉の欲望についての問いを提起する。欲望は自らの原因、自らの欲望の対象=原因、ラカンが対象aと名づけた換喩的一部分を探し求める。精神分析的ディスクールはこの探求を支持する。精神分析的ディスクールはアプリオリな知ではなく、ヒステリックな問いかけの支持に基づいている。精神分析家は欲望の対象=原因の、間-場的な「場」を占める。精神分析的資質《ディスポジション》は、フェレンツィが先に引用した箇所で述べていたように、分析主体による欲望の探求のための可能性を開かねばならない。まさにこの点に、精神分析的ディスクールと、心理学というアカデミックな科学のディスクール、ラカンが名づけるところの大学的ディスクールとの対立があるのだ。

ヒステリー・タイプのディスクールと、精神分析タイプのディスクールとの間の関係は、転移においてあらわになる。フロイトは最初、転移を偽りの結びつきとして記述していた。主体は、ある結びつきがありさえすれば、それが偽りであったとしても、その結びつきを選ぶというのだ〔『ヒステリー研究』参照〕。転移は単なるすでにあったことの再生ではない。転移は差異化、時間上の句読法《パンクチュエイション》、主体の歴史化の条件である。転移は精神分析的な間-場で「ある」のだ。「転移はこのようにして、病と生との間の中間界［**Zwischenreich**］を作りだし、前者から後者への移行もそれを通して行なわれる。この新たな状態は、病のあらゆる兆候を取り入れてはいるが、しかしそれは人工的な病［**artifizielle Krankheit**］なのである」［26:94/305］。ここで問題なのは、人工的な病と自然な病の対置ではない。フロイトは自然な病については何も語っていないし、そのような語結合が彼の頭に浮かんだことはまずなかっただろう。問題なのは、人工的な病の中で把握されるのが、「病と生との間」にある、主体の本来の意味での配置《ディスポジション》だということである。転移においては、「病」という概念自体が問いに付されることになるばかりでなく、症状《シンプトム》が、兆候《シンプトム》としての主体が構造化されるメカニズム自体が明らかにされる。精神分析家は分析主体に彼の症状を説明したり、そうした症状からの治療法を処方したりするのではなく、分析主体と共に中間界、そこにおいて主体の歴史化も可能となる中間界に置かれることになるのだ。精神分析家はすべてを解釈し、すべてを説明し、患者を作りだす（この「作りだす」［sdelat'］が持つ二重の意味のどちらにおいても☆）べき、学識ある〔知っている〕主人の位置を占めるのではない。精神分析家は、ラカンが名づけたところの**知っているとされる主体**〔第2章一一六ページの訳註☆参照〕の位置を占めるのだ。そして、この**とされる**こそが中間界を指し示しているのである。

☆ "sdelat'" というロシア語の動詞は、俗語的用法では「ぶちのめす」といった意味を持つ。

アカデミックな科学性というフロイト以前の時期へ向け変えられた、いわゆる「現代の精神分析」において、ラディカルな退行的転換、より正確には、すり替えがまさに起こっている。**知っているとされる主体**、すなわち自分は他者を知らないということを知っており、しかしそれでいながら自分は分析主体にとって知の化身の姿をとっていることを知っており、中間界の諸条件を知っている主体の代わりに、その位置を占めているのは**正確に知っている主体**、より正確には、自分が知らないということを知らないナルシスティックな主体である。その主体にはアプリオリな知が付与されている。それは主体の出現以前にもう主体を知っている。それは反省的な身振りをとって自分自身の方を向くわけでもなく、自分自身のことを知っているわけでもないのだが、その代わり他者のことは「知っている」のだ。それは主体のことなど、中間界のことなど知ったことではない、唯一性のことなど知ったことではないのである。

10 唯一性《シンギュラリティ》（単数性）は予め決められた（処方された）技法を前提としない

単数形の精神分析は不可能である。もっと言うならば、精神分析一般を一定の概念として名指すことが不可能なのである**［6:35/44］**。「精神分析」という言葉が聞かれるたびに、「属格の」問いが起こってくる。「誰に属する」精神分析か？「誰が行なう」精神分析か？「何に対する」精神分析か？☆ こうした精神分析の生来の不定性、精神分析**そのものの不定性**とすら言ってもよいだろうが、それは何によって説明すべきなのだろうか？

☆　ヨーロッパ諸語の属格は日本語の助詞「の」に相当するような意味を持つが、例えば「フロイトの精神分析」と言った場合、フロイトが創始した精神分析をも、フロイトが行なう精神分析をも、フロイトに対して行なわれる精神分析をも意味しうる。そして、これら三つは結局同じことを意味するというのが、精神分析のあり方である。

まず第一に、精神分析における真理は主観〔主体〕的であり、真理の主体自体、その真理のために分裂しているということによって。精神分析の主体は欲望の主体、欲望する主体である。この欲望は「別の〔drugoi〕舞台」にある（フロイト）。この欲望は「〈他者〉〔Drugoi〕の欲望」である（ラカン）。主体の精神分析的な認識、自己認識、変換といった企図を規定しているのは、こうした論理なのである。

精神分析における真理の位置は、真理の先在的現前を前提とはしていない。真理は、第一に分析主体自身により、第二に**つねにすでに**事後的に**［nachträglich］**、構成される。精神分析の主体《サブジェクト》〔患者〕以前に精神分析は不可能であること、精神分析「そのもの」というのは不可能であることも、このような傾向《ディスポジション》によって規定されているのだ。精神分析は精神分析の過程において形成される。精神分析は属格で定式化される。まさにこうした理由から、「フロイトはいかなる技法も我々に遺さなかった」というラカンの言葉も、「分析家は器具も、検査も、医薬品の処方も用いない」というフロイト自身の言葉も、文字通りに受け取る必要があるのだ。技法は唯一性の中にあり、この唯一性〔単数性〕が精神分析の複数形を規定している。技法は事後性の中にある。技法は解釈術［Deutungskunst］としての精神分析の中にあり、そのパラドックスをなすのがフロイトにより打ち立てられた基本法則――待機の法則、すなわち分析家の解釈の延期の法則である〔『精神分析治療に際して医師が注意すべきことども』参照〕。分析主体による自らの欲望の探求を開く延期それ自体の延期とすら言ってもよいだろう。

ラカンは一九五三年、聖アンヌ病院で最初のセミネールを行なう中で、たえず次のように繰り返している。「フロイトの革新性、彼の発見は、彼がそれぞれの症例を一種、唯一のもの［un cas dans sa singularité］とみなしたところにある」［11:19-20/19］。「精神分析とは個別的なものの体験［une experiénce du particulier］であり、こうした個別的なものの、真に原初的な体験は、より一層特異〔唯一的、単数的〕な性格［une valeur encore plus singulière］を獲得することになるのだ」［11:31/34］。

文献

1. Виттельс Ф.（1925）*Фрейд. Его личность. учение и школа.* Л., Эго, 1991.〔F・ウィッテルス『フロイト。その人物、学説、学派』、レニングラード、エゴ、一九九一年〕
2. Guattari, F.（1977）"La Borde: A Clinic Unlike Any Other" // *Chaosophy*, New York, Semiotext[e], pp. 193-208.
3. Guattari, F.（1977）"The Best Capitalist Drug" // *Chaosophy*, New York, Semiotext[e]. pp. 216-224.
4. Guattari, F.（1980）"I Am an Idea Thief" // *Chaosophy*, New York, Semiotext[e]. pp. 39-50.
5. Derrida, J.（1967）"Freud et scene de l'ecriture" // Derrida, J., *L'écriture et la différence*, Paris, Seuil, pp. 293-340; Деррида Ж. Фрейд и сцена письма // Деррида Ж. *Письмо и различие.* СПб., Академический проект, 2000. С. 252-281.〔J・デリダ『フロイトとエクリチュールの舞台』、『エクリチュールと差異』（合田正人、谷口博史訳）、法政大学出版局、二〇一三年所収〕
6. Derrida, J.（1996）*Résistances-de la psychoanalyse*, Paris, Galilée.〔J・デリダ『精神分析への抵抗』（鵜飼哲他訳）、青土社、二〇〇七年〕
7. Жижек С.（1989）*Возвышенный объект идеологии.* М., Художественный журнал, 1999.〔S・ジジェク『イデオロギーの崇高な対象』（鈴木晶訳）、河出書房新社、二〇〇〇年〕
8. Copjec, J.（1994）"Introduction" // *Supposing the Subject*, ed. by J. Copjec, London, New York, Verso.
9. Кун Т.（1962）*Структура научных революций.* М., АСТ, 2002.〔T・クーン『科学革命の構造』（中山茂訳、みすず書房、一九七一年〕
10. Лакан Ж（1953）*Функция и поле речи и языка в психоанализе.* М., Гнозис, 1995.〔J・ラカン『精神分析における話と言語活動の機能と領野』（新宮一成訳）、弘文堂、二〇一五年〕
11. Лакан Ж.（1953/1954）*Семинары. Книга 1. Работы Фрейда по технике психоанализа.* М., Гнозис/Логос, 1998.〔J・ラカン『フロイトの技法論』（小出浩之他訳）、岩波書店、一九九九年〕
12. Лакан Ж.（1955）Психоанализ и кибернетика, или О природе языка // *Семинары. Книга 2. «Я» в теории Фрейда и в технике психоанализа.* М., Гнозис/Логос, 1999. С. 417-436.〔J・ラカン『フロイト理論と精神分

析技法における自我（下）』（小出浩之他訳）、岩波書店、一九九八年〕
13. Лакан Ж.（1960）Ниспровержении субъекта и диалектика желания в бессознательном у Фрейда // Лакан Ж. *Инстанция буквы, или судьба разума после Фрейда*. М., Русское феноменологическое общество, 1997. С. 148-181.〔J・ラカン『フロイトの無意識における主体の壊乱と欲求の弁証法』（佐々木孝次訳）、『エクリ Ⅲ』、弘文堂、一九九六年〕
14. Лакан Ж.（1964）*Семинары. Книга 11. Четыре основные понятия психоанализа*, М., Гнозис/Логос, 2004.〔J・ラカン『精神分析の四基本概念』（小出浩之他訳）、岩波書店、二〇〇〇年〕
15. Lacan, J.（1969-1970）*Le séminaire. Livre XVII. L'envers de la psychanalyse*, Paris, Éditions du Seuil, 1991.
16. Лакан Ж.（1974）*Телевидение*. М., Гнозис, 2000.〔J・ラカン『テレヴィジオン』（藤田博史、片山文保訳）、青土社、一九九二年〕
17. Laclau, E.（1990）*New Reflections on the Revolution of Our Time*, London, Verso.
18. Леви-Строс К.（1958）*Структурная антропология*. М., Наука, 1983.〔C・レヴィ＝ストロース『構造人類学』（田島節夫他訳）、みすず書房、一九九七年〕
19. Лиотар Ж.-Ф.（1987）Переписать современность // *Кабинет. Приложение-2*. СПб., 1993.〔J＝F・リオタール「現代を書き写す」、『キャビネット　付録二』、サンクト・ペテルブルグ、一九九三年所収〕
20. Мазин В.（2004）Жан-Франсуа Лиотар. Постсовременность, с незапамятных времен // *Кабинет 3*. СПб., Скифия. С. 100-170.〔V・マージン『ジャン＝フランソワ・リオタール。現代以後、太古の昔から』、『キャビネット3』、ペテルブルグ、スキフィヤ、二〇〇四年所収〕
21. Мазин В.（2006）Лакан и космос // *Лакан и космос*. СПб., Алетейя, 2006. С. 19-78.〔V・マージン『ラカンと宇宙』、『ラカンと宇宙』、ペテルブルグ、アレテイア、二〇〇六年所収〕
22. Мазин В.（2005）Сопротивления психоанализа // *Психоаналіз*. No. 1（6）. Киев. С. 54-97.〔V・マージン「精神分析の抵抗」、『精神分析』二〇〇五年一（六）号、キエフ〕
23. Матурана У., Варела Ф.（1984）*Древо познания*. М., Прогресс-Традиция, 2001.〔H・マトゥーラ、F・バレーラ『知恵の樹』（管啓次郎訳）、筑摩書房、一九九七年〕
24. Forrester, J.（1990）*The Seductions of Psychoanalysis. Freud, Lacan and Derrida,* Cambridge University Press.

25. Фрейд З.（1913）Интерес к психоанализу // Фрейд З. *Избранное*. Ростов-на-Дону, Феникс, 1998. С. 3-42.〔S・フロイト『精神分析への関心』（福田覚訳）、『フロイト全集十三　一九一三—一四年』、岩波書店、二〇一〇年〕
26. Freud, S.（1914）“Erinnern, Wiederholen und Durcharbeiten” // Freud, S., *Zur Dynamik der Übertragung*, Frankfurt am Mein, Fischer Taschenbuch, 2000, S. 85-95.〔S・フロイト『想起、反復、反芻処理』（道籏泰三訳）、『フロイト全集十三　一九一三—一四年』、岩波書店、二〇一〇年〕
27. Фрейд З.（1915）Бессознательное // *Психология бессознательного*. Под редакцией А. Боковикова и С. Дубинской, М., Фирма СТД, 2006. С. 129-185.〔S・フロイト『無意識』（新宮一成訳）、『フロイト全集十四　一九一四—一五年』、岩波書店、二〇一〇年〕
28. Фрейд З.（1915）Влечения и их судьбы // *Психология бессознательного*. Под редакцией А. Боковикова и С. Дубинской, М., Фирма СТД, 2006. С. 79-109.〔S・フロイト『欲動と欲動運命』（新宮一成訳）、『フロイト全集十四　一九一四—一五年』、岩波書店、二〇一〇年〕
29. Freud, S.（1918［1914］）“Aus der Geschichte einer infantilen Neurose”［“Der Wolfsmann”］// Freud, S., *Zwei Kranken-geschichten*, Frankfurt am Main, S. Fischer Verlag, 1994, S. 131-244.〔S・フロイト『ある幼児期神経症の病歴より』（須藤訓任訳）、『フロイト全集十四　一九一四—一五年』、岩波書店、二〇一〇年〕
30. Фрейд З.（1918）Пути психоаналитической терапии // *О психоанализе. Пять лекций. Методика и техника психоанализа*. СПб., Алетейя, 1997. С. 201-212.〔S・フロイト『精神分析療法の道』（本間直樹訳）、『フロイト全集十六　一九一六—一九年』、岩波書店、二〇一〇年〕
31. Фрейд З.（1925）Сопротивление психоанализу // Фрейд З. *Автопортрет. Собрание сочинений. Т. 2*. СПб., ВЕИП, 2006. С. 193-205.〔S・フロイト『精神分析への抵抗』（太寿堂真訳）、『フロイト全集十八　一九二二—二四年』、岩波書店、二〇〇七年〕
32. Фрейд З.（1926）Проблема дилетантского анализа // Фрейд З. *Избранное*. Ростов-на-Дону, Феникс, 1998. С. 43-156; Freud S. “Die Frage der Laienanalyse” // Freud S. *Abriß der Psychoanalyse*, Frankfurt am Main, S. Fischer Verlag, 1994, S. 195-275.〔S・フロイト『素人分析の問題』（石田雄一、加藤敏訳）、『フロイト全集十九　一九二五—二八年』、岩波書店、二〇一〇年〕
33. Freud, S.（1960）*Letters of Sigmund Freud*. New York, Basic Books.〔S・フロイト『フロイト著作集八　書簡集』

〔生松敬三訳〕、人文書院、二〇〇一年〕
34. Фуко М.（1969）Что такое автор? // Фуко М. *Воля к истине*. М., Касталь, 1996. С. 7-46.〔M・フーコー『作者とは何か』（清水徹、根本美作子訳）、『ミシェル・フーコー思考集成Ⅲ　歴史学　系譜学　考古学』、筑摩書房、一九九九年〕
35. Фуко М.（1970）Порядок дискурса // Фуко М. *Воля к истине*. М., Касталь, 1996. С. 47-96.〔M・フーコー『言説の領界』（慎改康之訳）、河出書房新社、二〇一四年〕
36. Фуко М.（1970）Безумие и общество // Фуко М. *Интеллектуалы и власть. Статьи и интервью 1970-1984*. М., Праксис, 2002. С. 7-18.〔M・フーコー『狂気と社会』（神谷美恵子訳）、『ミシェル・フーコー思考集成Ⅲ　一九六八―一九七〇　歴史学　系譜学　考古学』、筑摩書房、一九九九年〕
37. Фуко М.（1973）Истина и правовые установления // Фуко М. *Интеллектуалы и власть. Статьи и интервью 1970-1984*. М., Праксис, 2005. С. 40-177.〔M・フーコー『真理と裁判形態』（西谷修訳）、『ミシェル・フーコー思考集成Ⅴ　一九七四―一九七五　権力　処罰』、筑摩書房、二〇〇〇年〕
38. Фуко М.（1974-1975）*Ненормальные*. СПб., Наука, 2004.〔M・フーコー『ミシェル・フーコー講義集成Ⅴ　異常者たち』（慎改康之訳）、筑摩書房、二〇〇二年〕
39. Фуко М.（1975）Власть и тело // Фуко М. *Интеллектуалы и власть. Статьи и интервью 1970-1984*. М., Праксис, 2002. С. 7-18.〔M・フーコー『権力と身体』（中澤信一訳）、『ミシェル・フーコー思考集成Ⅴ　一九七四―一九七五　権力　処罰』、筑摩書房、二〇〇〇年〕
40. Юран А.（2003）Психоанализ и эпистемологический разрыв на рубеже веков // *Психоаналiз*. 2005, No. 2. Киев. С. 15-41.〔A・ユラン「世紀の境における精神分析と認識論的断絶」、『精神分析』二〇〇五年二号、キエフ〕

第3部　芸術家

5　フロイトの夢美術館の覚醒

1　表象しえぬものの美術館の前史

フロイトの夢美術館は多くの部分からなる一つの芸術作品である。それは美術家のヴラジーミル・クストフ☆と、キュレーターとしての私が創造したトータル・インスタレーション☆☆なのである。この美術館はジークムント・フロイトの『夢解釈』が刊行されてから百年目にあたる一九九九年十一月四日に開館した。ちなみに「多くの部分からなる一つの芸術作品」という語結合は、精神分析の観点からするなら、そのまま主体に当てはめられうるものである。一九二〇年代にフロイトは、人間とは部分から組み立てられていった自分自身についての表象であるということを執拗に語っている。この意味においても、このインスタレーションはその呼び名《タイトル》――フロイトの夢美術館という呼び名に、正確に対応しているのである。

☆　ロシアの現代美術家。一九八〇年代初めにエヴゲーニイ・ユフィートと知り合い、ネクロリアリズムの活動に参加。九〇年代よりインスタレーションの制作を始めるが、それらは一貫して死、死にゆきを主題としている。

☆☆　イリヤ・カバコフにより提唱された概念で、鑑賞者が外部から客体として鑑賞するのではなく、鑑賞者自身を内部に包含する閉じた空間としてのインスタレーション。その空間の中に配置されたオブジェ、絵画、言語的テクスト等はすべて、より大きな全体の一部をなすことになる。

美術館設立の考えが浮かんだのは、その物理的な実現よりも十年ほど前のことだった。もちろん、その間にこの考えは多くの変容を被った。そもそも〈美術館〉なるものの起源は、あらゆる創造的な出来事と同様、多元決定されているものだ。言葉を変えるなら、その起源は幾重もの要因によって決定されているのである。

美術館創設の経緯は、私が子供の頃、中生代の舞台を設えるのに用いていた、靴の空き箱にさかのぼると言うことができる。箱の中に取り付けた小さな電球が暗い物置の中で、恐竜がいる風景を照らし出していた。そうした恐竜たちを、私は古生物学に関するチェコ製のアルバムから描き写し、それから様々な色で塗り、切り取って、沈潜の空間、現《うつつ》の夢の中に貼り付けていったのである。

美術館創設の経緯は、我が素晴らしき友人マイクル・モルナール☆と私との会話にさかのぼると言うことができる。一九八〇年代の終わり、精神分析史にかけては驚くほどの博識であるマイクルが、私にジークムント・フロイトのコレクションについて話し、その何年か後、我々はこのコレクションの一部を展示する展覧会の可能性について検討し始めたのである。その際、マイクルも私も、言葉の単純な意味でのキュレーター、すなわち、どこかの美術館に何十ないし何百とある遺物の輸送、および配置の組織者にはなりたくはなかった。我々は創造的プロセスと創造的結果を渇望していたのだ。もしかしたら、私はさらに、それと意識せぬまま、子供の頃の魔術的な恐竜劇場に戻りたかったのかもしれない。しかしながら、いわゆる覚醒時の現実が我々の夢想を押しとどめた。キュレーター的な譫妄症《オニロード》が油断なき〔眠ることのない〕理性の論理《ロジック》にぶち当たったのである。マイクルがモスクワのイギリス大使館に電話し、ロシアでこの展覧会を行なうことを持ちかけた。大使館員たちが訊いてきたのは一つのことだけだった。フロイトはイギリス人でしたっけ？　そこで話は終わってしまった。

美術館創設の経緯は、ヨーロッパの、とある大きなコンテンポラリー・アート美術館との交渉にさかのぼると言うことができる。一九九〇年代半ばに、私はフロイトの蒐集《コレクション》した物品《オブジェクツ》、および彼の夢理論にまつわる事物《オブジェクツ》からなる展覧会を提案したのである。私を突き動かしていたのは理論的興味であったが、私はそれをキュレーター的興味

☆　ロンドンのフロイト博物館の前館長。彼はロシア象徴主義の詩人ベールイ（本書インタビュー二九ページを参照）に関する博士論文の準備のため一九七〇年代から八〇年代にかけてしばしばレニングラードに滞在、そのとき著者マージンと親交を持ち、マージンは「停滞」の時代のソ連にあってフロイトの著作の英訳をモルナールから入手していたという。モルナールには現代ロシア詩の翻訳等の仕事もある。

として受けとめてもいた。つまり、コレクションから選んだ展示物《オブジェクツ》と、夢の解釈との間の連関を理解する、そこに連関を打ち立てるということである。私にとってはこの課題のほうが重要だったので、ロンドンにあるフロイトの旧住居からオリジナルを運んでくることができるか、それとも複製《コピー》を展示するかという問題には、私はまずほとんど気を揉むことがなかった。ところがコンテンポラリー・アート美術館のキュレーターたちにとっては、まさにそちらの問題のほうが重大なことなのだった。それだけが重要だったとすら言ってもよいだろう。彼らの関心はオリジナルだけであり、彼らの気がかりは、その保険料と輸送費用をいかに抑えるかという問題だけであった。我々の協力関係があっという間に水泡に帰してしまったのも、もっともなことだった。コピーとオリジナルについて、ヴァルター・ベンヤミン、ジャン・ボードリヤールについて、シミュラークルとシミュレイショニズムについて、学会でいくらでも議論できそうなことに、例によって私は直面したわけだが、事が実行に移されだしたところでキュレーターたちは複製にノーと言ったのである。この「ノー」はそのとき、二つのポジティヴな帰結へと導いてくれた。第一に、私は物質的な物品《オブジェクツ》、いわゆるオリジナルというものには興味がないということ、第二に、サンクト・ペテルブルグにおいて、言ってみれば、どこか現実的《リアル》ではない都市《まち》との評判を持つ、この都市において、非物質的な事物《オブジェクツ》の美術館を作らねばならないのだということを、私は最終的に理解したのである。

なぜ「非物質的な事物」なのか？

――なぜなら、フロイトが自宅の個人美術館をなす品々を蒐集していたとき、本物と複製の問題は彼にとって最重要の意義を持ってはいなかったからである。

——なぜなら、いわゆる現実的なもの、「実際にあった」ことと、架空のもの、「想像的なもの」との対置を問いに付すことこそが、一八九七年、精神分析誕生のための礎となったからである。精神分析の研究対象となったのは心的現実なのだった。

——なぜなら、『夢解釈』★とは、そこからキュレーター的な諸アイディアが汲み取られてきたところの書物、「精神分析の書《バイブル》」だからである。

★　フロイトがこの著作を執筆する様子を見ていた彼の身内たちは、この夢記述者が、そのとき書きかけていたテキストの断章を書き終えると、まるで夢遊病者のようにあずま屋から出ていったと語っている。

——なぜなら——たとえ当時、私がそのことを自覚していなかったとしても——自分の二つの情熱、芸術と精神分析とを一つに結びつけたい、まさにこれら二つが百年前、フロイトの思考を方向づけていただけになおのことそうだと、私には思われたからである。

　こうしてキュレーター的な欲望が熟していった。こうして観念的な骨組みが作られていった。心的現実、幻覚、夢を呈示することが必要だということである。表象しえぬもの《ノン・リプレゼンタブル》を呈示《リプレゼント》することが必要なのだ。なぜ表象しえぬものなのか？——なぜなら、周知のように、我々が眠っているとき、我々はいないからである。我々が目覚めるときには、夢はないのだ。夢を後から語ったり、書き留めたり、絵に描いたり、映画にしたりといった形で我々が持つ、夢の表象《リプレゼンテイション》は、けっして作品それ自体と等しいものではない。再現的な形での夢は、けっして夢そのものと等しいものではありえない。そればかりか、夢そのものというのは文字通り存在しない。言い換えるなら、夢はオリジナルのないコピーとしてのみ存在する。オリジナルはつねにすでに我々の存在の彼岸にあるのだ。夢という幻影《ミラージュ》は、みずからの不在によって我々の存在を保証しているのである。

　こうして、まさにフロイトの夢美術館を創設しようという考えが浮んだのだった。理論的な関心は、フロイトの著作、彼のコレクションに関する論文、古典古代芸術に対する彼の愛に関する論文を読むことで掻き立てられていった。★ 表には現れてこないフロイトの美学、彼の表象理論を解釈することがなにより重要なことになった。芸術と夢は、ここには不在の幻覚的な対象《オブジェクツ》、具現化された欲望である。★★ 芸術と夢は、それと気づかれぬ形で互いに重なりあっているのだ。★★★ なすべく残されたのは、まさに表象しえぬものをいかに呈示すべきか、それを理解することだった。夢の美術館についての夢を具現化するために、美術家がどうしても必要だった。そもそも多くの人たち——美術家、理論家、精神分析家、キュレーターたち——との協力関係が得られなければ、創造的プロセスは無意味なものとなってしまうものだ。

★ *Sigmund Freud and Art. His personal collection of antiquities*, ed. by L. Gamwell and R. Wells, London, State University of New York and Freud Museum, 1989 および、この美術館の開館にあわせて刊行された *Кабинет сновидений доктора Фрейда*. СПб., ИНАПРЕСС, 1999〔『フロイト博士の夢の診察室《キャビネット》』、サンクト・ペテルブルグ、イナプレス、一九九九〕を参照。

★★ Lyotard, J.-F.（1971）"Freud selon Cézanne" // Lyotard, J.-F., *Des dispositifs pulsionnels*, Paris, Galilée, 1994, p. 73.〔J＝F・リオタール『フロイトとセザンヌ』（小林康夫、小宮山隆訳）、『エピステーメー』一九七七年一月号、一〇九頁〕

★★★ この問題は二〇〇一年、この美術館にてブリティッシュ・カウンシルとの共催で行われた一連の講演と展覧会——スーザン・ヒラー、ミハイル・ルィクリン、マイクル・モルナール、ヴィクトル・マージン、パーヴェル・ペッペルシュテイン、イヴァン・ラズーモフによる——において中心的なものであった（*Кабинет «Ж». Искусство сновидений. Art & Dreams.* Под ред. А. Буданок и В. Мазина, СПб., Скифия, 2002〔A・ブダノク、V・マージン編『キャビネットЖ　夢の芸術　Art & Dreams』、サンクト・ペテルブルグ、スキフィア、二〇〇二年〕。

美術館創設の経緯は、完璧主義者、ネクロリアリスト、コンセプチュアリスト、インスタレーション作家である、美術家のヴラジーミル・クストフと私との長年の協力関係にさかのぼると言うことができる。★ クストフには秘かな関心——死にゆきの廊を創りだすという関心があったことも重要である。この廊は彼の創作における主要な理念《アイディア》の一つである。私はヴラジーミルのこのアイディアを冗談半分に聞いていたが、それも、夢美術館が創設されて何年か後、ルクソールの「王家の谷」に身を置くことになるまでのことにすぎないと、言っておかねばならない。陵の廊の中に初めて潜り込んでみて、私は否応なくクストフのアイディアを思い出すことになった。どうやら彼は正しかったようだ。★★

私とヴラジーミル・クストフはフロイトの夢美術館がどのようなものであるべきかということを、二年ほど話し合った。この協力関係で最も重要だったのは協力関係それ自体であった。我々の相互作用をキュレーターと美術家、理論家とデザイナーとの専門化された関係ととるならば、それは極端な単純化であるだろう。★ 断じてそうではないのだ！創造的な相互関係は、そうした社会的役割の間の境界、偏狭な資本主義的専門化の境界を拭い去るのである。理論的なアイディアのいくつかはクストフが出し、実践的な解決法のいくつかは私が出したと言ってもよいかもしれない。しかし、それとても的確ではない。アイディアの交換に夢中になるという創造的譫妄症《オニロード》に沈潜しているとき、ある人間と別の人間との間に境界線を引くことなど、はたして可能（というか必要）だろうか？★★ 話を中断して「それは俺のアイディアだ」、「それは俺が思いついたんだ」などと言うこと、つまりアイディアそのものに片を付けることなど可能だろうか？ 共同の創造とは、専門化への資本主義的な要求に対する抵抗であるばかりでなく、エゴイズムとの、そして「自律的自我《エゴ》」という幻想との秘かな戦いがとりうる一つの形なのだ。我々の関心はプロセスそれ自体であったため、美術館が設立さ

クストフ『ダンサー』（油彩、2005）

★ ここに彼のインスタレーション作品のいくつかを列挙しておく。"Explosion on Anichkov Bridge". Badischer Kunstverein (Karlsruhe), 1996; "Epileptic Status of Golem". Stedelijk Museum (Amsterdam), 1997; "Mausoleum as Seclusion of Form". The Lenin Museum (Tampere), 1999; "Koma". The Marble Palace at The State Russian Museum (St. Petersburg), 1999; "Approaching". The Museum of Forensic Medicine at The State Medical Academy (St. Petersburg), 2001; "The Nucleon Dream City". Rotor association for contemporary art (Graz), 2003.

★★ 詳細は以下を参照。Мазин В. Книга сновидений и Книга мертвых // *Психоаналіз*. 2003, No. 2. Киев. С. 120-149.〔V・マージン「夢の書と死者の書」、『精神分析』二〇〇三年二号、キエフ、一二〇―一四九頁〕

れるであろう時機については、そもそも考えもしなかったほどだった。この経緯全体の中で私にとって最も思いがけないエピソード、私ならば最もショッキングとさえ言うだろうエピソードが、美術館が一般向けに開館したときに起こった。そのことについて、私はそもそも考えてみることも忘れていたのだった。ある時、入口で「フロイトの夢美術館に来たのですが」と告げながら訪問者が現れたのだが、そのとき私は、まるで子供の頃の箱の中で恐竜が生き返ったかのように、茫然としてしまったのである。

★ 精神分析という学問分野に関わる歴史において理論と実践とを、また一連の技法上の革新に関してフロイトと彼の患者とを、別々に引き離すことが不可能であるのと、ちょうど同じように。

★★ こうした問題は、様々な理論上の発見を一度ならず人々に送付していたフロイトの場合にも、当然のことながら生じる。彼は「精神分析の発明」すら時として、創造上の盟友であるブロイアーの手になるものとしていた。同様に『夢解釈』においても、個々の命題や、また本文の一部すらもが、場合によってはフロイトの共-著者たちによるものである。

どのような仕方で夢を**フロイトの書物と結びつけて**呈示するかという問題の解決を図る中で、我々は表象のメカニズムを呈示するということを目的として立てた。言い替えるなら、**夢そのものではなく、いかにして夢は働いているのかということ**を呈示するという、そもそも不可能なことを目的として立てたのである。我々はフロイトが Traumarbeit, 夢の作業〔働き〕——置き換え、圧縮、形象性〔表象性〕と名づけたものを、呈示することにしたのだった。こうした意味において、フロイトの夢美術館とは夢技法の美術館である。

我々はいくつかの全体的な問題をも解決した。例えば現実《うつつ》の空間とは共通点をほとんど持たない**夢の空間**の問題である。我々が考えたのは、いかにしてインスタレーションの物理的空間を打破すべきか、すなわち、いかにしてその空間を大きくも小さくもなく、単に見ているうちに変化してゆく、果てしなく変形してゆく空間

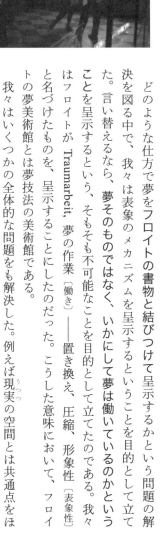

にすべきかということだった。美術館の空間を主体的《サブジェクティヴ》な空間とすることに我々は成功したのだと私が理解したのは、美術館が開館して一年ほど経ったときのことだった。美術館では「2012」という美術家とミュージシャンのグループが出演することになっていた。最初にこのグループの一人がやってきて、全体を注意深く見て回ってから帰ってゆき、その後もう一人がやってきて、それから最後にマネージャーが現れて、こう言った。「あの連中は何なんだ？戻ってきて、すごく大きな空間《スペース》だったと言う奴もいれば、空間が小さすぎたと言う奴もいたけど、こりゃ大きくも小さくもないな」。

2　否定の美術館

こうして、この美術館は精神分析的な諸理念、夢、幻想、理論に捧げられている〔扱っている〕のであり、また同様に古代の遺物の蒐集に対するフロイトの情熱に捧げられている。十九世紀も終わろうとしているとき、彼は考古学的な遺物を収集し、心的生活の発掘を行い、夢に関する書物を執筆するということを事実上、同時に始めたのである。この美術館はまさに理論、夢、書物に捧げられているのだ。

コンセプト的な点から言うと、夢美術館は以下がその観念上の頂点をなすような三角形の中に組み込まれている。（a）一八九七年から四十年以上の期間にわたりフロイトが蒐集した芸術作品のコレクション、（b）一八九五年夏から精神分析的に解釈されてきた彼の夢、（c）一八九九年、彼によって『夢解釈』の中で定式化された心的装置の働きの基本命題。

もう一度繰り返すが、この美術館は物質的現実の出来事にではなく、人が歴史的事実と呼ぶものにでもなく、また一般にある時、生きていた現実の人間にでもなく、すなわちジークムント・フロイトにでもなく、彼の書物に、その中で我々が諸々の考え、体験、夢、解釈、夢想に沈潜する書物に捧げられているのである。フロイトが夢想したことの一つは、人間のナルシスティックな欲望と、その理性との間の葛藤を部分的に解決することであった。フロイトにとってこうした和解の化身となりえたのは、彼のコレクション中にあった、古代エジプトの書字と死の神トートの白いヒヒであった。非‐人間〔人間‐ならぬ‐もの〕を表象するこの形象は、フロイト夢美術館の紋章《エンブレム》となった。

ペテルブルグの美術館《ミュージアム》は二つの物質的なフロイト博物館《ミュージアム》、すなわちウィーンとロンドンのフロイト博物館と、血縁の絆で結ばれている。ウィーンの博物館はフロイトがほとんど五十年の間、仕事をしていた精神分析用アパートに創設された——そこでフロイトは患者を診察し、夢を見、理論を練り上げたのだった。ウィーンの博物館は創造的プロセスの場を不朽のものとしているのだ。ロンドンの博物館はフロイトが生涯の最後の一年を過ごした所に作られ、彼の蔵書、有名な長椅子、二千点以上にのぼる骨董品のコレクションが保管されている。言い換えるなら、ロンドンの博物館はすでに博物館であった所に生まれたのであり、私的なものの地位《ステイタス》を公的な地位に換えたのである。我々の非物質的な建て増し〔上部構造〕、我々の夢の陳列室《キャビネット》〔診察室〕は、ひとえにウィーンおよびロンドンの博物館という物質的な基部のおかげで、インゲ・ショルツ＝シュトラッセルとエリカ・デイヴィスの開放性、無私無欲、非官僚的態度のおかげで現れえたのである。★

★悲しむべき注釈であるが、こうした開放性、熱中性、創造性は、当然のことながら官僚たちには目障りなものである。二〇〇三年夏、エリカ・デイヴィスは精神分析の官僚たちによってロンドンのフロイト博物館の館長職から解雇されてしまった。まさに開放性のため、見識の広さのため、創造的熱中のために（官僚たちには理解できず、それゆえ憎むべき諸特徴である）解雇されたのだ——とりわけ他者、すなわちエドワード・サイードに耳を傾けようという欲望のため、そしてサラ・ルーカス、ソフィ・カルその他のタイプの「ラディカル」な美術家たちとの協同のために。

フロイトの夢美術館はサンクト・ペテルブルグという「言ってみれば、どこか現実的《リアル》ではない都市《まち》との評判を持つ都市」にあり、このような美術館には、これ以上ふさわしい場所は他にないだろうと、今日にいたるまで私には思われる。サンクト・ペテルブルグは沼沢《トーピ》とユートピアの都市、それ自体が夢想である都市、幻影である都市、夢である都市なのだ。ピョートル大帝の頭にこの都市が胚胎した時以来の歴史だけが、大気現象だけが、この都市をそのようにしているのではなく、この都市の神話、無数の記述、文学性、テクストへの帰属性がそのようにしてい

るのだ。アンドレイ・ベールイをパラフレーズして次のように言うこともできよう。「もしそれがピョートル大帝、プーシュキン、ドストエフスキイ、ゴーゴリ、ブロツキイのペテルブルグでないのならば、ペテルブルグは存在しないのだ。それがあるのは、単にそう見えているにすぎないのだ」★。非現実的な都市には非現実的な美術館を！　夢の都市には夢の美術館を！

★「もしもペテルブルグが首都でなければ、ペテルブルグは存在しない。それは存在するように見えるだけだ」（Белый А. *Петербург*. М., Художественная литература, 1979. С. 24〔A・ベールイ『ペテルブルク（上）』（川端香男里訳）、講談社、一九九九年、九頁〕）。

こうして夢美術館は、ウィーンやロンドンの博物館とは異なり、フロイトが住んでいた具体的な場所とはそれほど結びついているわけでは**なく**、物質的な品々ともそれほど結びついているわけでは**なく**、むしろ彼の夢と、観念的《アイディアル》で、束の間で、幻想的で、仮想的《ヴァーチュアル》で、かろうじて捉えうるものと結びついているのである。

二つのフロイト博物館とは異なり、夢美術館はこの精神分析家が一度も足を踏み入れたことの**なかった**ところに生まれた。フロイトは**物理的には**サンクト・ペテルブルグに（ペトログラードにも、レニングラードにも）一度も来たことがなかったばかりか、そもそもロシアに来たことがなかったのだ。フロイトの夢美術館とはあくまで夢の美術館なのであり、夢をある一定の領域《テリトリー》に縛りつけることはけっしてでき**ない**のである。ウィーンで眠りに落ち、思いがけずペテルブルグの建築の中にいる、そうしたことだって可能であるし、ペテルブルグで眠りに落ち、気づいたら火星にいる、そうしたことも可能である。有名な表現をパラフレーズするなら、

「夢は好きなところに住みつく」〔ヨハネによる福音書三章八節〕と言えよう。

おそらく賢明なる本論の読者諸氏は、この論考中に絶えず「ない」という助詞が現れることに注意を向けられたことだろう。もちろんこれは偶然のことではない！　フロイトの夢美術館の諸特性は、否定を通して記述するほうが容易なのだ。例えばここでまず指摘すべきは、フロイトの夢美術館とは夢一般の美術館ではなく、フロイトの美術館でもなく、まさにフロイトの夢美術館なのだということだ。フロイトの夢美術館はそもそも〈非－美術館〉〔美術館－ならぬ－もの〕、あるいは〈否定の美術館〉とさえ呼んだほうが正確なのだ。〈否定の美術館〉という精神分析的アイディアは、私によるものではない。すでに述べたように、美術館創設のプロセスには、ただ一人の美術家、ただ一人のキュレーターなどいなかったのだから。たくさんの美術家と、たくさんのキュレーターがいたのである。そういうわけで、否定の美術館というアイディアはウィーンのフロイト博物館の学術担当副館長であるリディヤ・マリネッリという卓越したキュレーターによるものである。なぜ我々はフロイトが一度も訪れたことのないところに美術館を建てようとしているのかを理解しようとして、彼女は次のような考えに至ったのだった。

フロイトが訪れたことのない所に作られたフロイトの夢美術館は「場所に歴史的言説を付与するような記憶術の保証」を当てにはしておらず、「旧跡〔記憶の場所〕というものが持つ修辞的機能」は「その対立物に転化する。というのも最も鮮明で生き生きとした印象は、ここでは何も起こらなかったのだという感覚だからである。このパラドクスは古典的修辞術の枠を超えており、言外の意味という問題にフロイトが与えた形式に近似している」★。フロイトの夢美術館はその存在によって、こう語っているかのようだ。ここには何もなかったのだと。〈欲望〉の作用を除いては何も。

★ Маринелли Л. Музей отрицания // *Кабинет сновидений доктора Фрейда*. СПб., ИНАПРЕСС, 1999. С. 22.〔L・マリネッリ「否定の美術館」、『フロイト博士の夢の診察室《キャビネット》』、サンクト・ペテルブルグ、イナプレス、一九九九、二二頁〕

否定は意味の拡散をもたらすゆえ、美術館の展示物のそれぞれは、それが多意味的であることを主張〔肯定〕しているという点だけでなく、意味というものを否定しているという点でも特徴的である。「サンクト・ペテルブルグにあるこの美術館は、この場所と、我々が関心を抱いている出来事との間に直接的な結びつきがないことを示して」おり、そのことが「否定という見地から、この美術館を精神分析的な空間に変える。フロイト個人についても、かつて起こった歴史的事件についても来訪者に想起させるものは何もないので、美術館の主題《テーマ》となるのは、思いがけなくも精神分析的解釈の原理それ自体なのである」★。

★ *Там же*. С. 232-4.〔同書、二三二―二四頁〕

精神分析的解釈において、欲望の追跡において、最後まで行ってしまいたいと思われることが時にある。不可能な最後まで。否定それ自体の否定まで。フロイトの夢美術館という名の、曼荼羅としての幻影《ミラージュ》の拡散まで★。ここには何もなかったのだ、〈否定の美術館〉すらも。

★ 夢は変わりゆく。夢は拡散してゆく。夢は回帰してくる。しかし、すでに別のものとなって。おそらくそれゆえに、別の美術館を創るためにこの美術館を曼荼羅として拡散させたいというキュレーター的欲望も起こるのかもしれない。こうして、それが無限に続いてゆくのである。

3 非物質的〔無形〕文化の美術館

ここには何もなかった。あるのはミューズらのさざめきだけだった。幻覚性のざわめきだけだった。

美術館《ミュージアム》はミューズらの住処である。この意味においてもフロイトの夢美術館は、もちろんのこと美術館である。この美術館にはフロイトのミューズたち――諸々の彼のイメージ、彼の潜勢的な思い出を鼓舞したミューズたちが住まっている★。とはいえ、伝統的な意味においてはフロイトの夢美術館は、やはり反美術館である。というのも、この美術館は物質的財を集めたものではないのだから。この美術館は、出来事の否定というだけではないのだ。

★ ミューズ〔ムーサイ〕は記憶の女神ムネモシュネーの娘たちである。

夢美術館は、その対象（夢）という点からして非現実的な美術館であるが、展示物という観点からしてもまた、それほど現実的ではない。フロイトの夢美術館は原則的に、物質文化の諸物品の保管所としての美術館ではないのだ。この美術館の展示品は物品《オブジェクツ》〔対象〕ではなく、その表象なのである。それは絵画、彫像、花、仮面、書物、手紙、版画ではなく、それらのイメージである。その理由は明らかだろう。夢において我々が関わるのは、対象（人間、花、絵画、デスマスク、彫刻、本の装丁、聖堂）ではなく、その表象なのだから。

しかしながら、「『フロイトの夢美術館』は物質文化の美術館ではない」という主張を額面通りに受け取るには及ばない。第一に、この美術館はそれ自体がすでに物質文化の物品——芸術作品、インスタレーションである。第二に、かつてジークムント・フロイトが想い描いた数多くのイメージの中に混じって、この美術館では、精神分析を重んじ、何らかの精神分析的な定式を暗示している一連の現代美術の作品をも見ることができる。概してこのような現代の取り込み〔体内化〕は、時間を未来の方から逆戻りさせることで年代的秩序《クロノロジー》を崩しているだけでなく、問題なのは具体的な人物フロイト、der Mann Frued〔フロイトという男〕〔フロイトの一九三七年の論文『モーセという男と一神教』への暗示〕ではないばかりか、それが問題となることはありえないのだということに思い当たらせもしている。フロイトとは、今日というプリズムの中の幻影なのだ。精神分析の父の仮想夢の中にパーヴェル・ペッペルシュテインとジュディース・バリー、セルゲイ・ブガーエフ・アフリカとブラカ・リヒテンベルク＝エッティンガー、オリガ・トブレルツとソフィー・トッティー、グリュクラとアンドレイ・フロヴィスチン、スタス・マカロフ、ゴーシャ・オストレツォフとヴィターリィ・プシュニツキイ、サン・テクニクスとミヒャエラ・シュピーゲルといった美術家たちの「斑入物」が剥き出しになっているのも、そういうわけなのである。★

―★ 言うまでもなく、このリストではキュレーターによる企画《プロジェクト》というものも現代美術《コンテンポラリー・アート》の領域に加えられている。

しかしながら、これらの作品がヴラジーミル・クストフのインスタレーションの中に体内化されているということ、いわばそのインスタレーションの部分対象となっているということも忘れないでおこう。これらの対象が鑑賞者にかける圧力は極小にまで抑えられている。オランダの美術批評家エリック・ハゴールトの言葉をここに引用しよう。「精神分析家ヴィクトル・マージンと美術家ヴラジーミル・クストフによる現代の **Gesamtkunstwerk**〔全体芸術作品〕たるフロイトの夢美術館は、おそらくは芸術における一種のカアバ、すなわち芸術が透明性〔公開性〕から匿われる場としての役割を担いうるかもしれない。[…] 実際、この **Gesamtkunstwerk** は『夢のホール』という走馬灯《ファンタスマゴリア》のようなジオラマの中に、個人による芸術作品をすべて飲み込んでしまっている。数々の鏡、投影、透明なプラスチックのシートが、それら芸術作品の眺めをばらばらの断片に変えてしまっているのだ」★。それゆえ、夢美術館は迷妄説《イリュジョニズム》との最前線での闘いに臨んでいることになる。迷妄説のあからさまな形態としてのリアリズムが再びロシアで権力の座に就こうしている、まさに今ここにおいて、これは重要な闘いなのである。

―★ Hagoort, E., "Inert avant-gardism" // *Metropolis M.*, 2003, Nr. 6, Amsterdam, p. 63.

4 記憶の美術館

それぞれの夢は精神分析的観点からすると、その中にかつて目にされた映像《イメージ》が歪められた形で現れる、独自の想起である。夢とは記憶のもう一つの形態、拡散された〔取り乱した〕主体の記憶の形態なのだ。夢の作業は主体なき主体の記憶の作業なのだと言うこともできよう。

夢美術館は記憶の劇場として組織されている。ところで、記憶とは精神分析の原理的なテーマである。少なくともフロイトが心的外傷《トラウマ》と記憶障害とを同一視したときからそうだ。隠蔽記憶、幻覚症状《ハルシネイション》、夢といった、あらゆる独自の忘却のメカニズムを備えた記憶、それがこの美術館の見えざる生地なのである。

記憶《パーミャチ》の美術館は史跡《パーミャトニク》としての美術館ではなく、むしろ〈忘却の美術館〉である。それは、アメリカの美術家スペンサー・チュニックが述べたように「心のトンネル」なのだ。ここで確信することのできる唯一のことは、自分は何かを知らない、何かを忘れてしまった、何かを思い出せないということだけなのである。

夢の作業とは、歪曲、すなわち置き換えと圧縮という形での、欲望の表現《アーティキュレイション》である。

圧縮は多を一に重ね合わせることを前提とする。美術館空間における諸イメージの透明性のために、眼はそれらのイメージを重ね合わせることができる。圧縮は集合的イメージを創りだすだけでなく、あるものの中に別のものを見ること、ある顔の中に別の顔を見ることを可能にする。多層性、および透明性《プロズラチノスチ》、幻影性《プリズラチノスチ》〔亡霊性〕とすら言ってもよいだろうが、そうしたアイディアは、今思うと私とヴラジーミル・クストフの頭に同時に浮かんできたようだ。

置き換えは来訪者自身の作業である。『夢解釈』中の何らかの所説の断片を読むために、来訪者はたえず視点を変えてゆかなければならない。視点が変わると「夢」の全体像も変わる。意味の置き換えについて、グラーツ市の市長との間でかつて示唆的な会話が交わされたときがあった。「これは私が見る機会を得た美術館の中で、最も反全体主義的な美術館です！」と彼が言うので、私は「それはどうも。ですがこの美術館は政治との直接の関わりはないんです」と答えた。彼がソヴィエト連邦のことを考えているのかと思い、それに無愛想に受け答えたのである。「私は政治のことを言っているのではありませんよ。視点を変えれば眺め全体が変わるということを、この美術館は示しているのだと言っているのです」。このアクセントの置き換えのおかげで、私は「フロイトの夢」の中にラカンの言うクッションの綴じ目を見いだすことができたのだった。コンテクストの置き換えはテクストの意味を変えるのであり、そこには美術館というテクストも含まれるということである。

加えて、置き換えは、主要なものとか二次的なものはないのだということをも示している。私とヴラジーミル・クストフの目論見もそうしたものであった。移り変わりゆく夢的多様性、万華鏡のような眺めを提示するということである。この点でも、フロイトの夢美術館は反美術館なのだ。伝統的な美術館では、望むと望まずにかかわらず階層関係《ヒエラルキー》ができあがってしまう。実質的にはどの美術館も、一種のブランディングの機能を果たす一枚の絵画で知られている。若い頃、それもまだ自分が何事かを理解したのだと理解する以前にすでに、私はそのことに驚かされたときがあった。ドレスデン美術館でのことである。幻想的なルネサンス絵画がある展示室で、なぜ皆がラファエロの前に群がっているのか、私は結局、自分自身に説明することができなかった。しかしながら問題は別のところにある。美術館の職員たちのほうが、しばしばこのようなブランディングに追随しているということだ。例えばルーブル美術館では、来訪者を祭壇——レオナルドの絵画のところへと差し向ける標識がいたるところにある。だが何たることか、脱中心化という「我々の」理念《アイディア》に反して、★夢美術館でも固有の祭壇が登場することになった。その祭壇となったのが夢のスクリーンである。

—★ この「我々の」理念なるものは一体いかなるものなのだろうか、それがフロイトに「帰属する」のであれば。

5 夢のスクリーン

我々の、すなわちクストフと私の考えでは、このスクリーンには二つの機能が帰せられた。第一に、デザイン・

技術的機能である。このスクリーンは、来訪者が移動する空間の中に補足的な照明を当てるのである。第二に、それは、精神分析ではよく知られている夢のスクリーンという現象☆を呈示する。そこには映画館のように諸表象が投射されるのだ。しかしながら、美術館が開館した第一日目から、夢のスクリーンには実際に出番がきたのだった。

☆ 精神分析家D・B・レヴィンの提唱した概念。夢がそこに投影されているかに見える表面を指し、乳児期における母の乳房の象徴と解釈される。

私のところに一人の来訪者が近づいてきて、自分は四十年生きてきたけれども一度も夢を見たことがないのだと語った。おそらく単に夢を忘れてしまうだけなのではないかと、私は推測を述べた。私の言うことを信じるべきか否か、彼には分からなかった。そんな会話をして二十分ほど経ったとき、その人が私のいる部屋に飛び込んできたのである。「見ました!!! スクリーンに夢を見たんですよ！ 狼の群れが猟師を追って駆けてゆくのを見たんです！」こうなると今度は私のほうが、彼の言うことを信じるべきか否か、分からなかった。

我々は感想を記す記念帳を美術館に置くことにした。スクリーン上で見られる夢の数は、みるみる増えていった。★一方では、人々の想像力がいまだ働いているというのは喜ばしいことである。スクリーンがダウンロード的スクリーンとは異なる、アップロード的スクリーンとして働きだしたというのも嬉しいことだ。だが他方では、それは我々が思ってもみなかった祭壇が現れてしまったということでもある。何かに、もしくはジークムント・フロイトであれ、ブッダ・ゴータマであれ、誰かに跪拝するということは、自らの自律的な批判機能を塞いでしまうことである。

★ 詳細は Мазин В. Экран сновидений // *Вестник психоанализа.* 2000, No. 1. СПб. С. 143-155.〔V・マージン「夢のスクリーン」、『精神分析通報』二〇〇〇年一号、サンクト・ペテルブルグ、一四三―一五五頁〕

とはいえ、夢の中には期待せざるものが現れるものだ。「数人の少年少女が何もないスクリーンを前にして床に座り、瞑想している。蓮華座をとっている男性は、光の中で呑んでいるかに見える。このインスタレーションは明らかに、かつて創案者たちが想像していたことを超える意味を担うことになったのだ★」。

★ Hagoort, E., "Inert avant-gardism" // *Metropolis M.,* 2003, Nr. 6, Amsterdam, p. 64.

夢のスクリーンの働きのおかげで、夢美術館の反美術館的な機能が定式化されるにいたった。ビデオ画面《スクリーン》、コンピューター画面、テレビ画面、映画のスクリーン、そして絵画のキャンバスというスクリーンは何かを示す《ポカーズィヴァチ》ものである。この美術館の夢のスクリーンに最初に出くわすと、来訪者は普通、戸惑って立ちすくんでしまう。そして、次のような問いが響くのである。「いつ上映《ポカース》が始まるのだろうか？」。その答えは「あなたが上映を始めるときです」というものだ。あなたはこのスクリーン上に何かを見ることでしょう、意識の集中を解き、力を抜きさえすれば……この美術館はスクリーンを観る者に、誰かのイメージではなく、観る者自身のイメージを示すのである。この美術館はダウンロードするのではない。この美術館はアップロードするのだ。

それだけでなく、この美術館は文字通り、観る者に観る者を示す。この美術館では多数の鏡が用いられているのだ。その中のいくつかは際限なく空間を広げてゆく。かつてカルカッタにあるジャイナ教寺院の一つへ行った際、この単純な技術的手法に私はひどく驚かされた。寺院の入口が鏡の装置《システム》となっており、観る者の映像《イメージ》を両方向へと際限なく増殖させ、そうすることで観る者に、どこに去りゆくこともない〔どこでもないところへと去りゆく〕輪廻の連続を示していたのだ。

しかしながら、この美術館では、鏡は空間を広げ、空間を脱方向化する《ディゾリエント》（前方にあるものが後方にあり、遠くにあるように見えるものが近づいてくる）だけでなく、夢はどれもナルシスティックなものだという、フロイトの考えを想起させるものでもある。夢の中で我々が見るものはすべて、我々の表象であり、我々の一部である。まさに部分、断片なのであり、それゆえ展示場の鏡は破片状になっているのだ。鏡の向こう、鏡像段階の向こうには分散した自我がある。自己の分散は自分自身についての幻想を消散させる。自我とはかように分散したものなのだ……

夢のスクリーンの跪拝者たちは、そうこうしながら最初の展示室を通り過ぎてしまう。彼らはまっすぐスクリーンに向かっていくのだ。彼らは最初の展示室の情報には目もくれない。普通の美術館ならば、こうしたことは抗議、もしくは憤慨の念を呼び起こすかもしれない。フロイトの夢の中にやって来ておきながら、彼について何も知ろうとはしないなんて、というわけだが、我々のところではそれはおそらく歓迎されるべきことなのだ。精神分析の基礎の一つは**汝自身を知れ！**ということなのだから。

6　ほったらかしの情報

夢美術館の最初の展示室は、伝統的な美術館への歩み寄りとも、光の当たる「意識‐前意識」的展示室とも、情報的展示室とも名づけうる。

第二の展示室、すなわち「本来の意味でのフロイトの仮想夢展示室」では、図像《イメージ》、文《テクスト》、物品《オブジェクト》に対するキャプション、説明は一切ない。この意味において、夢美術館はもちろん反美術館である。そして、問題となるのは来訪者が自分自身で見当をつけねばならないということではなく、来訪者は自分が見ているものを見るということなのだ。これはあたかもスティーヴン・ホーキングの人間原理が作動しているかのようである。我々がこのように世界を見るのであって、別のように見るのではない理由は、他ならぬ**我々**が世界を見ているからである。言い換えるなら、フロイトが執拗に示しているように、ありのままの知覚というものは、いかなるものであれ存在しないということである。我々は自分たちに**可能である**ようにしか、そして自分たちが**欲する**ようにしか、世界を見ることがないのだ。

会話は典型的に精神分析的なものとなりうる。

——この図像は何を意味しているのでしょうか？

——それはあなたにとって何を意味しているのですか？

にもかかわらず、我々は、情報上の飢餓という状況下では人間は生き永らえないということも分かっているので、写真を見たり、『夢解釈』からの引用を読んだりすることのできる最初の展示室も作ったのだった。要するにジークムント・フロイトの生涯と活動を知ることができる展示室である。さらに、ヴラジーミル・クストフのやり方は、イリヤ・カバコフがインスタレーションを構成する際の原理に従うものだった。すなわち、インスタレーション本体と「戸外」との間には移行空間があるべきだということである。急激に夢の中へ沈潜してゆくのは、危険がないわけではないのだ。

7 想起しえぬものの美術館

この美術館に出かける前に、人々は自分の事前の好奇心を満たそうとして、しばしば電話をかけてくる。

——そちらでは何を見ることができるのでしょうか？

こうした質問に何と答えるべきか？

——フロイトがイタリア旅行から持ち帰った複製品の写真、『夢解釈』執筆の時期に最も親しい友人であったヴィルヘルム・フリースに宛てた手紙のコピー、フロイトが読むことを学ぶのに用い、また彼の夢の中にそのイラストが編み込まれているフィリップソンの聖書からの数ページ、本棚の写真、『夢解釈』からの引用です、と答えるべきか？　しかし、問題なのはそれらがあるということではまったくなく、それらがどのように呈示されているのかということではないだろうか。

——薄暗がりの中でかろうじて判別できる言葉や映像《イメージ》です、と答えるべきか？　夢の中におけるように、我々はすべてを判別することはできず、心に浮かんでくるもののすべてを覚えていることはできない。

——フロイトの仮想夢です、と答えるべきか？　言葉や映像の断片、彼が見ることも**ありえた**であろう夢の判じ絵である。

——自分自身です、と答えるべきか？　我々は他の人の夢を覗き見るのではなく、自身の想像力、空想、幻覚を働かせて、それを再現するのである。人はフロイトの仮想夢を散策することで、外界に向けられた目を閉じるよう、そして、かつてこの精神分析家が想い描いた諸表象、彼の夢の中に入り込み、彼の空想と結びつけられた諸表象の世界に沈潜するよう誘《いざな》われる。他人の内界への潜入が、自分自身の世界への沈潜となるのだ。

外界が——映画、テレビ、広告、コンピューターのおかげで——他人の夢に似てくれば似てくるほど、その夢の中で自身を見いだしてゆくことが不可欠になる。我々自身の夢は、我々の個人性の最後の砦なのだ。夢に目を向けることは、夢が生活のための技術であった時代より★、今のほうがはるかに切実なものとなっている。夢は自己認識の方法というだけでなく、産業化されたアイデンティティーを卸売りする全面的、帝国主義的幻覚症《ハルシオノシス》への抵抗の、一つの形態でもあるのだ。

★　アルテミドロス『夢判断の書』に関するミシェル・フーコーの分析（『性の歴史Ⅲ』）を参照。紀元二世紀の人であるアルテミドロスは夢判断以外の何にも携わっていなかった。

この美術館のキュレーターたちにとって最も★嬉しい来訪者の反応は次のようなものだ。「私は何かを自分の中に感じ始めている」、「私は何かとてもとても大事なことを思い出し始めている」、「私に何かが起こった」、「私は何も分らなかった、多くの問いが私に生じたが、それを言葉にすることは今のところはできない★★」。同様の困惑、次々と生じる新たな問いを言葉にするよう促す困惑の中に、美術家とキュレーターもまた、きっと置かれているのだと思う。

★ フロイトの夢美術館には三人のボランティアのキュレーター、オリガ・マトヴェエヴァ、ヴェーラ・エキモヴァ、レーナ・ゼルカロヴァがいる。

★★ この点で、フロイトの夢美術館は〈問いかけの美術館〉、すなわちマルローの言う〈空想美術館〉と名づけてもよいかもしれない（Malraux, A., *Le Musée Imaginaire*, Paris, Flammarion, 1965, p. 176.）

6 ユフィート

1 ネクロリアリズム

エヴゲーニイ・ユフィートは一九六一年にレニングラードで生まれた。彼の芸術的思潮は二つの環境の相互作用の中で形成された――チムール・ノヴィコフによって創られた「新しい芸術家たち」の仲間〔本書インタビュー、二五ページ訳註☆を参照〕、そしてパンク・ムーヴメントの旋風である。ソヴィエトの高名なパンクであるアンドレイ・〝豚《スヴィン》〟・パノフ☆が初めてセックス・ピストルズの話を耳にしたとき、ユフィートのような人々が大英帝国にも現われたということに、ただ驚いたものだった。とはいえ、ユフィートがその礎を据えたのは、パンクではなくネクロリアリズムであった。

☆ アンドレイ・パノフ（一九六〇―九八）。一九七九年にレニングラードでバンド「自動充足機（Avtomaticheskie udovletvoriteli）」を結成、ソ連におけるパンク・ムーヴメントの嚆矢とされる。「豚《スヴィン》」のニックネームで知られた。

エヴゲーニイ・ユフィート

一九八〇年代に入ったばかりの頃に、ユフィートは絵画、映画、写真に携わるようになった。当初、これらの実践は、レニングラード郊外、電車の中、森林地帯などで行われていた擬似精神病理学的な活動についての、ある種のドキュメンテイションとなっていた。種々の戯れ事――喧嘩の真似、鉄道の路盤上での体操のブリッジ、木々の間に据えられた、手の込んだ仕掛けの自殺用装置――が十六ミリ・フィルムで撮影された。こうしてユフィートの芸術が誕生したのである。

一九八三年、ユフィートとその同志らの活動はネクロリアリズムという名を獲得した。ネクロリアリズムを中世の伝統であるArs Moriendi、すなわち死の術を継承するものとして捉えることも、もちろんできようが、しかし、ユフィートはこの伝統に特徴的な死の舞踏を描くのではないし、解剖室を写生するのでもなく、死体を撮影するのでもなければ、モルグを訪れるのでも、墓場で生活するのでもない。中世の伝統、そして現代のゴシックの伝統は、彼の死の《ネクロ》リアリズムとはかけ離れている。ユフィートをヨーロッパの伝統と結びつけるのは、ただ人間の根本的な問題系——死のテーマのみである。

多くの伝説や神話に反して、ユフィートは一度も死体を撮影していない。彼は死者を撮っているのではない。ユフィートの生者が非生者として振る舞っていることは、また別問題なのだ。そして、それゆえ、西欧のホラー映画の古典であるジョルジュ・ロメロ『ナイト・オブ・ザ・リビングデッド』の主人公たちとの連想が、しばしば呼び起こされることになる（まさにこの非凡な監督がアメリカのピッツバーグで行われたレトロスペクティヴでユフィートの作品を上映したというのは、偶然ではない）。しかし、ユフィートの主人公たちは、ゾンビでも、リビングデッドでもなく、よく分からない世界、何か境界的な領域で、アイデンティティがよく分からないまま生きている人物——半ば人間にして、半ばビーバーにして、半ば樹木にして、半ば猿にして、半ば死体なのである。造形的ディテールに、映画事象《シネファクト》に向けられる並々ならぬ注視、荒れ果てた場所での撮影、映

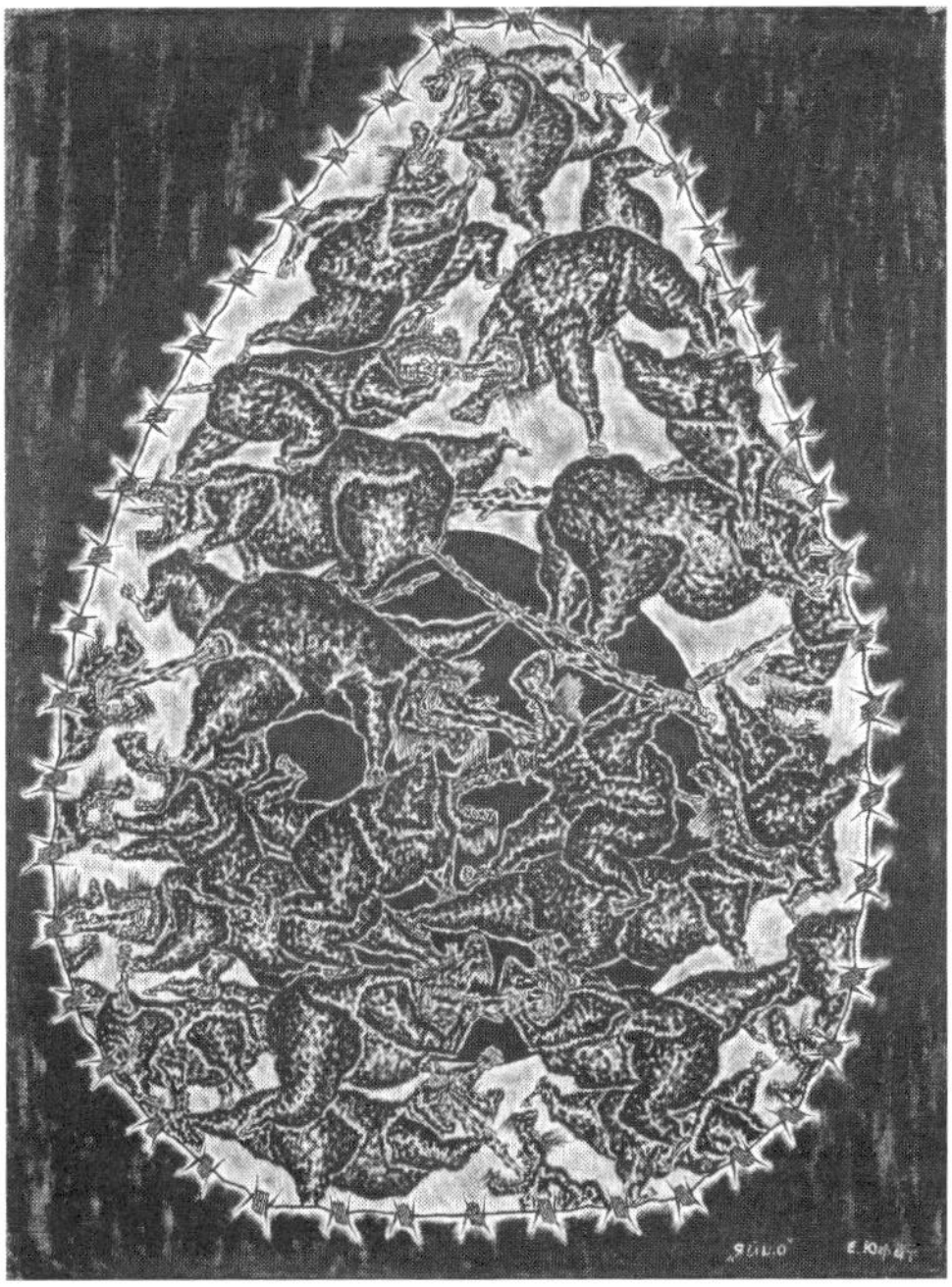
油彩『卵』(2007)

映画『自殺のイノシシ』(1988) より

画叙述の瞑想性、解釈をすり抜けるようなあり方――こうしたすべてが、西側の批評家をしてユフィートの創作をタルコフスキイと比較させる。ユフィート自身はそのような比較を拒否している。タルコフスキイは思索する監督だ。ユフィートは思考すること〔mysl〕、意味づけること〔osmyslenie〕、思索すること〔razmyshlenie〕の精神病理学を呈示する監督なのだ。

一九八五年、ユフィートはソ連で最初のインディペンデントの映画スタジオの一つ、「ムジャラフィルム」を設立した。スタジオはラディカルな実験を行なおうとしている芸術家たちのための拠点となった。このスタジオでユフィートは最初の短篇五本を十六ミリ・フィルムで撮影したが、それらは初期ドイツ映画における表現主義美学、フランスのシュルレアリスム映画、そして監督がしばしば引用している一九三〇年代から五〇年代にかけてのソヴィエト公式映画の高揚感といったものの影響下で生みだされた。

一九八九年、ユフィートは「レンフィルム」スタジオにソクーロフが創設した実験的ワークショップに誘われ、☆そこで初めての三十五ミリ映画『天上の騎士』を撮った。この映画のテーマは「ムジャラフィルム」で撮られた諸作品を引き継いでいる――牧歌的にして野蛮な男性共同体を結束させる秘密の実験、逸脱した目的、白痴的なまでのヒロイズムといったものである。しかしながら、『天上の騎士』では撮影の速度にラディカルな変化が起こった。ショットが急速に交代するのに代わり、ゆっくりとディテールが凝視されるようになり、動きのある出来事が浮かされたように繰り出されるのに代わり、叙述にブレーキがかけられるようになった。

☆ 一九八八年に映画監督アレクサンドル・ソクーロフが「レンフィルム」スタジオ内に創設した映画学校でユフィートは一年間、職業的な映画製作の技術を学び、ソクーロフから高く評価された。ちなみに、ユフィートはソクーロフの映画作品に俳優として出演している。

一九八九年からユフィートは五本の長編映画を三十五ミリ・フィルムで撮りあげた。彼が新しい作品を撮るごとに、それは重要な国際的事件となっている。ユフィートの映画は、モントリオール、ロカルノ、トロント、ロッテルダムといった主要な国際映画祭で必ず上映されている。最初の長編映画である『パパ、サンタクロースが死んだ』（一九九一）はイタリアの都市リミニでの国際映画祭でグランプリを受賞した。☆

☆　本文が書かれた後、ユフィートは二本の長編映画、『稲妻に死す』（二〇〇二）と『二足歩行』（二〇〇五）を撮影している。本文に挙げられたユフィートの映画作品は（『稲妻に死す』を含め）、武蔵野美術大学イメージ・ライブラリーに日本語字幕付きDVDの形で所蔵されている（作者名は「ユフィット」の表記で登録）。

ユフィートが映画制作に専心し、映画祭の常連監督になってしまったと言うことはできない。彼の映画自体は現代造形芸術《ヴィジュアル・アート》と、いわゆる芸術映画との境界領域に位置している。彼の映画や写真は、映画祭におとらず、美術館で上映、展示されることが少なくない。彼の映画作品のレトロスペクティヴは現代造形芸術の拠点であるニューヨーク近代美術館（MoMA）でも、ロッテルダム国際映画祭でも行われた。彼の絵画や写真は、例えばサンクト・ペテルブルグの国立ロシア美術館やアムステルダムのステデライク美術館といった、世界に冠たる美術館で展示されている。

映画『パパ、サンタクロースが死んだ』（1991）より

2　凍てついた目撃者

初期のユフィートの写真は演出して撮影されたものであり、ユフィートの発明になるゾンビメイクを施された作家自身や彼の同僚たちが被写体である。包帯、綿、多種多様な作り物の血を使って生みだされたゾンビメイクは、一九二〇年代から三〇年代にかけての無声映画における偉大なるドイツ表現主義のもつ表現力を、作家が獲得することを可能にした。初期の写真は、作家が一九八〇年代の

写真連作『凍てついた目撃者』(1993) より

写真連作『長生き』(1997) より

初めに煽動したラディカルな活動を記録するために始められたのだが、そのときは一団の人間たちが郊外電車、森林地帯、廃屋で、嬉々とした集団自殺の真似事を行なっていた。こうした真似事では、血の代わりにメイクを用い、強暴に腕を振り回し、気狂いじみた叫び声をあげ、陽気に騒ぐ、といったことが毎度繰り返されていた。

一九八〇年代の終わりからユフィートは、十六ミリと三十五ミリの二台のカメラを森に持ち込むようになる。前者は専ら写真用である。カメラマンが映画を撮影するのと並行して、ユフィートも自分で十六ミリのカメラを回すのである。無数のショットの中から彼は一つを選び出し、それを拡大し、断片に分け、しばしば位置《ポジション》を水平から垂直に変えたり、上下を変えたりして転倒させる。作家は目に見えぬものを、光と影の戯れの中に、人物たちの奇妙な「宙ぶらりんな」体勢《ポジション》の中に出現させようとしているのだ。彼は目撃者である。彼は「凍てついた目撃者」である。彼の写真作品の一つがまさにそう名付けられている。目撃者であるのは、映画《キノ》‐写真《フォト》‐眼《グラス》が現実の事象《ファクト》を生みだすからである。凍てついたというのは、写真というものがつねに過去に留まっているからである。生と死、黒と白の境界から生まれ出るユフィートの写真は、映像の変形《デフォルマシオン》の過程というものを如実に示している。こうした効果を作家は、幾度にもわたる複製ポジの作成――写像のネガからポジへの翻訳の結果、獲得する。

一九九〇年代半ばにユフィートは風景写真の連作を制作している。これらモノクロームの写真の中で彼が形作っているのはネクロ・イメージ、あたかも空飛ぶ鳥の高みから眺められたかのような、情念《パテチカ》と精神病理《パトロギヤ》の境界に生じてくる風景の、そして自閉症と、死の陶酔《エクスタティック》的な予期により日常の外へ連れ出された人物たちの、ネクロ・イメージである。映画撮影と並行して撮られている最近のユフィートの写真は、彼の映画作品につき従っている。写真は凍てついた映画として把握される。そして同時に、ユフィートの映画は写真の連作へと分解されるのである。

3　実験

ユフィートの映画の強迫的テーマの一つが実験である。実験は映画『天空の騎士』からすでに監督の関心の中心にある。映画の中で語られる実験が一体何であるのかは、結局謎のままである。国家的意義をもった秘密の実験というものが、彼の映画ではあちこちに顔を出す。そうした秘密が明らかにされるときもある。『銀の頭』では、人間と樹木の異種交配の結果、堅強でタフな真のヒーローたる超人を産み出すことが実験の目的である。一見、そうした実験はソヴィエト科学の馬鹿げた理念をパロディ化しているようにもみえる。しかしながら、その批判の対象となるのは、人間の遺伝学的改良、クローニング、分子レベルでの改造といったフランケンシュタイン博士ばりの理念を抱く、「理性的な」科学それ自体なのだ。生命に対する実験は、不可避的に死との戯れとなる。ネクロ映画が自棄《やけ》気味にパロディ化するのは、「理性的な」人間という幻想であり、また国家的・企業的資本による殺戮の一環と化してしまった科学の、宗教的パトスなのである。

映画『銀の頭』（1997）より

　ユフィートがたえず人類学、古生物学、霊長類学の文献を調べ、科学の基礎や、なにより人間の精神病理の由来を理解しようと努めているのは、驚くべきことではない。幻想的な理想のために、金の仔牛の輝きのために、軍産複合体の付属物となった科学を維持するために、自らの家を荒廃させ、惑星を破壊している人間の病理を描き出しているというところに、ユフィートのヒューマニズムがあるのだ。

実験は、厳格に構成されたショットが互いに交替しつつ織りなす、白黒の生地の中に編み込まれている。ユフィートの映画が容易に写真へと分解されうるのは、驚くべきことではない。映画の中で、これら凍てついた、狂気の目撃者らが蘇生するのだ。彼ら科学実験の廃棄物たちはスクリーン上を彷徨い、生者と死者の世界の間に武骨な幸福を見いだす。彼らの内に理性はなく、理性の内に閉じ込められた恐怖もない。

実験が展開されるのは都市と森の境界、人工的なものと自然のものの境界であり、人間が非人間的なものに変化する場所である。ここで学者たちはパラノイア的譫妄の中、理想を求めて死へと赴き続け、ここで彼らはみずからの活動の廃棄物たちを捕獲し、ここでその進化の屑たちは生きる目的の喪失という悦びに浸るのである。☆

☆　映画『銀の頭』では、無人の森林地帯で人間と植物との異種交配が試みられるが、その実験の「廃棄物」がZ－個体と呼ばれる存在の集団をなし、科学者らを脅かすことになる。

4　生の中にあってのネクロリアリズム

「厳しい停滞」の時代に生まれたネクロリアリズムという概念は、当初から社会主義リアリズムとの関連を有していた。ユフィートにより率いられ、写真・映画カメラに記録された芸術家グループの、一九八〇年代半ばのラディカルな実践は、ある者には嫌悪を、ある者には歓喜を呼び起こした。公式的精神科医らは、「自殺のイノシシ」〔一九八八年にユフィートが制作した短編映画のタイトル〕と自称するコントロール不能な半人半獣たちの、薄弱の危険性について、動機のない攻撃性について警告を発した。芸術批評家や社会学者らは、ネクロフィリアや精神について書いた。映画専門家らは、ユフィートとその同志らの表現が持つ前衛的形式について論じた。動物心理学者らは、蓋をした瓶の中で雄の蜘蛛たちがとる生き残りの戦略について語った。ペレストロイカの後、「社会主義リアリズム」への追憶は、他のソヴィエト時代の表徴と共に、「ネクロリアリズム」という概念から次第に消え去っていった。では何が残ったのだろうか？ 残ったのは生と死の二重性である。ネクロリアリズムは、リアリズムについての観念と、ネクロについての観念とに分裂、分解するのだ。

リアリズムは、可視的な「生きた」事物がなす、周囲の世界について語る。ネクロは、周囲の一切を冒してゆく、死の不可視の働きを指し示す。

ネクロリアリズムという概念の二重性は、映画のスクリーンに現れている。ユフィートが映画活動に専念しているのも偶然ではないのだ。第一に、観客が出会うことになる映画現実《シネリアリティ》は、つねにすでに死んだものであり、それは生を終えた現実である。それと同時に、映画現実は生きたものである、というのも観客がそれを蘇生させるからである。観客は、このかつて存在し、撮影された現実を生き生きと経験するのである。ネクロリアリズムは、こうした根本的な矛盾を自らのテーマとした。ユフィートの映画と写真では、生ける死者たちがスクリーンを動き回る。いや、彼らは、ユフィートの大ファンであるジョルジュ・ロメロの映画のようにテクノロジーによる原因不明の変異によって墓から起き上がるのではない。ユフィートの主人公たちは、生者でもなければ、死者でもない。彼らは社会秩序から締め出され、大都市の辺境をさすらうことを余儀なくされたのだ。彼らが死ぬことができないのは、彼らが生きることができないからである。彼らは、全体主義的体制におとらず人間を隷属させる世界包括的なイデオロギー、新秩序の残骸の上をさすらうのである。

ユフィートは最もラディカルな芸術家の一人である。彼のラディカルさは、何にも揺るがされることなく独立している、その芸術的かつ社会的姿勢《ポジション》にある。死、そして人間の精神病理は、存在論的・美学的プログラムの確固たる礎なのだ。

（オレーシャ・トゥルキナ☆との共著）

☆ 第1章三七ページ訳註☆を参照。

7　死の表象における『天空の騎士』

1　非現実的な現実　再現前化の（フ）アクト

スクリーンに青銅の騎手が現われる——ペテルブルグのシンボル、飽くことなく天空へと駆け上ろうとするピョートル大帝の徽表、☆この都市の主要な映画スタジオ「レンフィルム」のロゴタイプである。一九八九年、この「レンフィルム」にあるアレクサンドル・ソクーロフのワークショップで、エヴゲーニイ・ユフィートは二十分の劇映画『天空の騎士』を撮影した。この映画は、ネクロリアリズムという美学的運動の創始者である彼の映画上の伝記において、過渡的な位置を占めている。『天空の騎士』の前には、十六ミリで撮影され、「ムジャララフィルム」という自宅スタジオの条件下で制作された、いくつかの短編作品があり、それらはパンクの美学に近いものとなっている。『天空の騎士』の後、「レンフィルム」で長編『パパ、サンタクロースが死んだ』★、『木の部屋』、『銀の頭』が撮影された。一九八〇年代の作品と一九九〇年代の作品との間には多くの相違があるものの、彼の創作上の進展における諸段階を結びつけているのは、**ネクロリアリズム**という概念、およびそれにまつわる諸々のコノテーションである。

☆　ペテルブルグの元老院広場にあるピョートル大帝の騎馬像。
★　イタリアのリミニ国際映画祭（一九九二年）にてグランプリ受賞。

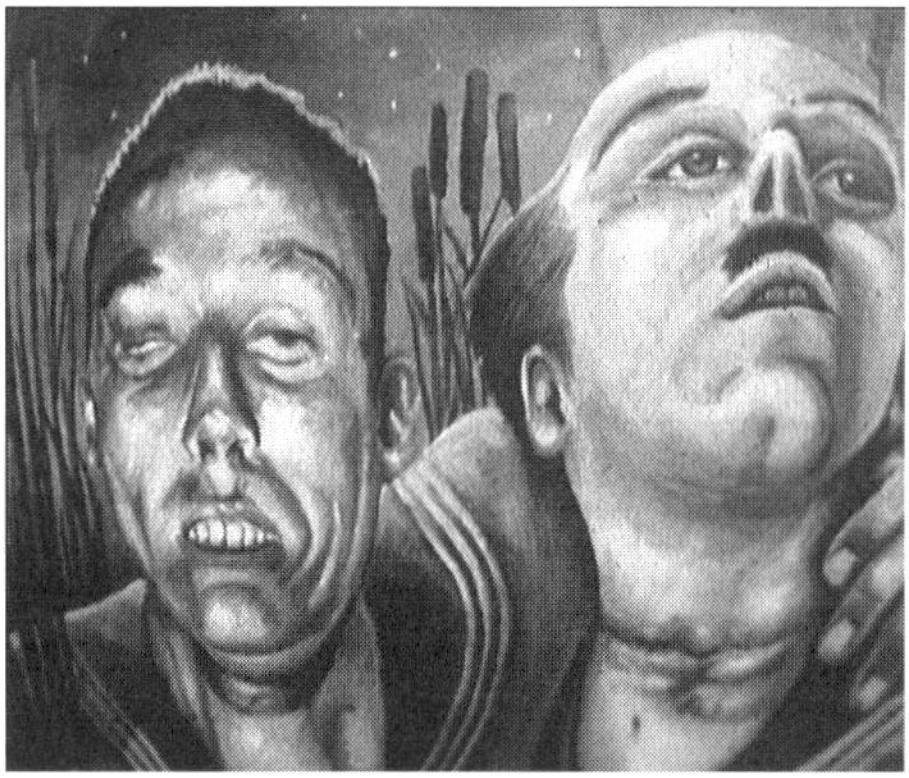

ムジャララフィルム

一九八〇年代初めにユフィートによって使われるようになったネクロリアリズムという概念は、不在の（ネクロ）現前（リアリズム）と現前する（リアリズム）不在（ネクロ）を、生と非‐生との関係の両価《アンビヴァレント》性と不可分性を、死《ネクロ》の再現前化《リプレゼンテイション》〔表象〕の両義性を、指し示している。**ネクロリアリズム**の〔感情的ではなく〕理知的な両価性は、概念空間のポジ（リアリズム）とネガ（ネクロ）の両極の間に生ずる、思弁的緊張の中に現われる。映画の観客が直面する現実、映画現実は、**死した**非現実的な現実であり、かつて奪われて〔otnjatyj〕（撮影されて〔otsnjatyj〕）しまった現実の映像《イメージ》が持つ**ネクロリアリティ**であるが、同時に、観客は自分の心理空間でその現実を再現するのだから、それは**生きた**映画現実でもある。ここで言う思弁的緊張とは、このような形で表れるのである。観客は、一方で、何らかの事物、物質的、**現実的世界の対象**を目にし、それらをまさにそうしたものとして同定しつつ知覚するのだが、しかし同時に、それは「たかだか」現実的世界の対象の**再現前化**、現実の幽かな皮膜にすぎないのだ。

『天空の騎士』は泥の溜まった川の断片を写した画面で始まる。スクリーンの風景は現実だろうか？ドキュメンタリー映画なのだろうか？劇映画なのだろうか？

その答えはすぐさま訪れる。三十秒後、「レンフィルム」スタジオの青銅の騎手の威厳を消し去るようにして、絵で描かれた「ムジャララフィルム」スタジオのロゴマークが現われるのだ。窒息死の痕跡を留める二人の水夫が、ある動きをしかけたまま硬直している。P・トルプゥイリによる、この**生き生きと**描かれた〔zhivopisnyj 絵画的な〕、厚みのある絵『蒸し暑い夜、葦原の中で』は透明な映画表象をしばし覆い隠し、そのことによって本来の意味での再現前化の（フ）アクト☆を照らし出している。

☆「事実」を意味する英語のfactという語は、知られる通り「為された、作られたもの」を意味するラテン語のfactumに由来する。

2 話す写真☆

絵画に代わって『天空の騎士』に姿を見せるのは写真である。写真表象の背景の役割をラジオの音声が果たしている。摑み取られ、凍結された写真時間は、矛盾を覆い隠す、滑らかな発話の流れに伴われているわけだ。その滑らかな流れは落ち着きを与えはしない。話す写真は、衝突しあう、表象の二つのレベルを導入する。写真には、様々なポーズをした患者たちが横たわる、病院のベッドが写っている。★患者たちは次々と入れ替わってゆく。その背後ではソヴィエト時代のアナウンサーの声が流れ、惑星の数多の住人たちにとって救済的な意義を持つ、準備中の探検の英雄的性格について語っている。★★画像は単に語りに対立しているばかりでなく、述べられていることの不確実性を言明している。声は欺くこともありうるが、映像はそうではないというのが、見えないように隠されている視覚中心主義のテーゼなのだ。患者たちの映像は前意識という境界領域で、英雄たちについての言葉と一つに結びつけられる。しかしながら、ただ英雄扱いされる患者たちのみが、撞着語法による内部矛盾をなしているわけではない。ただ彼らのみが、『天空の騎士』導入部の病原性《パトジェニック》を生みだしているわけではない。聞こえてくる発話の意味内容が、「それ自体で」逸脱しているのだ。ラジオの音声は運命を決する実験について伝えているが、その実験というのは、軍登山部隊が機密部隊と合流して完遂せねばならないものだという。擬似論理《パラロジック》〔偽推理〕的で、文体としては一貫しているが、意味的には「空虚な」メッセージにより、発話《パロール》そのものの最終的な真理性へと向かうロゴス中心主義的運動の中にある不確実性というモチーフが導入されるのである。

☆ 例えばロシア語で「話す本」と言うと、ボタンを押すと歌が流れるような子供向けの絵本を指す。

★ これらの写真は第一医療研究所の記録映画資料から採られたものである。ユフィートの言葉によれば、これらの写真に写っているのは、自殺の真似事《イミテイション》〔模倣〕をするということで精神病院に入れられた人々だという。再現前化のミメーシス的特質がこの場合、患者たちを芸術家に近似したものにしており、また、なぜこれらの記録映画のショットが引用のためにわざわざ選ばれたのかという内幕も、そのことから説明されうる。

★★『天空の騎士』のテクストを書いたのは、その後のユフィートの映画と同様、ヴラジーミル・マースロフである。『銀の頭』（一九九八）が最後の共作となった。

聞こえてくる声の連続性と、離散的な映像との間の、ディスクール内での断絶は――今述べたことだけでなく――文字通りの意義と隠喩的な意義という異なる二つの言語レベルを含む表象の、アレゴリー的性格をも示している。その二つのレベルのうちの一方は、他方が肯定するものを否定する。患者である騎士たち、というようにである。似たような状況は更に続く。天空の騎士たちは、文字通りには生きているものの（それを演じるのは生きた俳優である）、しかし隠喩的には死んでおり（天空の騎士たちは地上を棄てた者である）、またそれと同時に、文字通りには死んでいるものの（映画俳優ではなく、俳優たちの亡霊が今ここに「現前して」いる）、隠喩的には生きている（天空の騎士たちは生者として現れる）。

そして、この寓意への歩みは、近づいてくるのに識別はできない死の姿形《フィギュア》、その再現前化はつねにすでにアレゴリーとなるべく定められている死の姿形を、すでに示している。この場合のアレゴリーはすぐれてアレゴリーである、というのは、問題となっているのが、前もって存在している映像それ自体の再現前化、再現（Owens C., 1992）であるから、すなわち、すでに存在しているものの映像ではなく、すでに存在している映像の借用、しかも、もはや存在しないもののすでに存在している映像の借用であるからである。この映画－にして－写真が呈示しているのは、今やすでに文字通り存在していない風景、絵画、患者たちの、掠め取られた映像なのだ。

死《ネクロ》化を仕上げてゆく過程においてアレゴリーがとる手だては、単なる象徴化でも、換喩的な置換でもなく、過程を模倣すること、死の働きを再現することであり、つまりは単なる――不可能な（ネクロ）――ミメーシス（リアリズム）ではなく、二重のミメーシス（ネクロリアリズム）である。死の象徴化は、死映画《ネクロシネマ》においては補足的な役割を果たしているにすぎない。天空の騎士たちのゾンビメイク、ぬかるんだ川岸に横たわる水膨れした人形、遠ざ

人形

かってゆく列車——それらは死言説《ネクロディスクール》の退化器官でしかない。死《ネクロ》のリアリズムが浮かびあがる〔現像される〕のは、死の働き［Todesarbeit］の二重のミメーシス（Derrida J., 1975）においてなのだ。

さらに、この種の二重のミメーシスにおいては、擬似現実的な情景は、黙した似姿のうちに硬直しつつも、その終わりを見いだすこと、死することがない。そうではなく、その情景は、けっして現われることのない身体へ、死せる身体へと向かう動きの中に、接近の中にあるのだ。☆語りの各部分、各要素の、果てしない未決定性は、終わりが近づいているという感覚を生みだすが、それは、まさに終わりが不在であるがゆえに感じられる近さ、まさに語りが宙吊りにされており、それが全体として見せかけの語りに変わってしまうがゆえに感じられる近さなのだ。

☆『天空の騎士』では、登場人物たちが次々と死んでゆくにもかかわらず、その死体がスクリーン上に現れることがない。

死の再現前化《ネクロリプリゼンテイション》は、数世紀の伝統をもつアレゴリー的、ないしは隠喩的な死の表象の現われとは、**見るからに**異なっている。『天空の騎士』が見せているのは、**隠喩性（現実としての再‐現前化）**と映画リアリズム的換喩性（**現実の代わりの再‐現前化**）とをおのれのうちに一つに結びつける、アレゴリー的結合なのである。声が静まってゆく。写真の痕跡が消えてゆく。「本来の」映画《シネナラティヴ》による語りが始まる。

3　死の再現前化《ネクロリプリゼンテイション》の諸メカニズム

i　見せかけの語り

この映画《シネナラティヴ》による物語を言葉で語り直すことは、容易なことではない。すべてについて、それは**こう**だったのだという確信が持てないのだ。だがそれでもやってみることにしよう。ゆっくりと現れてくるのは、（映画《シネ》の）出来事《イヴェント》の参加者、未曽有の実験の英雄《ヒーロー》たち――天空の騎士たちの一人の姿である。この主人公《ヒーロー》は実験の秘密を明かすべきか否かという選択を余儀なくされる。別の騎士たちが現れる。明らかなのは一つ、彼らが実験を行なわねばならないということだけである。「彼ら」が誰で、それがどんな「実験」で、いかに「行なわれるか」は分からない。炉で炎がはぜる音、のこぎりの軋む音、時計の打つ音、それらに続くのは、人間の発声器官が発する、かろうじて識別しうる多種多様な音の列なりである。調音のメカニズムは狂っている。騎士たちの発話はまったく識別できなくなり、そのコミュニケーション機能を失う。発話は口の中に飲み込まれ、食道を通って内蔵へ向かい、溶解し、体内化される。対人失語症の時が到来する。切実な〔生に関わる〕メッセージが口腔の沼地にはまりこんでしまう。★調音の狂いは退行の道を進み、幻覚化された形で現れうるような前言語的秩序へと導いてゆく。発話が識別できる場合でさえ、それが動きを促すことはない。「じゃあ山へ行こうか？」「だめだ。解散してからここで落ち合うというのが指令じゃないか」。そうこうするうちに、秘密を知っていたらしい女の靴が井戸の水に浮かんでいる。秘密を漏らしたかもしれない男は、自分がこの実験の秘密を漏らしたのか否か、分からない。進行は空転する。騎士の一人がさんざん時間をかけて橋の横断〔移行〕を遂げる。この移行対象☆の後には何か説明があるだろうと予感される。その当ては外れる。相変わらず同じ場所である。騎士たちは廃墟で動き回っている。その一人はもう一人を生きながらに包帯でぐるぐる巻きにし、ミイラにしようとしているが、それは彼が何か表現しようとする動作の名残りまでも拘束するためなのか、傷のもつ英雄的性格を示すためなのか。それから彼を枯れた井戸の中に落とし、ゴミを投げて埋めてしまう。もう一人の騎士が報告を携えて現れ、自分は純潔を失ってしまった、犯されてしまった、実験に参加し続けることはできないと言う。半裸の騎士たちが森の中に隠れている。

★このシーンは次のようにして撮影された。Yu・ツィルクリ演じる主人公が唇を動かし、逆立ちをしている別の俳優が、彼の代わりに唇を「読み」ながら話したのだ。この種の手法が示しているのは、第一に、一人の俳優が映像《イメージ》を呈示する俳優と、「話す」俳優とに分裂しているということ、第二に、起こっている出来事の秩序が顛倒されているということ、第三に、コミュニケーションが失語症的性格を帯びているということである。

☆　イギリスの精神分析家D・ウィニコットが提唱した概念で、幼児がある発達段階で愛着を示す人形、ぬいぐるみ、毛布等の対象を指す。実際、本文でも述べられている通り、『天空の騎士』ではぬいぐるみ等の移行対象の表象が見られるが、ここでは登場人物が橋を渡る長いショットのことを言っている。

ストーリーはなんとなく感じられる。ストーリーの中に入り込むことは可能なようだ〔*kazhetsja*〕。誰かが秘密を知っているようだ。それを漏らすのは誰だろうか?

この見かけ〔kazhimost'〕が、物語を知覚する際に失見当識《ディゾリエンテイション》の感覚をもたらす。ここで起こっているのは結局のところ何なのか。それに答えることの不可能性、認識不可能性は、次のことを語っている。すなわち、このストーリーはからかいであり、★秘密に包まれた盲点だということである。

橋

★　からかいとは真面目さでも、冗談でもない。それは、こちらには伺えぬやり方で、永遠に謎のままにとどまる別の話にこちらを絶えず差し向けようとする、そのような話である。その結果、「拙い翻訳の、しかも馬鹿げたアネクドートを聞かされており、語り手のほうは憂さ晴らしのためにそれを話しているのだという漠たる印象」(Gianvito J., 1997, p. 44)が生じる。

スクリーン上の人物たちは見せかけの生者にして見せかけの死者、死人《ネクロ》間、天空の騎士たちである。彼らは生者にして死者であり、非生者にして非死者なのだ。生者というものが何らかの意味を担い、表現的行為や応答的反応を示すものだとするなら、天空の騎士たちは死んでいるが、しかし彼らはそれでも動き回り、時にはそれなりに明瞭なフレーズを口にしているのだから、死体ではない。

見せかけの語り《ナラティヴ》は、現前すると同時に不在である。現前するというのは、出来事に連辞的な連続性のようなものがあるからであり、そうした連続性を擬似論理〔偽推理〕的語りと呼んでもいいだろう。★ 不在だというのは、断片同士を結ぶ鎖が論理的には結びついていないからである。見せかけの語りは夢の見せかけの思考〔scheinbare Denken〕と同質である。それは思想の内容は伝えても、思想同士の結びつきは伝えないのである（Фрейд 3., 1900. С. 259. S. 317/46）。

★〔偽推理的とはいえ〕それは復元可能である。意味は再‐構成されるものなのだ。ここで想起したいのは、チョムスキーが、統辞論的には正しい文である「色のない緑の考えが怒り狂って眠っていた」を無意味なもの見なしたのに対し、ヤコブソンは、意味づけとは受容するほうの主体の機能であって、そうした主体によって文は意味を獲得するのだということを示したことである。

見せかけの語りは、現実的なものと想像的なもの、現《うつつ》と夢との境界を超克するための条件を生みだす。語りの次の要素、次の部分を期待するときには、天空の騎士たちの秘密が解明されるのではないかという予感が伴う。だが残念ながら、その希望は叶えられないのだ。こうした、つねに途切れることのない期待の錯誤、起こっている出来事が不確定で、予見不能な状態に留まること、それは「今」と「それから」の間の緊張を生みだす。見せかけの語りが効力を持つのは、時間的連続性と因果的連続性とを同一視する論理演算が自動的に働くためなのだ。

『天空の騎士』においては、未来の出来事についての（クロノ）ロジカルな兆候がない。未来の出来事は未知の中に留まっている。チェーホフ的銃☆が現れても、それは運命の印という地位を獲得することなく、永遠に消え去ってしまう。物語空間はいくつもの目標物《オリエンチル》によって印づけられたりはしていない。死《ネクロ》空間は失見当識《ディソリエンティション》的なのである。

☆「もし戯曲の初めに壁に銃が掛っているなら、それは〔戯曲の終わりには〕発砲されるはずだ」というチェーホフの言葉がある。

見せかけの語りは、仮想的《ヴァーチュアル》な道筋をいくつも分岐させることで、出来事性を宙吊りにし、絶えずそれを停止させてしまう。今にも何かが起こりそうだ。今にも何かが明らかになりそうだ。期待の錯誤が期待を煽る。見せかけの語りは途切れるかと思うと……脇へと逸れ、別の予期せぬ出来事を構成する。出来事はすでに過去のものとなる。

ii 出来事の展開速度の偏差

『天空の騎士』の語りの進行速度、エピソード・ショットの交替速度、主人公たちの反応挙動の速度は、緩慢としている。★時間は引き延ばされている。映画の出来事《シネイヴェント》が苦しげにこわばることで、天空の騎士たちは写真と映画の間で宙吊りにされる。★★ストーリーを追うことはできるが、その空間・時間的展開を再構成することは、まずできない。速度が新たに乱されて〔スピード違反が行なわれて〕いるのだ。ユフィートの映画が進化する中で、速度は徐々に遅くなっている。スピードのある短編作品から、ブレーキをかけられた長編作品に向けてである（Turkina O., Mazin V., 1995）。

★ こうした遅延は技術的にも説明しうる——三十五ミリ・カメラへの移行である。
★★『天空の騎士』の一連のショットは、実際にユフィートの手により個別の写真作品、および多くの部分からなる写真連作《フォトコンポジション》に作り変えられている。

速度の鈍化は、スクリーン上に晒される持続時間の拡大を前提とするゆえ、個々のエピソード・ショットの意義を強めることになり、またその鈍化自体は、次のエピソード・ショットによって解消される。映画《シネマトグラフ》の作業は、この場合においても夢の作業と同質である。つまり、意味が生産されうるのは持続時間、光度、モンタージュされるコンテクストによるのであり、論理的操作〔論理演算〕によるのではないのだ。

物語展開の速度、時間的パラメーターの変化は、意識・知覚系の働き〔作業〕の「普通の」時間に対立し、それに対して抵抗を示す。

出来事の展開にブレーキがかかると、先行するものをランダムアクセスメモリに保持しておくことができず、いくつもの断片を不可分の全体へと一度に結びつけることができなくなる。騎士たちがとる反応挙動の速度の偏差は、記憶、および見当識《オリエンテイション》のメカニズムにおける偏差を意味するわけである。漫然としたエピソードの交替は、一貫した語りという幻想を惹き起こすのみならず、逆説的な仕方で同時に、その幻想を霧散させもするのだ。

「今」と「それから」の間の時間は引き延ばされるが、しかし生の諸兆候、すなわち意識の時間という失われうる時間《とき》の抑鬱的諸兆候は、それでもまだ残っている。

iii 精神病理学の実証《デモンストレイション》 無目的性とずれた行動

語りと速度の逸脱に対して、行動の逸脱が補足をなすのは当然と言える。死を目の前にして秩序は存在しないのだ。期待は錯誤を起こすが、こうした期待の錯誤は快感をもたらしうるものである。踏み出される次の一歩は、論理的な、期待されたものには見えない。スクリーン上の騎士たちによるこの種の行為、見せかけの語りのこの種の「展開」、この種の思考が示しているのは、目的のずれ、迂回、抑制《ブレーキ》である。狂わされた目的反射〔生理学者パヴロフの用語〕、偏向した支配欲動［Bemächtigungstrieb］は方向性を失う〔失見当識に陥る〕。つまり、課題が絶え間ない見直しの状態に置かれることになるのだ。課題が別の課題に替わる。課題は目的地を有していない。課題は延期される。

騎　士

かくて次のような事態と相なる。『天空の騎士』は実験の実現に向けられて〔目的づけられて〕いるのにもかかわらず、目的は狂わされ、ずれ、絶えず失われてしまう。天空の騎士たちは使命に服している。彼らは任務についており、彼らの意志は声たちの意志へ、ラジオ中継されてくる想像上の実験監督官たちの目論見へと委ねられている。

これは無目的なのではなく、目的の周囲を巡ること、目的を迂回することである。目的からの執拗な逸脱は、思考障害、意識的活動の病理化を示しているが、それというのも目的表象［Zielvorstellungen］（Фрейд 3., 1900. C. 377/315）というものなくして、思考を呈示〔表象〕するのは不可能だからである。ここで問題なのは、目的一般の不在ということではなく、覚醒状態において目的が立ち顕れてこないことなのである。

天空の騎士たちは立ちすくむ。ネクロ・アレゴリー的な再現前化における死を前にした彼らの姿勢《ポジション》は、ロマン主義的な大胆不敵とはかけ離れている。その姿勢は模倣性、ネクロ・ミメーシスという形で表れる。それは、むしろ死と同一化するトリックスター的、儀礼的な姿勢なのであり、実存主義的な意味で悲劇的な姿勢ではない。天空の騎士たちは、天と地の間にはまり込んでしまった英雄たちなのだ。見せかけの騎士たちというのは、「何らかの事のために戦う、誠実で不屈な闘士たち」（Даль В., 1882. С. 119）の謂いであり、その「事」とは何らかのもの、すなわちけっして明確にされることのない、けっして具体的に地に足のついていないものである。前駆快感〔フロイト『性欲論三篇』参照〕を引き出すことに関わる、事それ自体なのである。

iv 図もなく、地もなく

空間知覚という基本的ゲシュタルトの崩壊、『天空の騎士』ではまさにそれに直面する。つまり、主人公が図ではないのだ。主人公の輪郭は侵食されている。主人公たちの顔には植物が植えつけられている。視覚上のハイブリッドが人間と木材との凝縮により生まれるのである。★

★ これは『銀の頭』（一九九八）で主要なテーマとなる。

騎士たちは生息空間の中に溶け込んでしまう。それは郊外にある、都市と非都市との間の境界的領域であり、崩れ落ち、打ち棄てられた家々、廃墟が、その過渡〔移行〕的性質によって、またしても死のアレゴリーを思い出させる。騎士たちは天空に映った廃墟の中に、天と地の間に、天の下、地の上にいるのである。☆

☆「天空」を意味するロシア語の“podnebes'e”は、「〜の下に」を意味する接頭辞の“pod-”と「空」を意味する“nebes”という語根からなる。

スクリーン上の光学的歪み、図の輪郭を侵食させるソフト・フォーカスの使用は、主観〔主体〕的視線という幻想を生みだし、それが眼に更なる緊張をもたらすことになる。光学的脱中心化は、設定を変えること、すなわち対象〔客体〕までの距離を変化させること、その捉え難い輪郭に近づいたり、そこから遠ざかったりすることを、眼に対して強いるのである。何か手を打たなければならないわけだ。

　中心的イメージが識別できなくなると、アプリオリに与えられている、想像的《イマジナリー》なものを認知する機能は破壊されるが、想像的なものにとって最重要の役割を果たしているのは、識別〔差異化〕しうる諸形状《フォルム》の類似、相似といった、シニフィアンとシニフィエとの一致を証明する因子である。一方では、期待の錯誤が失見当識による不安の増大という状況を生みだし、他方では、期待されるようなシニフィアンとシニフィエとの一致がないことで、人は知覚の錯誤の現われ——パレイドリア☆の発生に導かれるのだ。

☆ 錯覚の一種で、壁のしみが人間の顔に見えたりする場合のように、不定形のものがそれとは別の対象に見える現象。

木

　一切を吸収する地は、差異の諸々の暗示、諸々のヴァリアントを含んでおり、パレイドリアは目撃者の自由の証しである。しかしながら、ここで起こっているのは、異質にして奇妙な風景《ランドシャフト》による吸収である。一切を吸収する地、多義性が失見当識をもたらし、今度はその失見当識が、不安を掻き立てるような、空間の脱意味化へと導いてゆくのである。
　地と図との差異化の停止は、鏡像段階以前への道を開き、部分対象のなす朦朧たる世界へと差し向ける。主体は失われる。エネルギーの循環は遮断される。恐怖が身体の輪郭を襲い、身体から動きを奪い、それはまるで死を招いているかのようであるが（**Laplanche J., 1992**）、同時に〔同じ時間に〕（同じ時間の外で）死を模倣し、「その」〔死の〕「場所」を占めているかのようでもある。
　境界の侵食、身体的輪郭の統一性の喪失、それは生の消滅である。生が可能なのは、ただ境界づけられ、差異化された状態においてのみであり（**Anzieu D., 1985**）、そうした状態が器官の自律化を必要な度合いに調整するのである。包帯を当てること、巻くこと、巻き直すこと、それは絶え間なく外傷を被る客体の統一性を保持しようとする、象徴的試みなのだ。

しかしながら、境界の侵食はまた生成でもある。境界の横断は叙任〔中世ヨーロッパでは、騎士は叙任式を経て正式な騎士となった〕の儀礼である。イニシエーションは一時的な死である。『天空の騎士』は、秩序から秩序への儀礼的移行(Пропп B., 1946) の呈示〔表象〕であり、意味的空位期間における生成の呈示なのだ。

叙任の時間。生成の諸対象は形状を失う。一切を吸収する植物的な地に、おぼろげなイメージがかろうじて浮かび上がる。

v 遊びのサディズム

スクリーン上のイメージはサディズム**そのもの**を呈示しているわけではない。死《ネクロ》騎士たちが再現するのは**代理されたサディズム**である。森の中から疲れ果てた主人公が、めちゃくちゃにされた子供用の人形を両手に抱えて出てくる。

模造《イミテイティヴ》のサディズムは、死神の召喚《サモン・デス》〔prizyv〕ではなく、死の欲動の兆候〔priznak〕である。サディズムの模造とは、生の脅威を見せつけることなのである。実験に参加することが主人公の主要な目的だとしても、内面的な穢れのせいで主人公はその目的を達成することができない。騎士は犯されてしまったのだ。陵辱された騎士は見せかけの騎士である。とはいえ、仮に騎士が純潔であり、均質で〔異物を蔵しておらず〕、他者たちとの関係により辱めを受けていなかったとしても、いずれにせよ目的は達成されなかったことだろう。というのも、この目的は逆説的にも外的なアトラクター〔物理学において、あるシステム内の運動が向かう平衡点のこと〕というものを有していない、すなわち、目的はそのものとしては表明されているものの、事実上は現象していないからである。

象徴的男色は、顛倒された秩序を繰り広げるのに用いられている。ズボンを下ろすこと、他人からズボンをはぎ取ること、尻を剥き出しにすること――こうした身振りはカーニバル的構造、習慣的秩序の転覆を直に想起させるものである（Бахтин M., 1965）。肛門・サディズム的関係への死退行《ネクロ》はアレゴリーの、さらにもう一つの特徴をも見せている。判じ絵のことである。フロイトの判じ絵（Фрейд 3., 1900）が示しているのは、夢において、すなわち前意識という境界領域においては、事物表象の管轄と、事物化した言語表象の管轄とがぶつかりあうことになるため、言葉と映像《イメージ》との間に互換性があるということである。しかも、その判じ絵もまた、表に現われない隠された特徴を有している。すなわち言葉の代わりに音がするのである。音が言葉にとって替わり、言葉は連結〔性交〕する。鋸の音が聞こえれば、それは男たちが鋸を挽いているということなのだ。キツツキが穴を穿つ音に合わせて、剥き出しの尻が別の尻に続いて見え隠れする。★男が男に追いつく。ズボンはずり落ちている。天空の騎士たちは儀礼的・民話的な森の茂みの中に隠れている。字幕が現れる。

「雪どけも二日目となり、海辺は喜ばしい活気に溢れていた。」

—★　よく知られている〔ロシア語の〕隠語で「鋸を挽く」、「穴を穿つ」という動詞が性交を意味することを想起されたい。

4　反復原則　再び子供たち

「二日目となり……」、『天空の騎士』は引用で、子供たちの輪舞で、回転で、反復で、幕を閉じる。☆

—☆　「二日目＝二番目の日」の「二番目の vtoroj」という語と、「反復 povtorenie」という語は同じ語根を持つ。

このダンスは死の舞踏であり、死者たちの舞踏である。一九三六年のスペインのニュース映画からとられた少女たちは、前に後ろに、あちこちに動いている。この運動は偽りのものである。このありえない運動は、実は特殊効果の一つであることが分かる——失見当識に陥った者たちの運動、動きを奪われた者たちの運動である。時間は可逆的だ。すなわち時間は存在しない。輪には始まりもなければ、終わりもない。少女たちは円をなしている。少女

輪　舞

たちは円の中で回っている。円は環《ループ》化している。反復が反復されている。しかも、反復は最終エピソードにのみ含まれているわけでも、運動の儀礼的性格にのみ含まれているわけでもなく、これが（ネクロ）コンテクストにおけるショットの引用、反復であるということのうちにもまた含まれているのである。

かつてフロイトを死の欲動の区別へと導いたのが、まさに反復強迫の魔であり、現実原則による失望《フラストレイション》の甘受を伴いつつ、まさに反復される隠れん坊遊び（**Fort/Da**）であった（**Фрейд З., 1920**）。死の働きは、動きを奪われている運動の実演《デモンストレイション》という形で、反復強迫の魔《デーモン》という形で、現れるのであり、そうした運動、反復は、一方でサドマゾヒズム的な苦痛に満ちた快楽を、他方で快楽原則を打ち棄る涅槃原則を示すものだ。失望を甘受させる出来事の反復に次ぐ反復を通して、先ほど姿を見せた愛する対象（母）の不在が代用品的な移行対象（糸巻き）、すなわち**人工的象徴**にとって替わるようなミザンセーヌの配置を通して、死の働きが現れるのである。幼児は心的空間の中に埋め合わせの現前を構成することで、世界を思うがままにする。

物質の反復可能性と脱肉化は、脱物質化された映画《シネマトグラフ》の**光の中で**〔見地のもとで〕、記号圏の抽象化と幻想《ファンタスマゴリー》化において、絶対化される（**Мазин В., 1998**）。

反復なしに出来事は起こらない〔場を持たない〕。諸体験〔*perezhivanija* 生き通すこと〕、諸回想〔*vospominanija*〕、諸再現〔*vosproizvedenija*〕☆——つねにすでに異なっているそれらが、諸出来事、それらについての記憶、そして不可能な「原」‐出来事への喪、すなわち死への喪を顕わにする。死は、**見過ごされ**、それゆえに悼まれる死を、反復の内に含んでいるのである。

☆　この場合、ロシア語の接頭辞 pere- は横切る動作（英語の through に当たる）を、vos- は再度の動作を表すが、pere- は動作の繰り返しをも表すので、いずれにしろ動作の反復性が暗示されていることになる。

対象（イデア的な）の表象と、現在時における自分自身についての表象とは、イデア性、すなわち反復、再現可能性に依拠している。この反復は有限性、死の可能性を前提としている。

「二日目になった」。天空の騎士たちは消え去ってしまった。『天空の騎士』は目を回してしまったのだ。死《ネクロ》作用における二重のミメーシスである。

同じ一つの場をめぐる旋回。つねに同じところへ連れ去ってゆく、ということは、どこへも連れ去ってゆかない語りの秘密。空間は浪費されたのだ。時間の浪費だったのだ。空間は浪費されたのだ。時間の浪費だったのだ。

Бахтин М.（1965）*Творчество Франсуа Рабле и народная культура средневековья и Ренессанса.* М., Художественная литература.〔M・バフチーン『フランソワ・ラブレーの作品と中世・ルネッサンスの民衆文化』（川端香男里訳）、せりか書房、一九八〇年〕

Даль В.（1882）*Толковый словарь живого великорусского языка, т. 4.*〔V・ダーリ『現用大ロシア語辞典 第四巻』、一八八二年〕

Мазин В.（1998）*Кабинет некрореализма: Юфит и.* СПб., Инапресс.〔V・マージン『ネクロリアリズムのキャビネット ユーフィトと』、サンクト・ペテルブルグ、イナプレス、一九九八年〕

Пропп В.（1946）*Исторические корни волшебной сказки.* Л., ЛГУ.〔V・プロップ『魔法昔話の起源』（斎藤君子訳）、せりか書房、一九八三年〕

Фрейд З.（1900）*Толкование сновидений.* М., Современные проблемы, 1913.〔S・フロイト『夢解釈Ⅱ』（新宮一成訳）、『フロイト全集5 1900年』、岩波書店、二〇一一年〕

Фрейд З.（1920）По ту сторону принципа удовольствия // Фрейд З. *Психология бессознательного.* М., Просвещение, 1989.〔S・フロイト『快原理の彼岸』（須藤訓任訳）、『フロイト全集十七 一九一九―一九二二年』、岩波書店、二〇〇六年〕

Anzieu, D.（1985）*Le Moi-peau.* Paris, Bordas.〔D・アンジュー『皮膚‐自我』（福田泰子訳）、言叢社、一九九六年〕

Derrida, J.（1975）"Economimesis" // *Mimesis des articulations*, Paris, Flammarion.〔J・デリダ『エコノミメーシス』（湯浅博雄、小森謙一郎訳）、未來社、二〇〇五年〕

Gianvito, J.（1997）"An Inconsolable Darkness" // *Gothic. Transmutations of Horror in Late Twentieth Century Art*, ed. by C. Grunenberg, Cambridge, Massachusetts, London, MIT Press.

Laplanche, J.（1992）*La revolution copernicienne inachevee*, Paris, Aubier.

Owens, C.（1994）*Beyond Recognition*, Oakland, University of California Press.

Turkina, O., Mazin, V.（1995）E. Jufit—gen erstarrtes Pathos // *Der Herzog auf dem Kirschkern und die Prinzessin auf der Erbse*, Günthersleben-Wechmar, Kunstverlag Gotha.

訳者あとがき

本書はロシアの精神分析家・美術キュレーター、ヴィクトル・マージン氏がこれまで発表してきた精神分析、および芸術に関するテクストを「オネイログラフィア」という一つの主題のもとに集め、編纂したものである。ロシア語による原書が存在するわけではなく、本書の構成は、著者マージン氏、企画者ロディオン・トロフィムチェンコ氏、そして訳者斉藤の討議によって決められた（マージン氏は二〇〇八年にウクライナの出版社「アスペクト・ポリグラフ」より『オネイログラフィア　亡霊たちと夢』を出版しているが、内容は本書と一部重複するものの、基本的には別書籍である）。本書に収められたテクストの原題と初出は以下の通りである。

「南京虫」の回帰 Возвращение «Клопа».（本書初出）

第1部

夢とバス Сновидение и автобус, или как внедряется медия（в кн.: Мазин В., Пеперштейн П. *Толкование сновидений в эпоху массовой коммуникации*. М., Новое литературное обозрение, 2005）

転生のオネイログラフィア Онейрография перерождения（в кн.: Мазин В. *Онейрография. Призраки и сновидения*. Нежин, Аспект-Полиграф, 2008）

第2部

フロイトの亡霊たちと狼男の遺産 Призраки Фрейда и наследие Человека-Волка（в кн.: Мазин В. *Онейрография. Призраки и сновидения*）.

精神分析は複数形で綴られる Психоанализ пишется во множественном числе, или Интерес к психоанализу, или Психоаналитический дискурс（*Психоаналiз*. 2007, No. 2（10）. Киев）

第3部

フロイトの夢美術館の覚醒 Пробуждение Музея сновидений Фрейда（в кн.: *The Manifesta Journal Reader: Избранные статьи по кураторству*. СПб., Арка, 2014）〔このテクストは最初に英訳が以下の形で発表された。"Dreaming Museums", Manifesta Journal #3, Ljubljana, Amsterdam, 2004〕

ユフィート Юфит（в кн.: *Энергетическая пара. Тихомиров. Юфит*. СПб., Рекламное агентство GREAT, 2006）〔オレーシャ・トゥルキナとの共著〕

死の表象における『天空の騎士』«Рыцари поднебесья» в представлении смерти（"Knights of the Heavens" in the representation of death," in *15th International Conference on Literature and Psychoanalysis*, ed. by Frederico Pereira, Lisbon, Instituto Superior de Psicologica Aplicada, 1999. 本書ではロシア語版から翻訳）

マージン氏は一九五八年、ロシア極北のバレンツ海に面した軍港都市ムルマンスク生まれ。国立スモレンスク教育大学理学部にて生物学を専攻。スモレンスクは中世以来の歴史を持つロシア西部の古都である。大学卒業後はスモレンスク郊外のボゴロディツコエ村の学校教師として生物、地理、音楽を教えていたが、九〇年代にペテルブルグの東ヨーロッパ精神分析学院にて精神分析を学ぶ。二〇〇三年、国立ペテルブルグ大学に提出された学位論文『フロイトとデリダの主体』により博士号を取得した（こうした経歴から、本書第1部で分析される著者自身の夢も、ムルマンスク、スモレンスク、ペテルブルグの三都市を主要舞台としている）。これまでロシア国内外の様々な教育機関で教鞭を取り、現在は母校の東ヨーロッパ精神分析学院の理論的精神分析講座の主任を務める他、同学院付属のフロイトの夢美術館を拠点に活発な文化活動を展開し、また精神分析家としての仕事も行なっている。

本書を一瞥して知れる通り、マージン氏はラカン派の流れを汲む精神分析学者である。現在のロシアでは、ラカンの著作の多くが翻訳され（『エクリ』所収の代表的なテクストの翻訳が単行本として刊行されている他、セミネールの翻訳も着々と進行中である）、またその理論については個別の研究論文のみならず、専門的な研究書も出ており、ロシアの学問的および批評的言説において、ラカンの精神分析理論はすでに定着していると言ってよいだろう。そうした中、マージン氏は、モスクワの精神分析学院学長の哲学者セルゲイ・ジモヴェッツ、ラカンのセミネールの翻訳を一手に引き受けるアレクサンドル・チェルノグラゾフ、その他の著者らと並び、ロシアにおいてラカンの思考を引き継ぐ代表的論客の一人である。もちろん、これも本書を一読して明らかなように、ラカンの「フロイトに還れ」との教訓にあくまで忠実であるマージン氏は、ラカニアンである前にまずフロイディアンであり、二〇〇五年より刊行されているロシア語版フロイト全集（全二十六巻）の編集に参加する他、二〇一一年にはフロイト的精神分析への包括的な手引きとして『ジークムント・フロイト、精神分析革命』を上梓している。

マージン氏の精神分析をめぐる著述は、彼の美術キュレーターとしての活動と切り離すことができず、その両者の拠点をなすのがペテルブルグの「フロイトの夢美術館」である。こうした彼の活動の背景を見るために、ここで少し迂回をして、ロシアにおける精神分析の歴史を概観しておくことにしたい。

まず、ロシアにおける精神分析はフロイトの存命中からかなりの隆盛を見せており、それは他のヨーロッパ諸国に先駆けてさえいたという事実を特筆しておかなければならない。フロイトの学説への関心はすでに一九〇〇年代から見られ、だからこそ、本書第3章で取り上げられている「狼男」、すなわち当時の国際貿易都市オデッサの大資産家の御曹司セルゲイ・パンケーエフに一九〇九年、当地の精神科医レオニード・ドロズネスが精神分析を試み、翌年には彼をウィーンのフロイトに引き会わせるということもありえたのである。一九一〇年代にはニコライ・オシポフ、イヴァン・エルマコフその他の有能な学者が現れ（本書との関連で言うなら、このオシポフとエルマコフが精神分析と文学の関わりを重視していたということを、ぜひ付言しておくべきだろう）、フロイトの著作が盛んにロシア語に翻訳されていった。その後、第一次世界大戦による中断を経つつも、一九一七年の十月革命後は、トロツキイが理解を示したことなどもあり、精神分析運動は再び勢いを取り戻し、一九二二年にはロシア精神分析協会が発足、やがて国際精神分析協会の支部として認められた。著名なザビーナ・シュピールラインが帰国したのもこの頃である。こうして一九二〇年代にロシアの精神分析運動はピークを迎え、フロイトの主要著作のほとんどがロシア語に翻訳されるまでに到った。★

★　二十世紀初頭ロシアの精神分析史についての日本語文献としては以下のものがあり、ここでも参考にさせていただいた。国分充「二十世紀初めのロシアにおける精神分析の運命──覚え書」、『東京学芸大学紀要、第一部門、教育科学』五十六、二〇〇五年。

しかし、二〇年代半ば、レーニンの死によるスターリンへの権力移譲の完了、それに伴うトロツキイの失墜、中央によるイデオロギー的文化統制の確立という状況の中、精神分析は次第に批判の対象とされるようになり（一九二七年にヴォロシノフ名義で刊行され、ミハイル・バフチンの手になるともされる『フロイト主義』は「批判的梗概」という副題が付いているが、それは生産的批判と言うべきものであり、むしろ当時のロシアでいかに精神分析が隆盛していたかを物語っている）、以後、代わって精神医学のディシプリンとして主流をなしていったのが心理学であった。アレクセイ・レオンチエフやアレクサンドル・ルリヤに代表されるそれは、一頃は日本でも「ソヴィエト心理学」として盛んに紹介されたが、本書においてマージン氏はこうした「心理学」に対する苛立ちを一度ならず表明している。とはいえ、レフ・ヴィゴツキイによる精神発達の「文化歴史理論」に端を発するソヴィエト心理学は、すぐ先で見るようにフロイト・ラカン的精神分析と問題意識を共有していないわけではなく、今日的視点からの再評価が求められているとすら言える。実際、一九二〇年代前半、当時二十歳そこそこでカザン大学に精神分析サークルを組織したルリヤは、前述のロシア精神分析協会でも積極的に活動し、そこにはヴィゴツキイもゲストとして参加することがあったという（ヴィゴツキイは『快感原則の彼岸』のロシア語訳［一九二五］に序文を書いてすらいる）。しかし、ここでのコンテクストで重要なのは、精神分析と心理学の差異が単なる方法論上のものではないということ、本書第4章で詳述されているように、それはディスクール上の差異であるということなのだった。この点に関し、ラカンとソヴィエト心理学をめぐる興味深いエピソードがあるので、それをマージン氏自身の文章

（『ラカンと宇宙』、『ラカンと宇宙』〔二〇〇五〕所収）に沿って紹介してみよう。

　ラカンはかねてから社会主義国ソヴィエト連邦に特別な関心を寄せていたらしいが、一九六一年四月、ユーリイ・ガガーリンが人類初の宇宙飛行に成功して以来、その関心は決定的なものとなった。一九五六年のフルシチョフによるスターリン批判から始まる「雪どけ」の時代に、ソ連人により成し遂げられたこの偉業は、人間の知に何らかの転換をもたらすはずであり、ラカンはソ連の人々と真剣に精神分析について話し合いたく思った。こうして、彼は周囲にソ連行きの希望を明かすようになり、それを聞いた知人の一人が、当時すでにソヴィエト心理学の大御所（ソ連教育学アカデミー副総裁、モスクワ大学心理学部長、レーニン賞受賞）であったレオンチエフとラカンを交えた晩餐会をセッティングした。レオンチエフはソ仏協会の幹部でもあり、折しもフランスを訪問中だったのである。しかし、この精神分析家と心理学者の会話はまったく弾まなかった。レオンチエフのほうの反応は「貴方のご友人〔ラカンのこと〕はいつもあんな話し方をするのですか？」というものだった（このエピソードそのものについては、ルディネスコ『ジャック・ラカン伝』〔邦訳、河出書房新社〕に詳述されている）。

　マージン氏によれば、このすれ違いは精神分析と心理学の方法論上の不一致によるものではない。性格の不一致のようにも見えるが、それは正確にはディスクール上の不一致なのだ。六〇年代当時のラカンは、精神分析におけるディスクール——言語《ランガージュ》でも、言葉《パロール》でもないディスクールの理論の練り上げに取り組んでいた。言葉はつねに別の主体を前提としており、したがって、言語には社会的関係がすでに根を下ろしている。このように、語る主体がすでに巻き込まれている関係の構造を、ラカンはディスクールの型として定式化し、その理論は一九六九年度のセミネール『精神分析の裏面』で展開されることになった（ちなみに同じ六九年、本書第4章でも論じられている通り、ミシェル・フーコーがフランス哲学会での講演『作者とは何か』において「ディスクール性の創始者」としてのフロイトという観点を打ち出している）。そこでラカンは「ソヴィエト社会主義共和国連邦で君臨しているのは〔大文字の〕〈大学〉なのです」と述べているが（この Université という語の中の uni- という語根の響き、「連邦 Union」という語にも聞き取れる単一性、全体性の響きに注意すべきだろう）、この発言の裏には、レオンチエフとの会談という忌まわしい経験があったのかもしれない。ラカンとレオンチエフはマルクスについて話しあうことができたかもしれない、とマージン氏は言う。レオンチエフにとっても「主体とは社会的諸関係によって生産される」ものだからである。二人はコペルニクスについて話しあうこともできたかもしれない。レオンチエフにとっても「行動と意識の分析は不可避的に、経験論的心理学に伝統的な自我中心的、『プトレマイオス』的人間理解の拒否へと導く」ものだからである。しかし、こうした表面上の見解の一致は、何ももたらさなかった。レオンチエフ的言説は「大学のディスクール」、すなわち、知が動作主となって（小文字の）他者＝対象（客体）を主体と化すべくなされるディスクールであり、つまりは、知による他者の統制を意味するものであった。

一方で、ラカンの言う「精神分析のディスクール」では、動作主たる精神分析家が主体（S──精神分析における主体はつねに分裂している）に対し、みずからを他者、欲望の対象（客体）として晒すという逆転が起こる。分析家は「知っている＝学識ある者」として人を陶冶するのではなく（彼・彼女はむしろ「知っているとされる主体」だ）、本書第4章から引用するなら、人の「欲望の探求のための可能性を開く」のであり、「まさにこの点に、精神分析のディスクールと、心理学というアカデミックな科学のディスクール、ラカンが名づけるところの大学のディスクールとの対立があるのだ」。しかし、そうであるとするなら、「〈大学〉が君臨している」というソヴィエト連邦において、結局のところ精神分析は不可能だったのだろうか。

本書の第2章「転生のオネイログラフィア」で分析されるマージン氏自身の夢の中で、彼が行なう講演のタイトルとして「ブレジネフとフロイト」という言葉が出てくるが、これについてマージン氏は次のように注釈している。「『精神分析はソヴィエト連邦では禁じられていた』という主張は、きわめて議論の余地があるもののように私には思える。とりわけ、私がよく知っている『後期社会主義』の時代においては。そうした公理は西欧民主主義の擁護者たちからも、精神分析家たちからも支持されている。ブレジネフ時代にフロイトの著作を見つけるのはそれほど大変なことではなかったし、とりたてて用心することもなくそれらを読むことができた。それればかりか、今日とは違って私は誰からもフロイトに対する憎しみの発露を聞くことがなかった」。このくだりから読み取れることは、少なくとも二つある。一つは、前述した一九二〇年代までのロシアの精神分析運動はけっして無駄に終わったわけではなく、その蓄積はこのような形で後の時代にまで生きていたこと。もう一つは、時代はすでに「雪どけ」から「停滞」へと移っていたが、当時、すなわちマージン氏が精神分析に関心を抱き始めたと思われる七〇年代後半のソ連社会では、すみずみまでこの「停滞」が浸透していたわけではなかったということである。

一九七〇年代前半のソ連では、七二年に詩人ブロツキイの国外追放、七三年に作家シニャフスキイの亡命、七四年に作家ソルジェニーツィンの国外追放といった事件が立て続けに起こっており、冷戦体制下のプロパガンダ合戦の中、ソ連が自国の文化人たちをいかに抑圧しているかということが世界に印象づけられた。しかし一方で、当時のソ連では文学、音楽、絵画、映画等あらゆる分野において、「自由を謳歌」しているはずの西側の人間が悔しくても真似できないような、鮮烈で斬新な芸術作品が創作されていたこともまた事実である（例えば、タルコフスキイの映画『ソラリス』、『鏡』、『ストーカー』がすべて七〇年代のソ連で製作されたことを想起してみればよい）。もちろん芸術に対する当局からの不条理な干渉は確固として存在したが、こうした制約の中でさえ萎縮しない芸術があったということは、逆にそこに強靭な自由が保たれていたことを示している。それは公式的な表舞台とは別なところで、私的に結ばれた人間関係の中で守られていたのである。

こうした芸術、また精神分析のような知の光源としての自由の火が、孤立した個人の〈内〉というよりは、私的な人間関係の〈間〉で守られていたというのは重要である。本書第5章ではマージン氏と、ロンドンのフロイト博物館・前館長マイクル・モルナールとの交友について触れられているが、彼らが出会ったのは一九七〇年代、「後期社会主義」時代のレニングラードでのことだった。当時、ロシア象徴主義の詩人で小説『ペテルブルグ』の著者であるベールイを研究し、彼の小説『コーチク・レターエフ』（邦訳題は『魂の遍歴』。精神分析という観点からもこの小説は興味深い）に関する博士論文を準備していたモルナールは、諜報活動を疑われながらもしばしばレニングラードに滞在し、マージン氏のほうは彼からフロイトの著作の英訳を入手していたという。しかし、この例をもって、自由の火は〈外〉からもたらされたのだと言うことはできない。二人の出会いはソヴィエト連邦において起こったのであり、そこではすでに自由が可能だったのだ。

ソ連における芸術的自由の典型的な例を、我々はいわゆる非公式芸術の運動に見ることができる。この運動は一九五〇年代終わり（ラカンの関心を惹いた宇宙開発がソ連で本格化したのもこの頃である）、モスクワ郊外リアゾノヴォ駅周辺に集ってきた貧しい詩人、画家らのコミュニティから始まっている。同時期に出現した地下出版《サミズダート》（反体制的文書だけでなく、必ずしも政治的ではない文学作品もこれにより流布した）も、自在に繋がりあうネットワークの存在を抜きには成立しえなかった。そして、こうしたコミュニティの力は、続く「停滞」の時代にも衰えることなく、七〇年代初めにはソ連非公式芸術の代名詞的存在と言えるモスクワ・コンセプチュアリズムのグループが形成される。指導者格の詩人ドミトリイ・プリゴフ、今や世界的なインスタレーション作家であるイリヤ・カバコフ、ソッツ・アートでその名を知られるヴィタリイ・コーマルとアレクサンドル・メラミドらがその初期メンバーであるが、この運動は四十年を経た現在でも、マージン氏の友人である画家・作家のパーヴェル・ペッペルシュテイン、また近年は日本でも読者を得ている作家ヴラジーミル・ソローキンらによって受け継がれている。

マージン氏の精神分析上の履歴においても、こうした非公式芸術家たちとの出会いは小さからぬ意義を有していたようだ。彼は本書巻頭のインタビュー「『南京虫』の回帰」で、一九七九年にレニングラードで音楽家セルゲイ・クリョーヒン、美術家チムール・ノヴィコフと知りあったと回想している。両者ともソ連アンダーグラウンド文化の伝説的人物であるが、当時は無名に近かったはずで、マージン氏はただ、レニングラードでの彼らを中心とする友人関係の輪に加わっただけなのだと思われる。やがて、ノヴィコフは八二年に芸術家集団「新しい芸術家」、クリョーヒンは八四年に音楽家集団「ポップ・メカニクス」を結成、彼らの活動が八〇年代後半、ペレストロイカの「カオスモス」の中で最高潮を迎えることになるのは、インタビューで述べられている通りであるが、ここで目を止めるべきなのは、「自分の周りにこれほど強力な引力圏を作りだし、他の人々に創造しようという欲望を生みだす芸術家に、私は他に出会ったことがありません」というマージン氏の評言である。ノヴィコフとクリョーヒンは、人に芸術を教えたのではなく、人に芸術への「欲望を生みだした」（「欲望の探求のための可能性を開」いた）のである。このディスクール上の差異は決定的であり、だからこそ彼らはマージン氏の「精神分析への関心をも温め直してくれた」と言えるのだろう。

　ちなみに、ちょうどこの時期、ソ連における精神分析復権の兆しが少しずつ見られ始めているというのは、奇妙な暗合である。例えば一九七九年十月、グルジア共和国のトビリシで「無意識」に関する国際学会が開催されているが、いまだモスクワやレニングラードのような中央ではなく、地方の共和国ではあるとはいえ、その首都でこのような試みが出てきたのは象徴的である。★そして、ソ連の学術雑誌にラカンの分析理論についての論文が現れ始めるのも、この年を前後してのことだった。マージン氏自身、トビリシの学会に合わせて刊行された『無意識』と題する分厚い四巻本論集を知り合いのつてで入手し、それを通して初めてラカンのことを知ったのだという。この学会ではフランスからの参加者のみならず、ナターリヤ・アフトノモワ、レフ・フィリッポフといったソ連の学者たちもラカンについて論じているが、前者は後にラプランシュ、ポンタリスの『精神分析用語事典』、デリダの『グラマトロジーについて』などを翻訳し、ロシアの思想界に大きな貢献をなす哲学者である。

★ソ連の精神分析史においては非常に重要な出来事であるので、このトビリシでの学会開催の経緯について少し触れておきたい。この学会を組織したのはトビリシのウズナーゼ記念心理学研究所を拠点とする心理学者たちであったが、彼らが唱える「構え《ウスタノフカ》」の概念（具体的状況の中で現勢的欲求の充足へと向かう主体の動的状態）とフロイトの精神分析における「無意識」の概念との相関がかねてから問題とされていた。トビリシで「無意識」をテーマとする国際学会が開かれたのは、こうした背景からきたものと思われる。このトビリシ学派の創始者にして「構え」概念の提唱者であるドミトリイ・ウズナーゼ（一八八六―一九五〇）は、ライプチヒ大学にロシアの宗教哲学者ヴラジーミル・ソロヴィヨフについての博士論文を提出後、グルジアでベルクソンやライプニッツの哲学を研究、やがて心理学の分野へ移った。ロシア革命後はトビリシ国立大学、前述の心理学研究所の創設に尽力した。

　そして、さらにちょうどこの時期、レニングラードではもう一つの人間関係の磁場が生じつつあった。本書第3部のテーマであるネクロリアリストの面々のことである。当時のソ連の世相に目を転じるなら、一九七九年に始まったアフガニスタン紛争が社会に暗い影を落とし、八二年のブレジネフの死後は、この超大国の指導者が毎年、あるいは一年おきに死んでゆく老人支配《ゲロントクラティア》、さらに言うなら死人支配《ネクロクラティア》の状態が続いていた。ちょうどこの時期、レニングラード郊外で、マージン氏の言葉によるなら「喧嘩の真似、鉄道の路盤上での体操のブリッジ、手の込んだ仕掛けの自殺用装置を木々の間に据え」たり……といった「種々の戯れ事」に耽る若者たちがいた。後のソヴィエト・パンクの首魁アンドレイ・パノフ、やはり後にソヴィエト・ロックの文字通り星《スター》となるヴィクトル・ツォイ、そしてエヴゲーニイ・ユフィートその他数人が、茫漠としたどこかの草地でほとんど全裸の姿で並んでいる、七八年撮影の写真が残っているが、やがてこのユフィートを中心にネクロリアリズムのグループが形成されてゆく。本書第3部で詳述されているように、彼らの「芸術」はこうした「戯れ事」をカメラに定着することから始まっているが、それが明確な芸術的志向を伴う「ハプニング」であるのか、それとも単なる悪ふざけなのか、その境界は曖昧だった。それが八〇年代になって前述のクリョーヒンやノヴィコフらの活動と合流、やがてネクロリアリズムという、主に視覚芸術（映画、写真、造形美術）における美学的傾向として認められてゆく。

　こうしたネクロリアリズムの運動は当然、モスクワで先行して発生していたコンセプチュアリズムとの比較を誘う。特にモスクワでアンドレイ・モナストィルスキイらが実践していた「集団行為」のパフォーマンスとの類似は興味を惹くが、レニングラード、すなわちマージン氏によるなら「それ自体が夢である都市」ペテルブルグの、さらにその「亡霊」たるレニングラードのネクロリアリストたち——別の言い方をするなら、その歴史的成り立ちからして本来的に「美術館都市」であるペテルブルグ＝レニングラードにあってイメージ、表象性への独特の傾きを持つネクロリアリストたちが、巨大なイデオロギー機構の中心たるモスクワで活動していたコンセプチュアリストたちとは異なる、強烈な個性を放っていたことも確かである。マージン氏はこれらモスクワとレニングラードのグループの差異を、言説的・論理的ミメーシスとしての言語模倣症《エコラリア》、および身体的・症状的ミメーシスとしての反響動作《エコプラクシア》の差異として定義しているが、★その意味するところについては本書第3部、とりわけ第7章をぜひ参照していただきたい。ともあれ、マージン氏もやがてこのネクロリアリストたちと個人的に関わりを持つことになるわけだが、本書は日本ではいまだ数少ないネクロリアリズムの、しかも当事者による紹介であり、ソ連の非公式芸術と言えば、もっぱらモスクワ・コンセプチュアリズムの文脈で語られてきたこれまでの状況を鑑みるなら、ここでその意義を強調しておいても、けっして自賛にはならないだろう。★★

★ V・マージン「移動性シニフィアンの猟 なぜコンセプチュアリズムでないのか」、『美術雑誌』四十二号（二〇〇二、O・トゥルキナとの共著）、同『ネクロリアリズムのキャビネット ユフィートと（キャビネットБ）』（一九九八）。

★★ 日本におけるネクロリアリズムの紹介としては、二〇〇五年に「イメージフォラム・フェスティバル2005」でユフィートの映画『稲妻に死す』、『二足歩行』が上映され、二〇〇八年には本書の企画者であるトロフィムチェンコ氏のキュレイションにより武蔵野美術大学美術資料図書館で開催された現代ロシア美術展「ヤング、アグレッシヴ」で、ユフィート、クストフらの作品が展示・上映されている。

続く八〇年代後半のペレストロイカ期、そして九〇年代は、クリョーヒン、ノヴィコフ、ユフィートらの活動のより全面的な展開と、その世界的認知の時期であったが、同時にソ連における精神分析の完全な解禁の時期でもあった。ソ連崩壊前夜の九〇年にはロシア精神分析協会が六十年ぶりに復活、翌九一年には首都モスクワに先駆けてペテルブルグで、精神分析の専門的教育機関である東ヨーロッパ精神分析学院が創立され、前述したようにマージン氏はそこで改めて精神分析を学ぶ一方、主に現代視覚芸術と人文諸学の問題を扱う雑誌『キャビネット』をノヴィコフらと共に創刊している。この精神分析と芸術がマージン氏の包括的関心の二つの表れであることは、これまでの彼の経歴からすでに明らかだろうが、九九年にフロイトの『夢解釈』刊行百周年にあわせて、東ヨーロッパ精神分析学院内に「フロイトの夢美術館」が開館され、こうしたマージン氏を中心とする人々の活動の拠点が生まれた。美術館創設の経緯は本書第5章に詳しいが、そこで「美術館設立の考えが浮かんだのは、その物理的な実現よりも十年ほど前のことだった」と述べられているので、この美術館は九〇年代を通じたマージン氏らの活動の一つの果実と言うこともできるだろう。そこでは『キャビネット』の刊行が、叢書的形態に移行して（またスロヴェニアのスラヴォイ・ジジェク、レナタ・サレツル、イスラエルのブラカ・L・エッティンガー等、国外からの編集人も迎えて）続行されている他、国内外の芸術家、研究者を招いての展覧会、講演会が精力的に組織されている。その驚くべき充実ぶりについては、美術館のウェブサイト（www.freud.ru）にある記録をご覧いただきたい。

本書第5章で稠密に考察されている通り、フロイトの夢美術館は、フロイトにまつわる数々の物品が展示され、彼についての見識を高めることのできる博物館《ミュージアム》というよりは、また、フロイト自身の夢をモチーフとした作品を始め、数々の美術品が展示された美術館《ミュージアム》というよりは、それ自体がネクロリアリストの美術家ヴラジーミル・クストフとマージン氏の手になるトータル・インスタレーションである。ペテルブルグに行かれる機会のある方には、このワシリエフスキイ島にある美術館も訪問されることをぜひともお薦めしたいが、そこに足を踏み入れた人なら誰もが、それが「多くの部分からなる一つの芸術作品」であることを実感されることだろう。こうした美術館のあり方は、精神分析的問題系と芸術的問題系の間を、また学術的文体と文学的文体の間をたえず往き来するマージン氏自身のテクストのスタイルを体現しているように思われる。そして、こうしたスタイルは、この美術館が主題としている、夢のあり方に直接関わっているのである。そろそろ、『オネイログラフィア』と題された本書の内容のほうに話題を転じるときであろう。

本書の表題『オネイログラフィア **Oneirographia**』は、巻頭のエピグラフにあるように、ギリシア語で「夢」を意味する語 **“óneiros”**、および「書く」を意味する語 **“gráphō”** から作られた造語であり、文字通りには「夢記述」を表すが、続くくだりで、フロイト的理解によれば心理とは記述機械である、とあることを考えあわせるなら、オネイログラフィアという語は、夢はそれ自身の書法《エクリチュール》を持っている、夢はそれ自体で書字《エクリチュール》である、ということを示していることにもなる。そして、この夢のエクリチュールの読解こそが、フロイトを無意識の理解へと導いていった道なのであるが、フロイトがアルテミドロス以来の伝統から引き継いだ、この夢への実践的態度は、マージン氏によるなら、まさに今日「不可欠」で「切実」なものとなっている。本書第5章では次のように言われている。「外界が——映画、テレビ、広告、コンピューターのおかげで——他人の夢に似てくれば似てくるほど、その夢の中で自身を見いだしてゆくことが不可欠になる。我々自身の夢は、我々の個人性の最後の砦なのだ。夢に目を向けることは、夢が生活のための技術であった時代よりも、今のほうがはるかに切実なものになっている。夢は自己認識の方法というだけでなく、産業化されたアイデンティティーを卸売りする全面的、帝国主義的幻覚症《ハルシオノス》への抵抗の、一つの形態でもあるのだ」。

本書第1部「夢」はマージン氏自身の夢の自己読解の試みであるが、一方で彼がヨーロッパ、アジア、南北アメリカと世界各地を移動する紀行文、ペテルブルグの知識人としての日常を綴った日記文でもあり、その中で行なわれる夢の記述、および自由連想的手法によるその分析は、オデュッセウス的な多方向への逸脱を含みつつ、文学的テクストのスタイルに接近してゆく。このようにして行われる分析に当然終わりはなく、その継続は読者に対して開かれている。こうしたスタイルは、より学術的・批評的体裁をとる第2、3部のテクストにも共通するものである。第1章「夢とバス　あるいはメディアはいかにして根をおろすのか」では『夢解釈』で提出されたフロイトの夢理論の諸公理、先に見たように夢を象形的エクリチュール、乗合自動車《オートバス》ならぬ自動判じ絵《オートリーバス》と見なすことから出発する諸公理、今日ではすでに自明とも見えるそれら諸公理が、実は今もっていかに革新的なものであるのかが、明らかにされてゆく。

第2章「転生のオネイログラフィア」は、著者が二〇〇四年十二月にタイを旅行中に見た四つの夢の分析である（ちなみにタイはロシア人にとっては非常にポピュラーな外国観光地である）。この間、スマトラ沖大地震が発生し、タイにも甚大な被害が及んだが、マージン氏は偶然により一命をとりとめた。夢分析を通して追究される主題は、精神分析における夢、心的現実と、いわゆる現実との関係、仏教における夢と現《うつつ》の関係、および両者の相関、さらに精神分析のディスクールと仏教のそれとの類同性等々であるが、その際、フロイトの記憶痕跡と仏教の業《カルマ》の概念の比較、同じく仏教の空《くう》の概念の検討などを行なうにあたりマージン氏が依拠しているのが、フョードル・シチェルバツコイ、オットン・ローゼンベルクといった、ペテルブルグ——それ自体がいわば輪廻都市であるペテルブルグの「非凡なる仏教学者たち」の仕事である。詳細は当該の訳註を参照していただきたいが、仏教徒民族をその領土内に抱えるロシア帝国の首都ペテルブルグでの仏教学の伝統は、革命後の一九二〇年代までには世界的水準に達していたのである。特にローゼンベルクは、日本文学者ニコライ・コンラドや民俗学者ニコライ・ネフスキイと共に、一九一〇年代の東京留学組ロシア人の一人であり、彼らが日本にもたらした貴重な学問的貢献についても忘れることができない。

第2部「精神分析家」では精神分析の諸理論について、より学術的なスタイルで考察が行なわれるが、正確を期すならば、そこで問われているのは、精神分析家自身とそれら諸理論との関係、すなわち「精神分析家は、精神分析と呼ばれるものに携わっているとき、何に携わっているのか」という問題である。第3章「フロイトの亡霊と狼男の遺産」は、精神分析の範例的症例研究である「狼男」、すなわちロシア人セルゲイ・パンケーエフの症例研究、およびそこから派生してこれまで様々な著者により書かれてきた主要なテクストの万華鏡的通覧が展開される中で、フロイトが最後まで拘っていた、心理における系統発生と個体発生の連関、そして「内精神的」神話のテーマが追跡されてゆく。

第4章のタイトル、「精神分析は複数形で綴られる」は、第2章で提出された問題を引き継いだものと言うこともできよう。そこでは、精神分析「一般」、仏教「一般」というものはありえない、精神分析も、仏教も「みずから自身と同一ではありえない」と述べられていた。すなわち、精神分析においても、仏教においても、重要なのは学説、教義というよりは、むしろその言説《ディスクール》のあり方のほうなのだ。すでに見た通り、精神分析にこのディスクールという観点を導入したのはラカンであるが、言うまでもなく、それまでの学問的ディスクールの切断としての精神分析を創始したのはフロイトであり、この第4章では、フロイト自身の様々なテクストに見られる精神分析的ディスクールのありようが、ラカンの議論のみならず、フーコーの「ディスクール性」、リオタールの「ポストモダン」（現代＝同‐時代以後という非線状化された時間）の概念なども絡めて、検討されてゆく。

この第4章は、マージン氏が行なった三つの学会発表の原稿が元になっているが、そうした発表の動機をなしていたのは、二十一世紀初頭にあってなおロシアに根強い、あの精神分析と心理学のディスクール上の齟齬であった。そして、「停滞」後期、およびペレストロイカの時代にマージン氏をそうした齟齬から解放してくれたのが、友人の芸術家たちであったことはすでに見た通りであり、したがって、我々は続く本書第3部「芸術家」の内容をすでに俯瞰していることになる。第5章「フロイトの夢美術館の覚醒」では、美術館開設の歴史が語られるとともに、この「フロイトの夢」という名を冠した美術館がペテルブルグという都市に生まれたことの意味が、多角的、多面的に、文字通りガラス器に施されたカットが互いに反映しあうように論じられてゆく。第6章「ユフィート」は、ネクロリアリズムの首領エヴゲーニイ・ユフィートのこれまでの活動とその方法の概観であり、続く第7章「死の表象の中の『天空の騎士』」で、彼が一九八九年、アレクサンドル・ソクーロフ主宰のワークショップで撮影した映画『天空の騎士』(このようにユフィートは、ソクーロフやアレクセイ・ゲルマン等、後の「巨匠」たちとのコネクションも有している)の綿密な分析が遂行される。読者はこの綿密さを通して、むしろネクロリアリズム的美学の全体を把握するに到るだろう。これがユフィートの創作の、日本における受容のきっかけになればと思う。

順序は逆になってしまったが、冒頭に置かれたインタビュー「『南京虫』の回帰」は、本訳書のために特別に行なわれたものである。そこでマージン氏は、自著が日本語という言語に翻訳されることの自身にとっての意味について、旅と夢、その自己分析について、芸術家たちとの出会いについて、都市ペテルブルグについて、精神分析家とキュレーターについて、みずからの個人史や日本文化からの例も含めて語っているが(ちなみに、マージン氏は一般に「ジャパノイズ」と呼ばれる日本ノイズ・ミュージックのファンであるといい、また著書『映画館のラカン』[二〇一五]では黒澤明や大島渚の映画について、それぞれ一章を割いて論じている)、これは本書への導入、ないし補註であるばかりでなく、本書全体が巡っている「オネイログラフィア」という主題のさらなる緻密化への指針が、そこには暗示されているのだと言える。したがって、冒頭のインタビューは最後にお読みいただいても構わないし、さらに言うなら、本書はどの章からお読みいただいてもまったく構わない。夢や芸術作品の構造と同様、本書の構成の要は、その線状の通時性というよりは、各部と各章の共時的連関にあるからである。

マージン氏がこれまで発表してきたテクストは数多く、定期刊行物やウェブ上に掲載されたものを含めるなら、そのリストは膨大なものになる。ここでは単行本として刊行されたものの中から、このあとがきですでに引用されたものを除き、主だったものをいくつか紹介しておくことにしたい。

『深い経験のキャビネット（キャビネットE）』（二〇〇〇、ペッペルシュテインとの共著）

『ラカン入門』（二〇〇四）

『ジャック・ラカンの鏡像段階』（二〇〇五）

『パラノイア　シュレーバー―フロイト―ラカン』（二〇〇九）

『ルー・アンドレアス・ザロメとジャック・ラカンがスティーヴ・マックィーン『シェイム』を観る』（二〇一四）

また、二〇一四年にはドイツの出版社 **Matthes & Seitz Berlin** よりマージン氏の著作のドイツ語訳、*Freuds Gespenster*（フロイトの亡霊たち）が刊行されている。

本書で引用されている文献のうち邦訳のあるものはすべて参考にしたが、引用箇所は本文の文脈とあわせるため、基本的にロシア語から訳出した。必要な場合は原書を参照し、より適切と思われる訳を採用したため、既存の邦訳と文意の異なっている引用箇所が若干ながらあることをお断りしておきたい。

本書のカバージャケット、部扉のイラストは、本書第1章でも登場するイヴァン・ラズーモフ氏の手になる。ラズーモフ氏はロシアで線画、挿絵画家として活動する一方（芭蕉、清少納言の作品の挿絵も手がけているという）、「医療解釈学」、「PG」といったロシアの現代美術のグループにも参加し、これまでもマージン氏のいくつかの著書でイラストを担当している。

先に触れた通り、本書は冒頭でインタビュアーも務めているロディオン・トロフィムチェンコの企画により実現した。トロフィムチェンコ氏はペテルブルグの東ヨーロッパ精神分析学院で直接マージン氏から精神分析の教えを受けた後、フロイトの夢美術館の活動に参加する一方、日本の武蔵野美術大学に学び博士課程を修了、現在はキュレーターとしてENTOMORODIAを主宰、日本の若手アーティストの国外への精力的な紹介を行なっている。著者マージン氏からは、幾度ものメールのやり取りの中で本書の内容について様々なご教示をいただいた。同じくマージン氏、そしてイヴァン・ラズーモフ氏、エヴゲーニイ・ユフィート氏、ヴラジーミル・クストフ氏は、本書に掲載された画像のファイルを惜しみなくご提供くださった。本書の第3部の翻訳においては、ロシア・フォルマリズム批評の研究をされている八木君人氏、およびロシア・ソヴィエト美術、建築史の研究をされている鈴木佑也氏にご協力をいただいた。本書の刊行は書肆心水の清藤洋氏のご英断によるものであり、清藤氏を訳者に紹介してくださったのは日本ラカン協会前理事長の若森栄樹先生である。京都大学の新宮一成先生には、本書に推薦文を寄せていただくことをご快諾いただいた。まさに私的な人間関係によって結びついた、これらすべての方々のお力なしには本訳書は形をなすことがなかった。最後になるが、ここで訳者としてこれらの方々に深い感謝の意を表したい。

（付記）本書の再校が終わろうとしていた二〇一六年十二月十三日、エヴゲーニイ・ユフィート氏の突然の訃報に接した。五十五歳であった。本書の第6章、7章はユフィート氏の創作に捧げられており、右に述べた通り、本書の準備には氏ご自身からも協力をいただいていた。本書を氏が手にすることはけっしてないのだという取り戻せなさ、喪の思いを和らげてくれるのは、本書が日本におけるユフィート氏の生のきっかけとなってくれることだけであるように、訳者には思われる。このネクロリアリストの記憶が人々の心の中にいつまでも保たれてゆくことを心より願う。

著者紹介

ヴィクトル・マージン（Viktor Mazin）

ロシアの精神分析家・美術キュレーター。1958年生まれ。1970年代よりレニングラード（当時）の非公式芸術家らと交流。その後、ペテルブルグの東ヨーロッパ精神分析学院に学び、ペテルブルグ大学に提出した論文『フロイトとデリダの主体』により博士号取得。現在は東ヨーロッパ精神分析学院で教鞭を取る他、同学院内の「フロイトの夢美術館」を拠点に思想・芸術の両分野で旺盛な活動を行なう。著書に『パラノイア――シュレーバー – フロイト – ラカン』（2009）、『映画館のラカン』（2015）他多数。

訳者紹介

斉藤 毅（さいとう・たけし）

1966年生まれ。東京大学大学院人文社会系研究科、博士課程修了。大妻女子大学他講師。専門はロシア文学・文化。訳書にマンデリシターム『言葉と文化――ポエジーをめぐって』（水声社）他。共著に『他者のトポロジー――人文諸学と他者論の現在』（書肆心水）他。

オネイログラフィア　夢、精神分析家、芸術家

刊　行　2017年2月©
著　者　ヴィクトル・マージン
訳　者　斉藤 毅
刊行者　清藤 洋
刊行所　書肆心水

135-0016 東京都江東区東陽 6-2-27-1308
www.shoshi-shinsui.com
電話 03-6677-0101

ISBN978-4-906917-64-8 C0011

乱丁落丁本は恐縮ですが刊行所宛ご送付下さい
送料刊行所負担にて早急にお取り替え致します

終わりなき不安夢　夢話 1941-1967　ルイ・アルチュセール著　市田良彦訳　四六上製　本体三六〇〇円＋税　三二〇頁

フロイトの矛盾　フロイト精神分析の精神分析と精神分析の再生　ニコラス・ランド／マリア・トローク著　大西雅一郎訳　A５上製　本体四九〇〇円＋税　二八八頁

境　域　ジャック・デリダ著　若森栄樹訳　A５上製　本体四〇〇〇円＋税　五一二頁

私についてこなかった男　モーリス・ブランショ著　谷口博史訳　四六上製　本体二〇〇〇円＋税　三二〇頁

アミナダブ　モーリス・ブランショ著　清水徹訳　A５上製　本体四二〇〇円＋税　三三六頁

カフカからカフカへ　モーリス・ブランショ著　山邑久仁子訳　四六上製　本体三六〇〇円＋税　三二〇頁

言語と文学　モーリス・ブランショ／ジャン・ポーラン／内田樹著　野村英夫・山邑久仁子訳　四六上製　本体三八〇〇円＋税　四一六頁

百フランのための殺人犯　ジャン・ポーラン著　安原伸一朗訳　A５上製　本体二五〇〇円＋税　一六〇頁

ひとつの町のかたち　ジュリアン・グラック著　永井敦子訳　四六上製　本体三三〇〇円＋税　二八八頁

共にあることの哲学　フランス現代思想が問う〈共同体の危険と希望〉1　岩野卓司編　A５上製　本体六三〇〇円＋税　三五二頁

他者のトポロジー　人文諸学と他者論の現在　岩野卓司編　A５上製　本体六三〇〇円＋税　三五二頁

リオタール哲学の地平　リビドー的身体から情動‐文へ　本間邦雄著　A５上製　本体三二〇〇円＋税　三五二頁

宮廷人と異端者　ライプニッツとスピノザ、そして近代における神　マシュー・スチュアート著　桜井直文・朝倉友海訳　四六上製　本体三八〇〇円＋税　四六四頁